游资炒作路线图

屠龙刀◎编著

中国宇航出版社
·北京·

图书在版编目（CIP）数据

游资炒作路线图 / 屠龙刀编著. -- 北京 : 中国宇航出版社, 2025. 1. -- ISBN 978-7-5159-2457-1

Ⅰ. F830.91

中国国家版本馆CIP数据核字第2024VV1793号

策划编辑　卢　珊　　封面设计　王晓武
责任编辑　卢　珊　　责任校对　谭　颖

出　版
发　行　中国宇航出版社

社　址　北京市阜成路8号　　邮　编　100830
（010）68768548
网　址　www.caphbook.com
经　销　新华书店
发行部　（010）68767386　　（010）68371900
（010）68767382　　（010）88100613（传真）
零售店　读者服务部
（010）68371105
承　印　三河市君旺印务有限公司
版　次　2025年1月第1版　　2025年1月第1次印刷
规　格　710×1000　　开　本　1/16
印　张　14　　字　数　207千字
书　号　ISBN 978-7-5159-2457-1
定　价　59.00元

前　言

游资，即热钱，是市场上嗅觉最好、灵敏度最高的资金。每当投资市场出现风吹草动或者一些热点题材开始现身时，总能看到游资的身影。当然，游资炒作各类题材，并不是毫无章法的，会遵循一定的逻辑。

本书对近几年游资的炒作题材进行了梳理，以年度为单位，对各年度游资炒作的主要题材进行了归类和分析，以便投资者准确掌握过去几年游资炒作的主线。

当然，本书所列举的游资炒作题材并不完整。事实上，每天都有若干热点题材被市场关注，并进行炒作，单靠一本书把近几年的炒作题材列举穷尽是不可能的。不过，对于投资者来说，散乱的热点炒作并没有多少经济价值，很多热点只持续了几天，甚至几个小时，投资者想要依靠这些热点挣钱，几乎是不可能的；反之，每年的炒作投资主线则不同。这些投资主线少则持续十几个交易日，多则持续几个月。投资者可以围绕这些投资主线进行反复炒作。一些经典的市场大龙头股往往都出自投资主线。可以这样说，把握住炒作主线，就拿到了成功投资的“金钥匙”。

回顾近几年的游资炒作路线，一些行业或领域在投资市场反复出现，未来几年也可能会继续出现。

第一，以光伏和新能源汽车为代表的新能源产业，孕育了相当多的投资和炒作热点。在过去的五年里，游资对该领域相关概念的炒作从来没有停歇。未来，随着碳中和及碳达峰战略的落实，以及新能源汽车对传统燃油汽车替代的加速，新能源产业还将有很多新兴的热点被炒作。

第二，以芯片和操作系统为代表的高新科技行业，成为热点频频爆出的行业。随着大国博弈的愈演愈烈，破解科技“卡脖子”问题，加强产业链自主可控，成为我国科技领域的首要任务。该行业将会成为未来国家政策支持和辅助的核心领域，一些颠覆性的创新也可能从中产生，这都可能成为未来游资炒作的重点方向。芯片、半导体以及华为概念都是值得长期关注的热门领域。

第三，一些新兴经济业态与新兴经济也是值得重点关注的领域。过去几年，围绕新兴经济形式出现了多次资金炒作浪潮，比较有代表性的领域包括数字经济、低空经济、人工智能、元宇宙以及文生视频等热点概念，都掀起了一波又一波的炒作浪潮。这些概念在未来仍值得关注。

以史为鉴知兴替。回顾过去的游资炒作路线，探寻游资炒作背后的逻辑，一定程度上可以为投资者在未来投资与交易方面指明方向，这也是本书写作的目的。

目　录

第一章　2020 年游资炒作路线

第一章
2020 年游资炒作路线

2020年是一个非常特殊的年份，对于A股市场来说更是如此。突如其来的新冠疫情打乱了整个国民经济的发展进程，也重塑了世界经济与政治格局。在A股市场，与疫情相关行业的股票，在后面几年也掀起了多轮炒作狂潮。与此同时，华为概念、新能源汽车概念等都是在2020年开始崭露头角，并成为游资热捧的对象。

第一节　大盘走势与热点综述

面对突发的疫情，A股市场在经历了初期的恐慌后，逐渐开始企稳，并展现出较强的韧性，走出了与全球股市完全不同的行情。2020年A股各大指数出现了全面上行，特别是上证指数全年出现了13.86%的涨幅，是最近几年少有的强势表现。创业板更是以年度64.96%的涨幅超越了上涨43.44%的美国纳斯达克指数，独步全球。

当然，尽管2020年整个大盘实现了较大幅度的上扬，但只能说明市场上大多数个股出现了上涨，并非所有股票都在上涨。事实上，以往的那种各股普涨普跌的行情，以后将会更少出现，取而代之的，是个别板块、个别股票的表现。

总之，2020年个股表现分化明显，剔除年内上市的新股，两市“翻倍股”达270只（含新股在内为323只），“百元股”阵容有所增加，但仅有53%的个股实现年度上涨。从具体的股票涨幅来看，呈现出明显的不均衡状态，具体分布如图1-1所示。

一、飙涨的个股与游资

2020年，大盘走势着实与很多投资者的预测不同。受疫情影响，很多投资者对股市产生了悲观的想法，但大盘其后的走势却显得特别有韧性。从

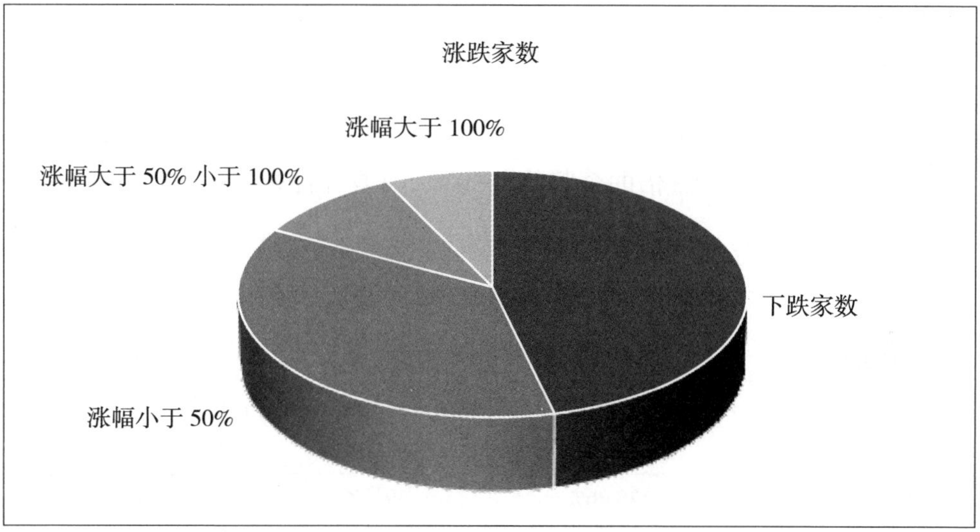

图 1-1 2020 年 A 股市场涨跌股票数量分布

板块及个股来看，也是百花齐放，精彩纷呈。

1. 翻倍股分布

从具体的概念板块方面来看，多个板块内走出了翻倍个股，其中排名前四位的板块，如图 1-2 所示。

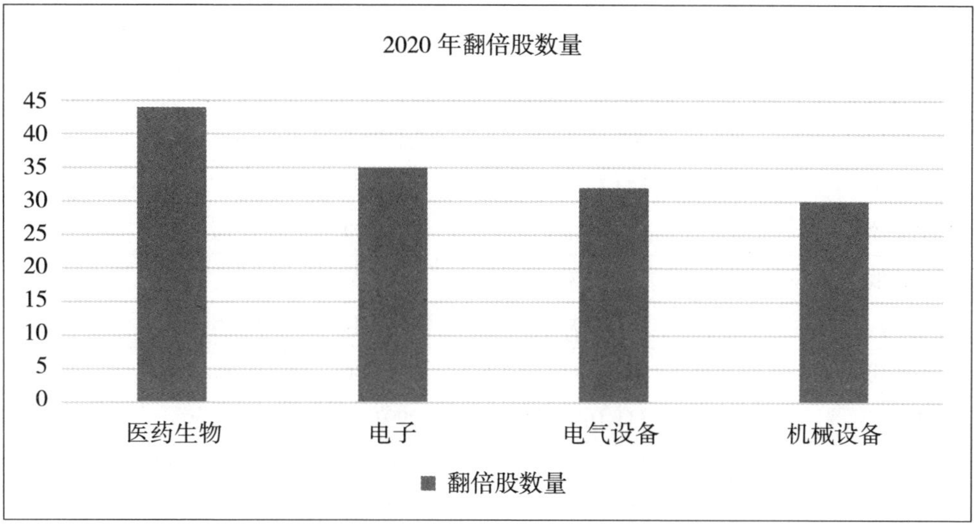

图 1-2 2020 年翻倍股数量前四位板块

从图 1-2 中可以看出，医药生物领域仍是翻倍股的主要来源板块，这与疫情的影响直接相关。与此同时，电子、电气设备与机械设备三大行业的走高，则与新能源概念的走强直接相关。

2. 涨幅前 30 名个股

2020 年，涨幅超过 3 倍的个股共有 30 只，其具体涨幅和所属行业如表 1-1 所示。

表 1-1　2020 年涨幅超过 3 倍的个股

股票名称	涨幅（%）	市值（亿元）	所属行业
立昂微	1600.57%	482.30	电子
万泰生物	1499.44%	873.83	医药生物
英科医疗	1428.06%	591.56	医药生物
斯达半导	1215.03%	385.44	电子
上机数控	619.71%	321.91	机械设备
阳光电源	589.16%	1053.29	电气设备
新洁能	582.04%	197.89	电子
锦浪科技	515.83%	217.03	电气设备
北摩高科	501.80%	290.26	国防军工
新强联	464.78%	169.48	电气设备
瑞芯微	421.72%	300.89	电子
天赐材料	402.2%	566.88	化工
迈为股份	380.58%	352.05	机械设备
坚朗五金	373.14%	463.02	建筑材料
康华生物	362.09%	280.94	医药生物
首都在线	358.25%	91.27	计算机
ST 抚钢	351.52%	293.84	钢铁
博杰股份	347.7%	154.36	机械设备
长城汽车	341.16%	2991.41	汽车
酒鬼酒	338.27%	508.51	食品饮料
洪都航空	336.62%	407.82	国防军工
科沃斯	336.13%	499.41	机械设备
皇台酒业	327.04%	56.59	食品饮料

（续表）

股票名称	涨幅（%）	市值（亿元）	所属行业
山西汾酒	321.23%	3270.76	食品饮料
正川股份	320.18%	110.06	医药生物
春风动力	314.28%	234.07	汽车
比亚迪	307.89%	5087.78	汽车
振德医疗	305.67%	142.07	医药生物
百润股份	300.98%	558.84	食品饮料
天山生物	300.37%	68.17	农林牧渔

从表 1–1 中可以看出，2020 年股价翻 3 倍的个股主要分布在医药生物、电气设备、电子、食品饮料、机械设备、汽车等领域，这与翻倍股的分布情况大致相近。从表 1–1 中也可以看出，生物医药概念在全年的走势还是非常强势的。从各只股票的市值来看，多数股票的市值在 500 亿元以内，也有个别“大象股”实现了股价的暴涨，这与概念板块的持续走强有直接关系。

3. 最活跃的游资营业部

2020 年，对于各路游资来说是极不平凡的一年。很多游资在这一年实现了资金的快速增长，这当然与大盘的向好有直接关系。

2020 年最为活跃的 10 家营业部及游资，如表 1–2 所示。

表 1–2　2020 年最活跃的 10 大营业部

序号	营业部名称	常用该营业部的游资
1	西藏东方财富证券股份有限公司拉萨团结路第二证券营业部	被认为属于散户大本营。东方财富网开户常用的营业部，是雪球大 V 经常推荐的营业部，也有一些游资混迹其中
2	西藏东方财富证券股份有限公司拉萨东环路第二证券营业部	
3	中信证券股份有限公司上海溧阳路证券营业部	上海溧阳路。多路游资汇聚的营业部
4	兴业证券股份有限公司陕西分公司	方新侠
5	华鑫证券有限责任公司上海分公司	量化打板资金
6	国泰君安股份有限公司上海江苏路证券营业部	章盟主
7	中国银河证券股份有限公司绍兴证券营业部	赵老哥

（续表）

序号	营业部名称	常用该营业部的游资
8	国盛证券有限责任公司宁波桑田路证券营业部	宁波桑田路
9	国泰君安证券股份有限公司南京太平南路证券营业部	炒股养家
10	华鑫证券有限责任公司湖州劳动路浙北金融中心证券营业部	湖州劳动路

表 1-2 中上榜的都是最近几年特别活跃的游资，也是普通散户最喜欢追踪的游资。其中，章盟主、赵老哥、炒股养家都属于游资领域的传奇人物，而方新侠、宁波桑田路、湖州劳动路的威名在游资领域也是无人不知。

二、影响股票市场的热点事件

一些意料之中和意料之外的事件，搅动着整个 A 股市场的走势。利好与利空消息的叠加，共同促成了 A 股在 2020 年的振荡上行之路。2020 年发生了很多意义特别重大的事件，下面列举了比较有代表性的、对 A 股影响比较大的几件。这些事件对游资炒作股票同样有非常大的影响。

1. 最大黑天鹅事件：新冠疫情

2020 年年初突发的新冠疫情，给全年的股票市场投下了一枚重磅炸弹。因疫情发现初期 A 股市场正处于春节休市期间，使得疫情对股市的影响在 2020 年 2 月 3 日股市开盘后集中反映出来，如图 1-3 所示。

从图 1-3 中可以看出，2020 年 1 月期间，尽管新冠疫情还没有被正式确认，但受传闻影响，1 月中旬后，股市开始振荡走低。1 月 23 日上午 10:00，武汉疫情严重，开始封城。受此消息影响，大盘开始振荡走低，在 K 线图上留下了一根大阴线，全天跌幅 2.75%。此后，在 A 股市场春节休市期间，国内国外的疫情不断蔓延，疫情引发的恐慌氛围不断发酵。

2 月 3 日，A 股市场重新开盘后，上证指数直接大幅跳空低开，其后市场虽有所反弹，但整体跌幅也达到了 7.72%，该跌幅也是最近几年上证指数单日的最大跌幅。此后，可能是因为利空出尽的原因，A 股并未继续下跌，而是就此开启了一波振荡上扬之路。

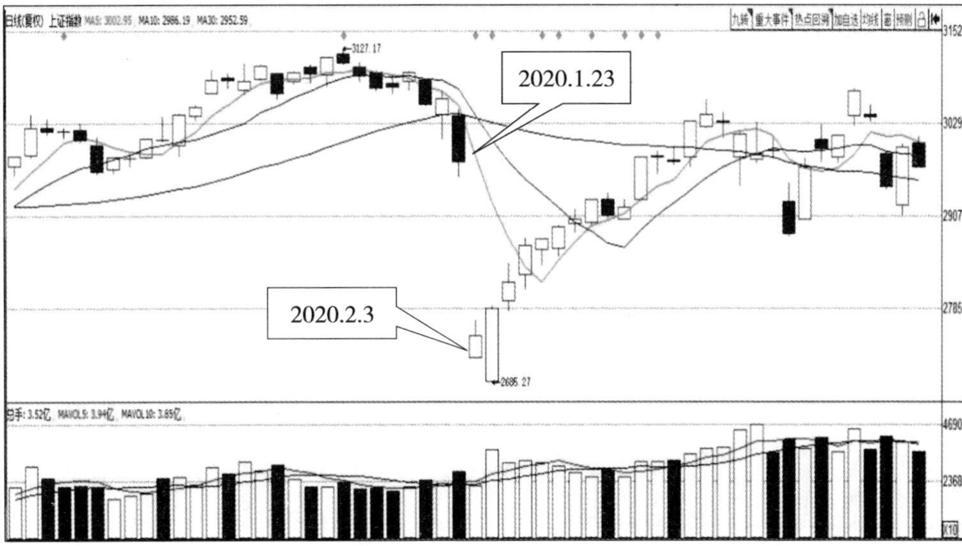

图 1–3　上证指数日 K 线走势图

2. 外围重大事件影响：美股史无前例的四次熔断

熔断机制起源于美国。熔断机制是当股市跌到一定幅度之后，市场自动停止交易一段时间，可能是几分钟，也可能是全天交易就此终止。从引入熔断机制开始，到 2020 年年底，美国股市共发生了五次熔断，四次发生在 2020 年的 3 月。

由于美股市场对全球股票市场的走势有一定的影响，所以 A 股在刚刚修复疫情的冲击波后，又在美股走势的连带影响下重新进入了下行通道，如图 1–4 所示。

从图 1–4 中可以看出，上证指数在进入 3 月后出现了大幅下挫走势。与此同时，也正是美股经历大幅下跌的时段，特别是图 1–4 中所列的四个交易日，美股都经历了熔断。当然，由于时差的关系，A 股当日收盘后，美股还没有开盘。也就是说，美股对 A 股的影响会在下一个交易日体现出来。从图中 A 股的走势情况来看，更像是 A 股的大幅走低影响了美股。而美股大幅走低，直至熔断的次日，A 股尽管会低开一些，但常常也能出现一波反弹。

其实，这也正是目前 A 股与美股关系的一种写照，即美股对 A 股的影响更多地体现在 A 股的开盘阶段，更多的是一种对投资者信心的影响。随着我国经济的发展，A 股的走势确实也能对美股形成一定的影响了。

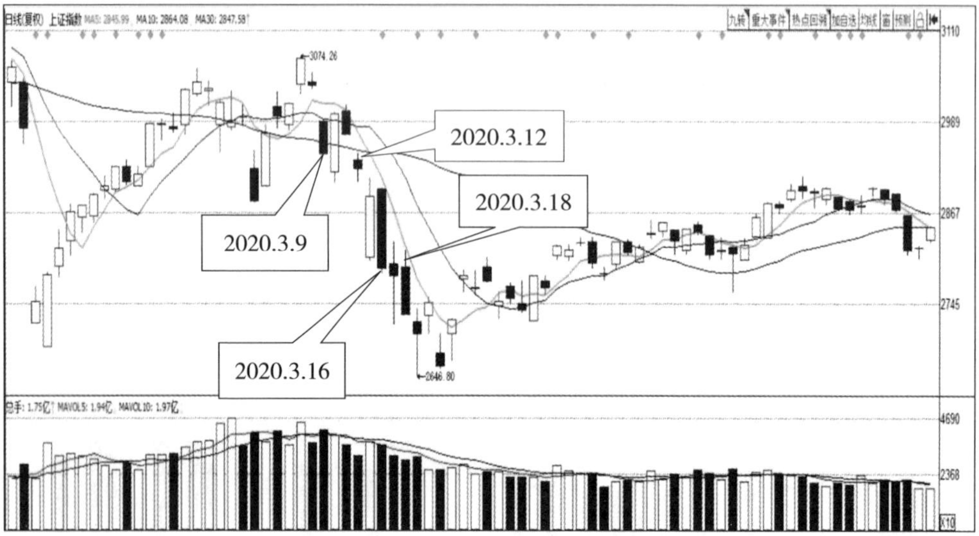

图 1–4 上证指数日 K 线走势图

3. 难得一见的奇观：油价进入负值时代

北京时间 2020 年 4 月 21 日（美国时间 4 月 20 日），国际油价创下一项新纪录，美国 5 月份轻质原油期货 WTI 价格暴跌，创下历史新低，首次跌至负值。当日，即将到期的 5 月美国轻质原油期货价格暴跌约 300%，收于每桶 −37.63 美元。这是自石油期货从 1983 年在纽约商品交易所开始交易后，首次跌入负数交易区间。

油价负数意味着将石油运送到炼油厂或存储的成本，已经超过了石油本身的价值，众多中小石油企业将面临破产风险。当然，石油价格大幅下挫，也与新冠疫情对全球经济的冲击有直接关系。疫情造成了很多行业的萧条，尤其造成了旅游业的不景气，及相关的消费萎缩。全球对能源需求量的大幅减少，都促成了石油价格的走低。与此同时，美欧等国与俄罗斯的国际政治博弈也起到了推波助澜的作用。俄罗斯的国际贸易有半数与石油等能源产品相关，石油价格走低，必然重创俄罗斯经济。

油价进入负值时代，一方面反映了经济的不景气，但从另一方面来看，也有利于缓解我国因疫情原因造成的物价上涨问题。同时，通过锁定低价石油产品，也对我国获得廉价能源产品大有好处，毕竟我国属于典型的石油进口国。

4. 谁说大象不能跳舞：超级大盘股也涨停

大象股，给人的感觉永远都是涨也慢，跌也慢，常常被普通散户用作“压仓股”。这些股票的市值非常之大，动辄上万亿元，根本没有哪路资金能够撬动这些股票，因此，这些股票的涨停更是难得一见的。

2020 年 7 月初，大象股频频出现涨停的景象，直接推动了大盘指数的快速走高，其中以中国人寿最为典型，如图 1–5 所示。

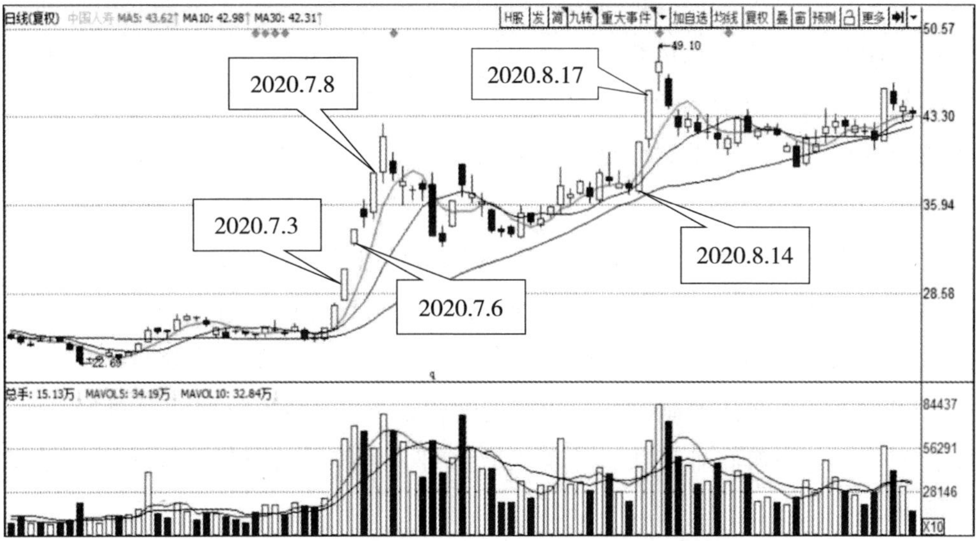

图 1–5　中国人寿（601628）日 K 线走势图

从图 1–5 中可以看出，作为市值达到 8000 亿元以上的巨无霸企业，在 2020 年 7 月到 8 月期间，竟然出现了 5 个涨停板，其中还有连板的情况，这在以往都是非常少见的。这也正应了那句话：只要是在风口，猪都能飞上天。在牛市启动时，即使大象也是可以飞上涨停板的。从另一个角度来看，正是这些巨无霸企业的带动，才让上证指数在 2020 年 7 月到 8 月期间掀起了一波近年少有的主升浪。

5. 千呼万唤始出来：创业板注册制正式启动

注册制一直是很多投资者热切期待的一项机制改革。注册制，即股票发行注册制，主要是指发行人申请发行股票时，必须依法将公开的各种资料完全准确地向证券监管机构申报。证券监管机构的职责是对申报文件的全面性、准确性、真实性和及时性做形式审查，不对发行人的资质进行实质性审核和价值判断，而将发行公司股票的良莠留给市场来决定。

注册制的核心是证券发行人提供的材料不存在虚假、误导或者遗漏。这类发行制度的代表国家是美国和日本。这种制度的市场化程度最高。与注册制相对应的是核准制，也是A股市场长期以来一直沿用的股票发行审核机制。

核准制引入了注册制强制性信息披露的原则，同时要求申请发行股票的公司必须符合有关法律和证券监管机构规定的必备条件。证券监管机构除进行注册制所要求的形式审查外，还关注发行人的法人治理结构、营业性质、资本结构、发展前景、管理人员素质、公司竞争力等，并据此判断发行人是否符合发行条件。核准制遵循的是强制性信息公开披露和合规性管理相结合的原则。

从核准制向注册制改革，是我国A股市场改革的一条必经之路。

8月24日，创业板改革试点注册制，日成交额持续增长。9月8日，创业板成交3375亿元，沪市成交3202亿元，实现历史上的首次超越。

另一方面，在注册制改革加速推进的背景下，A股不仅迎来了中芯国际、寒武纪、金龙鱼等行业巨头，爱美客、九号公司等细分领域的龙头也开始崭露头角。

6. 突破4000家大关：两市上市公司总数达到4000家

9月15日，恰逢我国资本市场建立30周年，据沪深交易所统计，两市上市公司总数达到4000家，总市值77.26万亿元。

对于投资者来说，上市公司数量的增加，意味着在交易过程中需要更加注意有所选择。整个市场普涨、普跌的局面以后会越来越少，取而代之的是个别板块、个别概念的轮番表演。因此，投资者在投资过程中，必须选择适合自己的投资与交易策略，构建符合个人特点的交易系统。

7. 超级牛股出现：月线18连阳的恒立液压

虽然超级牛股很少见，但市场上每隔一段时间都会出现一只，这也算不得什么稀奇的。但若是一只股票的月线连续18个月上涨，确实是非常少见的。恒立液压就是这样一个奇迹的创造者，其在2020年整年的月线没有一根是阴线。上一只有类似表现的个股，将连续的阳线停留在了 16 根，这只股票的名字叫贵州茅台。

下面来看一下恒立液压的月 K 线走势情况，如图 1-6 所示。

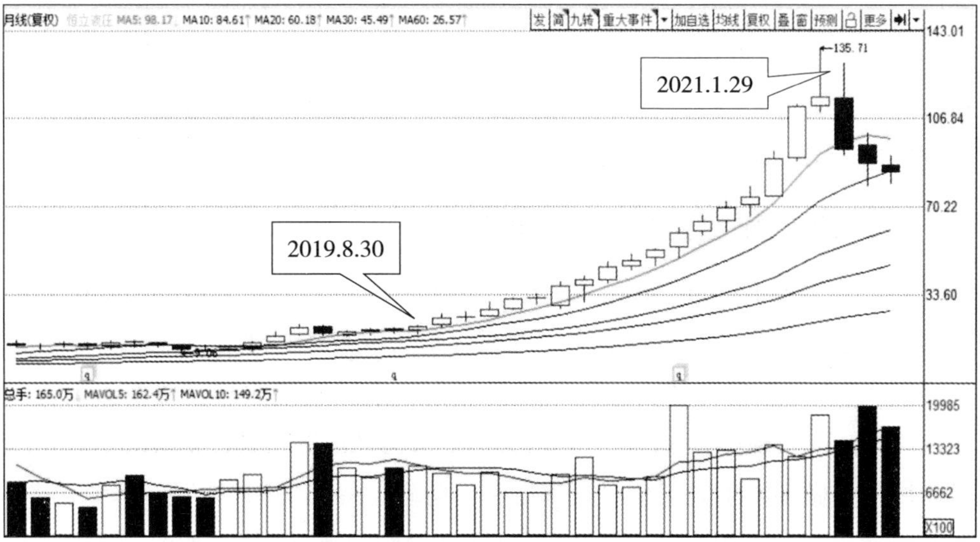

图 1-6　恒立液压（601100）月 K 线走势图

从图 1-6 中可以看出，恒立液压的股价自 2019 年 8 月 30 日进入上升通道后，月度 K 线一路以阳线报收。此波行情一直持续到 2021 年 1 月 29 日，也就是说，在 2020 年任何一个交易日买入股票并持有，股民都不会亏损。

8. 未来愿景规划：奠定未来五年重点发展方向

2020 年 11 月 3 日，新华社正式发布《中共中央关于制定国民经济和社会发展第十四个五年规划和二〇三五年远景目标的建议》（以下简称《建议》）。

《建议》阐述了“十四五”时期经济社会发展和改革开放的重点任务，明确了从科技创新、产业发展、国内市场、深化改革、乡村振兴、区域发展，到文化建设、绿色发展、对外开放、社会建设、安全发展、国防建设等重点领域的思路和重点工作。

从游资角度来看，这份《建议》更可以为今后的股票交易指明方向和路线。毕竟《建议》中所涉及的内容都属于顶层规划的范畴，对未来相关产业的发展有重要的引领作用。

9. RCEP（区域全面经济伙伴关系协定）签订

经过长达8年的谈判，RCEP（区域全面经济伙伴关系协定）终于在2020年11月15日达成。在印度缺席的背景下，东盟十国以及中国、日本、韩国、澳大利亚、新西兰共15个国家最终达成了15国协定。RECP覆盖了全球约29%的GDP，涵盖了全球约30%的人口。考虑到2020年疫情的原因，在全球经济低迷与贸易秩序混乱的大背景下，RCEP的签订可谓是为世界经济发展注入了一剂强心剂。

三、2020年主要概念炒作时间线

对绝大多数投资者来说，2020年尽管遇到了很多前所未有的挑战，但也遇到了近几年来股市对投资者、对交易最为友好的一年。毕竟上证指数全年出现了13.86%的涨幅，这可是最近几年少有的强势表现。对游资而言，2020年更是一个绝佳的收获之年，各类概念题材轮番表演，精彩纷呈，出现了几波强势做多的主升行情，这都有利于游资“一展拳脚”。

下面来看一下2020年全年的主要概念炒作时间分布图，如图1-7所示。

并不是说全年资金就炒作了这几个概念，只是这几个概念持续的时间相对较长，资金介入较深，而且形成了明显的赚钱效应。在这些概念中，绝大多数属于游资热衷的、参与的，也有一些属于机构资金、公募和私募基金参与的，最为典型的就是大金融板块。

从图1-7中可以看出，2020年主要炒作的概念包括以下几类。

1. 疫情相关概念

这是一个相对较为宽泛的类别，其中包括疫情的预防与治疗，以及疫苗产品等细分概念。总之，在2020年，这个概念绝对是最火爆的概念。当然，2021年该概念继续成为游资炒作的“主角”。

2. 新能源汽车相关概念

随着传统能源的日益枯竭，新能源汽车对传统燃油汽车的替代也将加速。与新能源汽车相关的概念，比如汽车整车、汽车零部件、动力电池、汽车电子等概念都在2020年有着不错的表现，而且对新能源汽车的炒作后面几年一直在持续。

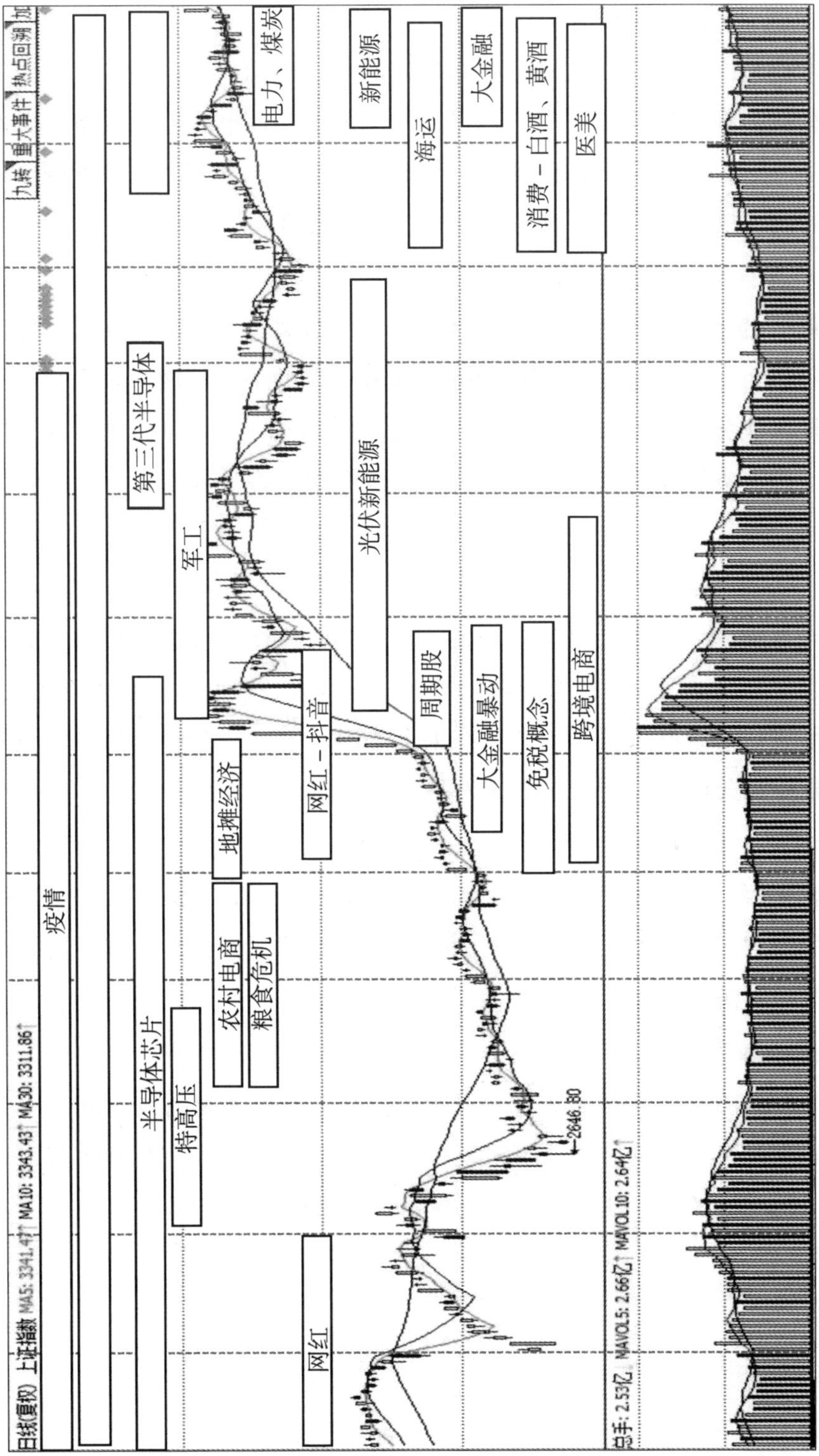

图 1-7　2020 年主要炒作概念时间线

3. 新能源相关概念

新能源概念是近几年被资金频繁炒作的一个概念，这也与传统能源的枯竭直接相关。在具体操作过程中，以光伏、风电、核电、电源设备、电网设备等为主。这也是一个能够持续若干年的炒作概念。事实上，最近两年，每隔一段时间市场上就会有一波相关概念的炒作热潮。

4. 半导体芯片相关概念

该概念的炒作与中美大国博弈直接相关。高端芯片是国内高科技领域尚未攻克的一个关口，也是被美国常常 “卡脖子”的一个领域。未来几年，国内高科技企业势必会加大对该领域的投入，国家也将加大对该领域的扶持力度。这也为游资炒作提供了较佳的契机。该概念也将是未来数年持续炒作的一条主线。

5. 大金融概念

大金融概念一般不会轻易启动，一旦启动，往往是大盘需要冲关或者托底的时候。游资也很少参与大金融的炒作，毕竟大金融股票的盘子都太大了，游资也很难撬动这些股票。因此，在大金融启动时，一些市值相对较小的互联网金融等相关概念股，就常常成为游资的目标。

6. 军工概念

通常来说，地缘政治紧张时，军工股票常常成为资金追逐的目标。不过，从以往的股票走势来看，军工板块的炒作持续性都不太强，一波行情持续的周期也相对较短。

7. 其他概念

每年都会有一些新兴概念题材被大幅炒作，有些题材持续时间长一些，比如两三个月，有些题材持续时间短一些，可能只有几天。2020 年有代表性的题材包括网红经济、地摊经济、免税概念、跨境电商和医美等。

第二节　突发的新冠疫情与狂欢的游资

2020 年全球市场最大的变数来自突发的新冠疫情。从资本市场来看，尽管多数行业都受到了前所未有的影响，但与疫情有关的行业，却获得了意外的发展机会。在接下来的两年里，新冠概念一直是资本市场炒作的主线，围绕新冠题材的相关概念不断地被挖掘和反复炒作。

从当时的情况来看，疫情爆发初期，对疫情的治疗以及防控尚处于摸索阶段，因此，整个市场的炒作也以简单的防控与治疗药物开始。

游资炒作关键词：新冠治疗、口罩、消毒液、疫苗概念。如图 1-8 所示。

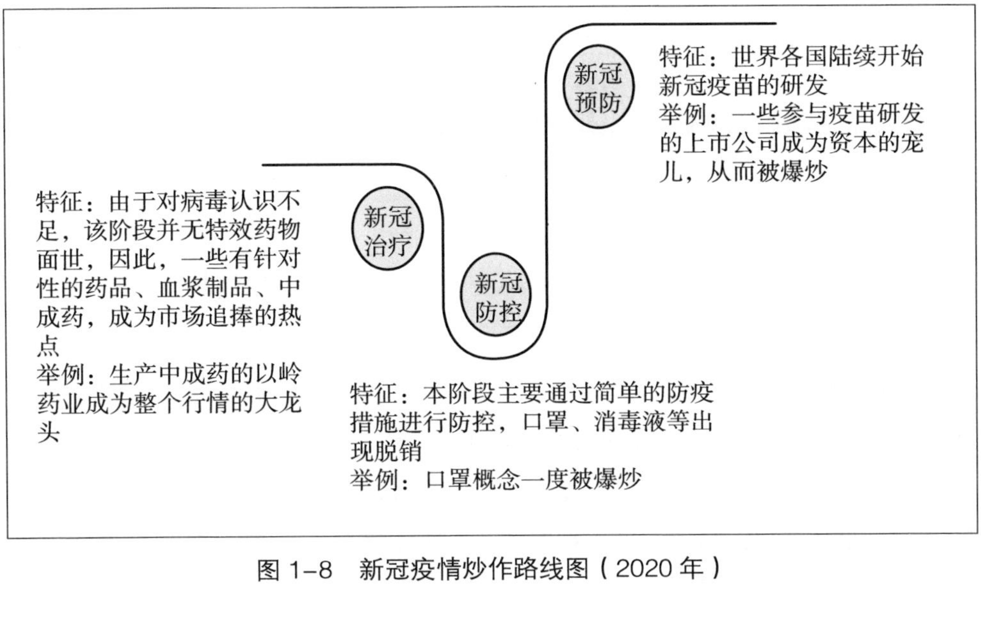

图 1-8　新冠疫情炒作路线图（2020 年）

一、医药股狂飙：从以岭药业到联环药业

新冠病毒作为一种全新的病毒，人们对其的认知还十分有限，市面上也缺少有效治疗的药物，这都为抗疫造成了很多困难和障碍，也让市场多了一些恐慌。从投资市场来看，虽然没有特别有效的药物，但寻找替代解决方案

还是要的。尽管国家卫生部门此时还没有正式公布诊疗方案，但市场上已经有很多投资者开始主动寻找了。比如，2003 年非典期间有着不错疗效的连花清瘟胶囊，再次成为市场追捧的对象。当然，若市场资金还没有达成共识，即使有一些先知先觉的资金入场，也未必会掀起大浪。如图 1–9 所示。

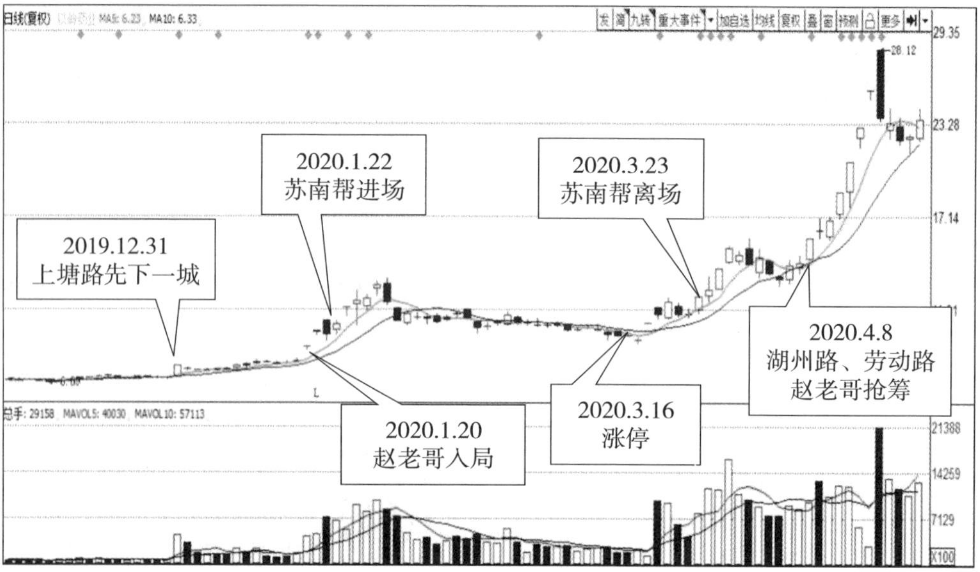

图 1–9　以岭药业（002603）日 K 线走势图

1. 医药股集体登场

2019 年年底，市场上开始流传关于不明原因肺炎的消息，但整体上还没有掀起太大的风浪。不过，相关医药股已经出现了某些异动。2019 年 12 月 31 日，也就是 2019 年的最后一个交易日，很多医药股被推上了涨停板。在这波涨停板大潮中，以岭药业是比较有代表性的一只，如图 1–10 所示。

从图 1–10 中可以看出，以岭药业并非在 12 月 31 日开盘不久后就封板，而且之后的封板也不够坚决。这也说明了炒作资金的犹豫，对其是否能够成为热门标的或龙头股有所怀疑。

再来看一下当日该股的龙虎榜数据，如图 1–11 所示。

在以岭药业 12 月 31 日的龙虎榜上，一个熟悉的游资席位“杭州上塘路”出现了。从我们了解的信息来看，“杭州上塘路”属于新生代短线游资，打法比较凶狠，非常善于抢筹次新股涨停板。这说明以岭药业此时的涨停，已

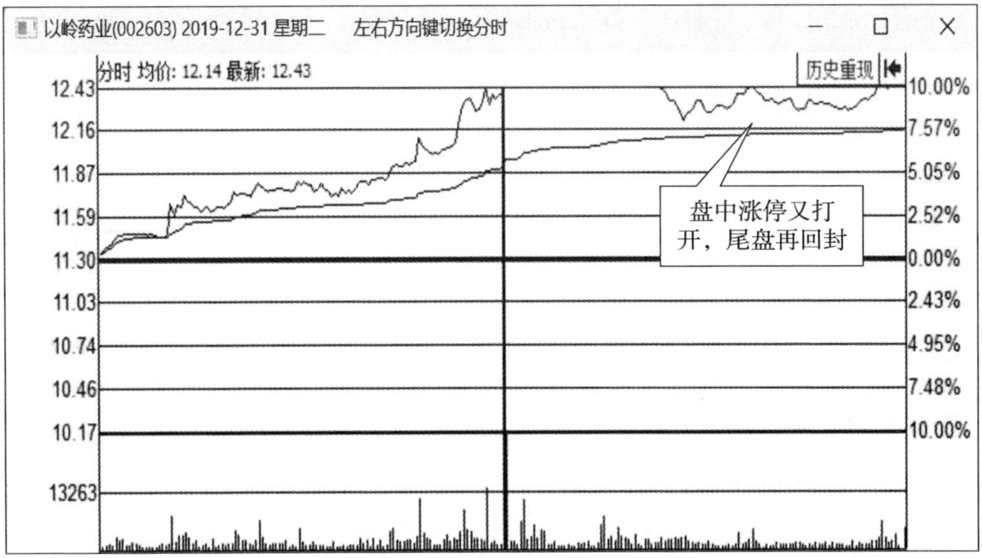

图 1–10　以岭药业（002603）分时走势图（2019.12.31）

以岭药业龙虎榜数据

2019-12-31

日期：2019-12-31 总成交金额：52284.19万元，总成交量：4307.97万股

排序	营业部名称	买入金额/万	占总成交比例	卖出金额/万	占总成交比例	净额/万
买入金额最大的前5名　买入总计 **5804.03** 万元，占总成交比例 **11.10%**						
1	深股通专用	2051.58	3.92%	1027.77	1.97%	1023.81
2	中国银河证券股份有限公司杭州海运国际大厦证券营业部	1026.72	1.96%	0.00	0.00%	1026.72
3	财通证券股份有限公司杭州上塘路证券营业部	[illegible]	1.78%	158.78	0.30%	773.72
4	申万宏源证券有限公司上海黄浦区福州路证券营业部	[illegible]	1.73%	1373.67	2.63%	-470.48
5	国信证券股份有限公司上海北京东路证券营业部	[illegible]	1.65%	277.43	0.53%	583.30
卖出金额最大的前5名　卖出总计 **6689.46** 万元，占总成交比例 **12.79%**						
1	中信证券股份有限公司河北分公司	16.34	0.03%	2056.35	3.93%	-2040.01
2	申万宏源证券有限公司上海黄浦区福州路证券营业部	903.19	1.73%	1373.67	2.63%	-470.48
3	深股通专用	2051.58	3.92%	1027.77	1.97%	1023.81
4	机构专用	0.00	0.00%	1007.90	1.93%	-1007.90
5	广发证券股份有限公司石家庄中山东路证券营业部	12.96	0.02%	787.54	1.51%	-774.58

买卖净差：-885.43万元

上塘路

图 1–11　以岭药业龙虎榜数据（2019.12.31）

经有知名游资开始介入了。当然，游资介入的程度或者说游资对该股后市走势的信心可能还不算太高，否则该股也不会等到尾盘才涨停，这说明市场上的游资还没有达成共识。

再来看一下另外一只医药股莱茵生物当日的走势情况，如图 1–12 所示。

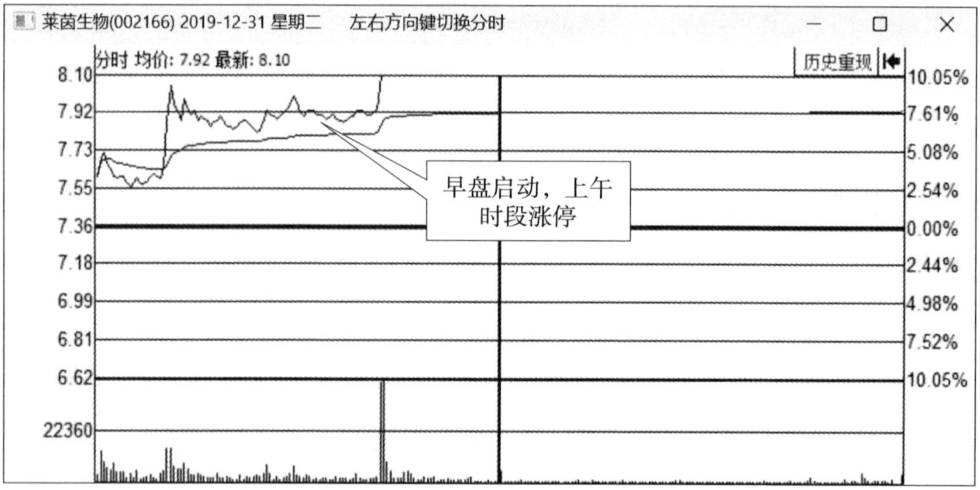

图 1-12 莱茵生物（002166）分时走势图（2019.12.31）

从图 1-12 中可以看出，莱茵生物在 12 月 31 日开盘不久后经历两波拉升就成功封板了，且后面也没有打开过，这说明至少在当时资金是比较看好该股的。

再来看一下当日该股的龙虎榜数据，如图 1-13 所示。

莱茵生物龙虎榜数据

2019-12-31

日期：2019-12-31 总成交金额：32386.81万元，总成交量：4086.67万股

排序	营业部名称	买入金额/万	占总成交比例	卖出金额/万	占总成交比例	净额/万
买入金额最大的前5名 买入总计 **5999.34** 万元，占总成交比例 **18.52%**						
1	华泰证券股份有限公司湖南分公司	1622.08	5.01%	161.63	0.50%	1460.45
2	光大证券股份有限公司湛江人民大道北证券营业部	1621.10	5.01%	0.00	0.00%	1621.10
3	兴业证券股份有限公司福州湖东路证券营业部	1130.64	3.49%	14.32	0.04%	1116.32
4	浙商证券股份有限公司温州高田路证券营业部	[illegible]9.13	2.50%	0.65	0.00%	808.48
5	海通证券股份有限公司泰州鼓楼南路证券营业部	798.94	2.47%	0.00	0.00%	798.94
卖出金额最大的前5名 卖出总计 **5691.97** 万元，占总成交比例 **17.57%**						
1	世纪证券有限责任公司河南分公司	0.00	0.00%	2281.56	7.04%	-2281.56
2	兴业证券股份有限公司漳州胜利东路证券营业部	17.45	0.05%	1224.99	3.78%	-1207.55
3	光大证券股份有限公司余姚南雷南路证券营业部	0.00	0.00%	761.64	2.35%	-761.64
4	新时代证券股份有限公司长沙五一大道证券营业部	0.00	0.00%	639.72	1.98%	-639.72
5	中天证券股份有限公司杭州城星路证券营业部	0.00	0.00%	607.46	1.88%	-607.46

买卖净差：**307.37**万元

ASKing

图 1-13 莱茵生物龙虎榜数据（2019.12.31）

在莱茵生物 12 月 31 日的龙虎榜上，又一个熟悉的游资席位“兴业证券福州湖东路” 出现了。从我们了解的信息来看，“福州湖东路”席位属于老

一代游资 ASKing，真名叫邱宝裕，ASKing 为其网名。他曾经两次破产，后因参与炒作新大陆第二波行情而一战成名。ASKing 的介入，让莱茵生物受到了更多散户的青睐。

此后的几个交易日，以莱茵生物和以岭药业为代表的医药股进入横向盘整模式。这几个交易日也是整个新冠概念发酵的一个阶段。资金想要掀起一波巨浪，市场就需要达成某种共识。随着新冠疫情的蔓延，新冠概念正式启动的日子临近了。

2020 年 1 月 20 日，新冠病毒“人传人”得到确认。市场上正式掀起了新冠概念（医药）炒作热潮，多只医药股被直接封上涨停板，莱茵生物、以岭药业双双封板。

再来看一下莱茵生物的日 K 线走势图，如图 1–14 所示。

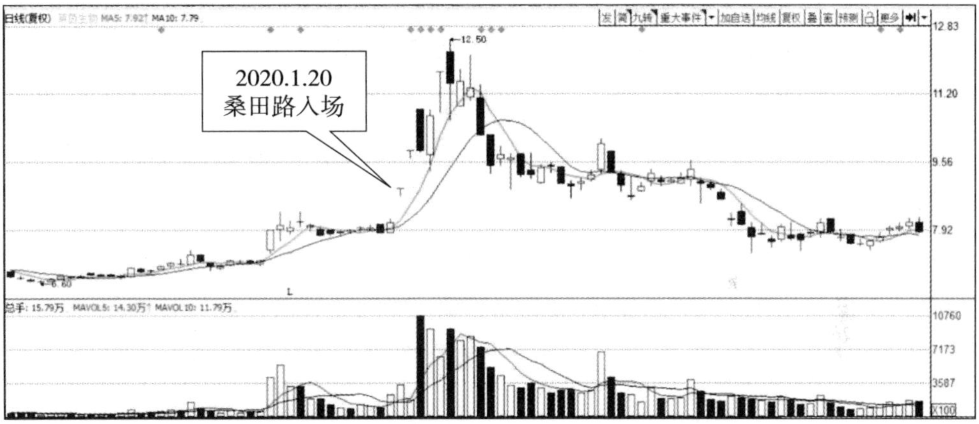

图 1–14　莱茵生物（002166）日 K 线走势图

1 月 20 日，莱茵生物与以岭药业都是以涨停价开盘，经过一波振荡后重新封于涨停板。新冠概念行情正式开启。在莱茵生物 1 月 20 日的龙虎榜上，一个因后来炒作道恩股份一战封神的游资“桑田路”强势入场了。

与此同时，在以岭药业的龙虎榜上，游资领域的超级大佬“赵老哥”现身了，如图 1–15 所示。

此后的几个交易日，以岭药业与莱茵生物的走势基本相同，都是连续两个交易日涨停后出现高位盘整。这也是游资惯用的出货手法，也就是说，大部分游资都在股价高位盘整时完成了出货。不过也有一批新的游资入场了。

以岭药业龙虎榜数据
2020-01-20

日期：2020-01-20 总成交金额：57742.00万元，总成交量：4089.64万股

排序	营业部名称	买入金额/万	占总成交比例	卖出金额/万	占总成交比例	净额/万
买入金额最大的前5名 买入总计 **10458.43** 万元，占总成交比例 **18.11%**						
1	国都证券股份有限公司北京北三环中路证券营业部	2973.93	5.15%	25.32	0.04%	2948.61
2	天风证券股份有限公司上海浦明路证券营业部	1958.39	3.39%	0.00	0.00%	1958.39
3	中国银河证券股份有限公司北京阜成路证券营业部	14[illegible].66	2.58%	7.05	0.01%	1482.61
4	兴业证券股份有限公司上海政立路证券营业部	[illegible].85	2.39%	3.26	0.01%	1374.59
5	机构专用	[illegible].18	2.31%	0.00	0.00%	1331.18
卖出金额最大的前5名 卖出总计 8121.31 万元，占总成交比例 **14.06%**						
1	兴业证券股份有限公司上海金陵东路证券营业部	1.42	0.00%	2850.81	4.94%	-2849.39
2	深股通专用	1323.16	2.29%	1712.24	2.97%	-389.08
3	机构专用	0.00	0.00%	1286.73	2.23%	-1286.73
4	机构专用	0.00	0.00%	1165.62	2.02%	-1165.62
5	国泰君安证券股份有限公司宜春袁山中路证券营业部	2.84	0.00%	1070.26	1.85%	-1067.42

买卖净差：**2337.13**万元

赵老哥

图 1–15　以岭药业龙虎榜数据（2020.1.20）

1 月 22 日、23 日，以岭药业连续两个交易日大幅振荡，成交量放大了很多，而此时恰恰又是另一路知名游资苏南帮入场的时刻。

此后春节休市期间，新冠疫情开始蔓延和放大，市场恐慌情绪加剧。2 月 3 日，股市重新开盘后，大盘出现了大幅下跌，只有医药股成为市场唯一的亮点，以岭医药、莱茵生物等再度涨停。

不过，从当时的信息来看，这些医药企业并不能提供新冠的治疗药物，因而游资很快出现退潮（事实上与很多游资在 2 月 3 日前已经开始撤退有关）。很多医药股自 2 月 4 日开始进入回调走势，一些追涨的散户被套于高位。

从医药股第一波炒作过程来看，市场还没有确认整个题材的大龙头，也可以说产生了多个板块内的龙头，毕竟莱茵生物、以岭药业甚至海王生物等，都拉出了多个涨停板。很多知名游资机构都参与了医药股的炒作。当然，这些游资的获利情况并不相同，率先入场的第一批游资，如炒作以岭药业的上塘路等，未必会有较大的盈利空间，而在行情开始启动后入场的赵老哥、桑田路等，获利可能会较为丰厚。

2. 以岭药业王者归来

经历了第一波炒作之后，医药股行情暂时告一段落，各路游资偃旗息鼓。然而，新冠疫情的影响持续放大，各个行业都开始受到影响。以岭药业的连花清瘟胶囊多次被卫生部在新冠诊疗方案中推荐，出现了供不应求的情况，

一时间一药难求。

3 月 16 日，以岭药业强势涨停，标志着该股第二波炒作行情正式开启。3 月 23 日，以岭药业在盘整几个交易日后再度涨停，前期入局的苏南帮趁机出逃。

经过多日的高位盘整后，4 月 8 日，以岭药业又一次封上涨停板，这已经是第二波行情开启后的第四个涨停板了。不过这个涨停板与其他几个涨停板还有所不同，先来看看当日的龙虎榜，如图 1-16 所示。

以岭药业龙虎榜数据

2020-04-08

日期：2020-04-08 总成交金额：224048.10万元，总成交量：9506.69万股

湖州劳动路

溧阳路

方新侠

赵老哥

排序	营业部名称	/万	占总成交比例	卖出金额/万	占总成交比例	净额/万
买入金额最大的前5名 买入总计 **27481.75** 万元，占总成交比例 **2.27%**						
1	华鑫证券有限责任公司湖州劳动路浙北金融中心证券营业部	2.98	2.42%	0.00	0.00%	5422.98
2	中信证券股份有限公司上海溧阳路证券营业部	3.35	2.21%	124.32	0.06%	4819.03
3	华泰证券股份有限公司上海静安区威海路证券营业部	4596.56	2.05%	31.56	0.01%	4565.00
4	兴业证券股份有限公司陕西分公司	1.01	2.04%	33.21	0.01%	4527.80
5	中国银河证券股份有限公司绍兴证券营业部	2.37	1.32%	46.76	0.02%	2915.61
卖出金额最大的前5名 卖出总计 **18202.25** 万元，占总成						
1	中国国际金融股份有限公司广州珠江新城证券营业部	00	0.00%	8942.06	3.99%	-8942.06
2	东方财富证券股份有限公司拉萨团结路第二证券营业部	1386.16	0.62%	2750.61	1.23%	-1364.45
3	深股通专用	2184.11	0.97%	2707.75	1.21%	-523.64
4	中信证券（山东）有限责任公司淄博世纪路证券营业部	24.53	0.01%	1788.26	0.80%	-1763.73
5	东方财富证券股份有限公司拉萨东环路第二证券营业部	1400.68	0.63%	1777.71	0.79%	-377.03

买卖净差：**9279.50**万元

图 1-16 以岭药业龙虎榜数据（2020.4.8）

从 4 月 8 日以岭药业的龙虎榜上可以看出，当日有多路知名游资入场抢筹，赵老哥、上海溧阳路、湖州劳动路、方新侠等都是游资领域内大佬级人物。这些知名游资集体抢筹以岭药业，更可说明众多资金对该股后市走势的认可。当然，这与连花清瘟胶囊在新冠治疗中的作用密不可分，毕竟当时还没有出现任何特效药物。

此后几个交易日，以岭药业连续拉出多个涨停板，股价短期内实现翻番，一时风光无二。

回顾以岭药业的整个炒作过程可以发现，这些游资并不是从一开始就认定了这只股票，期间多只游资也是抱着有利就跑的心态参与其中的。前期的上涨只是随着医药股爆炒而出现的上攻，到了 4 月 8 日，连花清瘟胶囊的脱

销加之各路资金的追捧，让以岭药业聚集了充足的市场热度和人气，这才又掀起了一波超级大行情。

3. 抗病毒龙头：联环药业

疫情扩散初期，由于对新冠病毒的认识还十分不足，对新冠的治疗也以抗病毒治疗为主。因此，市场上诸多抗生素生产企业的股票都获得了资金的青睐，成为短期内爆炒的对象，比如联环药业、江苏吴中、太龙药业、鲁抗医药等。其中，联环药业无疑是这波炒作浪潮中的龙头股票。

联环药业主要生产泌尿系统治疗药物、抗组胺药物和心血管治疗药物，用于缓解感冒症状的药物及治疗细菌真菌感染的抗生素类药物的销售收入金额及占比均极小。但市场资金并不这样认为，只要具有抗病毒概念，市场情绪已经渲染到位了，那么股价就应该上涨。

下面来看一下联环药业的日 K 线走势图，如图 1-17 所示。

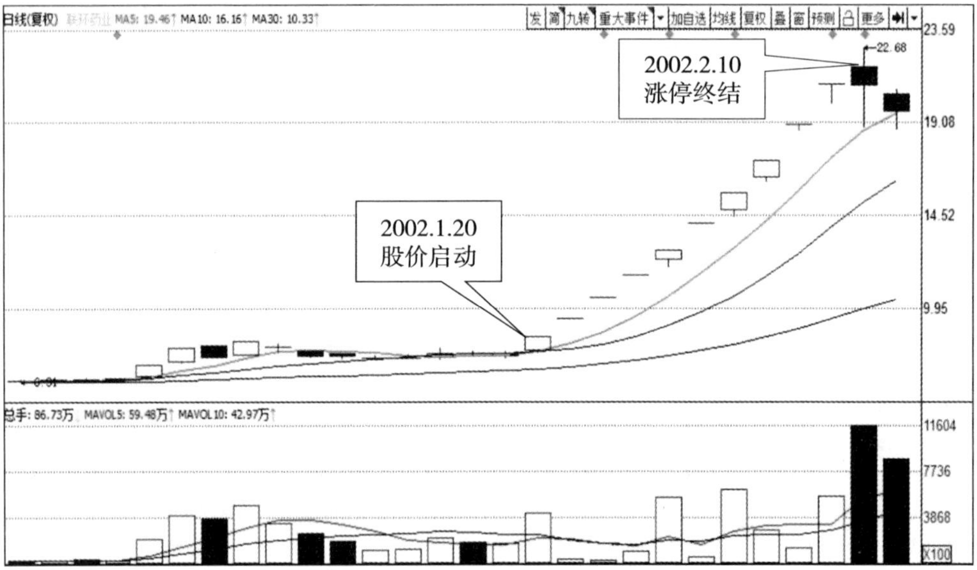

图 1-17　联环药业（600513）日 K 线走势图

从图 1-17 中可以看出，联环药业的股价自 2020 年 1 月 20 日拉出第一个涨停板后，连续拉出了 10 个涨停板，一时间带动整个抗病毒药物板块大幅上攻。此波上升行情一直持续到 2 月 10 日才宣告终结。

在联环药业上攻期间，多路知名游资入场参与了该股的炒作。下面来看一下 2 月 7 日该股的龙虎榜数据，如图 1-18 所示。

在 2 月 7 日这天，章盟主常用的国泰君安上海江苏路以及宁波桑田路营业部全部登上龙虎榜。在这一阶段，与疫情相关的很多股票都出现了大幅上攻态势，无论是大龙头还是二线龙头，涨幅都非常可观，因此，很多游资分头参与这类股票的炒作。对于很多投资者来说，这类超级主线行情是很多年都难以遇到一次的赚钱机会，他们是一定不会错过的。

联环药业龙虎榜数据
2020-02-07

日期：2020-02-07 总成交金额：189352.00万元，总成交量：9461.59万股

排序	营业部名称	金额/万	占总成交比例	卖出金额/万	占总成交比例	净额/万
买入金额最大的前5名　买入总计 11088.32 万元，占总成交比例						
1	国泰君安证券股份有限公司上海江苏路证券营业部	3138.78	[illegible]	0.00	0.00%	3138.78
2	国盛证券有限责任公司宁波桑田路证券营业部	[illegible]	[illegible]	0.00	0.00%	2290.79
3	国泰君安证券股份有限公司上海分公司	1957.51	1.03%	0.00	0.00%	1957.51
4	西藏东方财富证券股份有限公司拉萨东环路第二证券营业部	1875.96	0.99%	0.00	0.00%	1875.96
5	中信证券股份有限公司桐乡复兴北路证券营业部	1825.28	0.96%	0.00	0.00%	1825.28
卖出金额最大的前5名　卖出总计 17340.42 万元，占总成交比例 9.16%						
1	中信证券股份有限公司天津大港证券营业部	0.00	0.00%	6582.90	3.48%	-6582.90
2	中信证券股份有限公司北京京城大厦证券营业部	0.00	0.00%	3225.03	1.70%	-3225.03
3	广发证券股份有限公司珠海柠溪路证券营业部	0.00	0.00%	2679.45	1.42%	-2679.45
4	西藏东方财富证券股份有限公司拉萨团结路第二证券营业部	0.00	0.00%	2500.70	1.32%	-2500.70
5	国盛证券有限责任公司宁波桑田路证券营业部	0.00	0.00%	2352.34	1.24%	-2352.34

买卖净差：-6252.10万元

章盟主
宁波桑田路

图 1-18　联环药业龙虎榜数据（2020.2.7）

二、口罩也疯狂：从泰达股份到道恩股份

新冠疫情爆发初期，市面上根本没有可以预防的疫苗产品，更没有能够有效治疗的药物，整个防疫工作的重点放在防控上面，因此，除了医疗卫生人员需要穿戴防护服、佩戴口罩外，普通人群也需要戴口罩，而且还是那种防护效果较佳的 N95 口罩。由于需要口罩的人群过大，口罩库存在短短几天内就出现告急的情况，甚至连生产口罩的材料也宣布告急。于是，市场上就掀起了一波炒作“口罩”概念的热潮，从口罩到生产口罩的原料，甚至任何与口罩相关的行业，都可能成为资金炒作的对象。

1. 从泰达股份到振德医疗

随着疫情防控的升级，口罩生产厂商的库存逐渐告急。天津泰达洁净材

料有限公司是泰达股份旗下生产、销售口罩滤材的子公司，资金纷纷闻风而动，关注到泰达股份。2020 年 1 月 20 日，泰达股份率先开启主升浪，如图 1–19 所示。

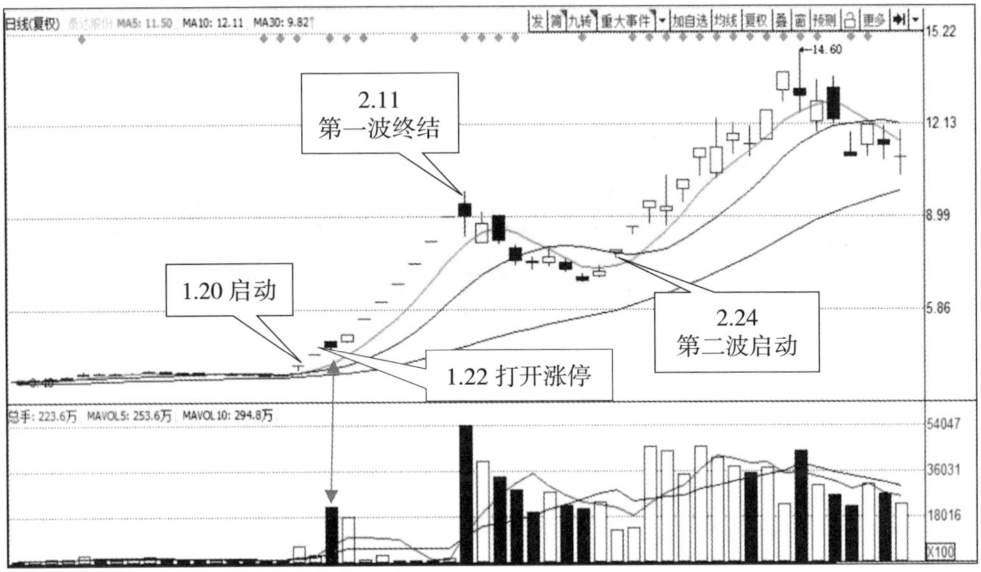

图 1–19　泰达股份（000652）日 K 线走势图

泰达股份的炒作源自市场对 N95 口罩的大量需求。在 1 月 20 日之前的周末，社会上开始传播口罩库存紧张的消息，很多口罩生产厂商空有口罩生产线，却没有足够的口罩滤材，导致无法生产充足的口罩。天津泰达洁净材料有限公司作为泰达股份旗下的子公司，是国内顶尖的口罩滤材生产商，泰达股份在业界内有着“口罩界的华为”之美称。因此，1 月 20 日股市开盘后，天津泰达的股价直接以涨停开盘，如图 1–20 所示。

1 月 20 日，泰达股份的股价直接以涨停开盘。此后该股并未封死涨停板，而是出现了振荡回落，直至午盘开盘才重新封板。

泰达股份的股价反映出两个问题：第一，市场情绪没有被充分调动起来，市场的热度还不够，口罩概念还没有被充分挖掘；第二，游资手中没有足够的筹码坚决封死涨停板，其他资金不愿意放弃手中的筹码，反而容易给其他资金抬轿。因此，在涨停开盘后，打开涨停板，让先前入场的资金获利离场，自己趁机吸筹，才是游资的最佳操作策略。尽管如此，从全天该股的换手率

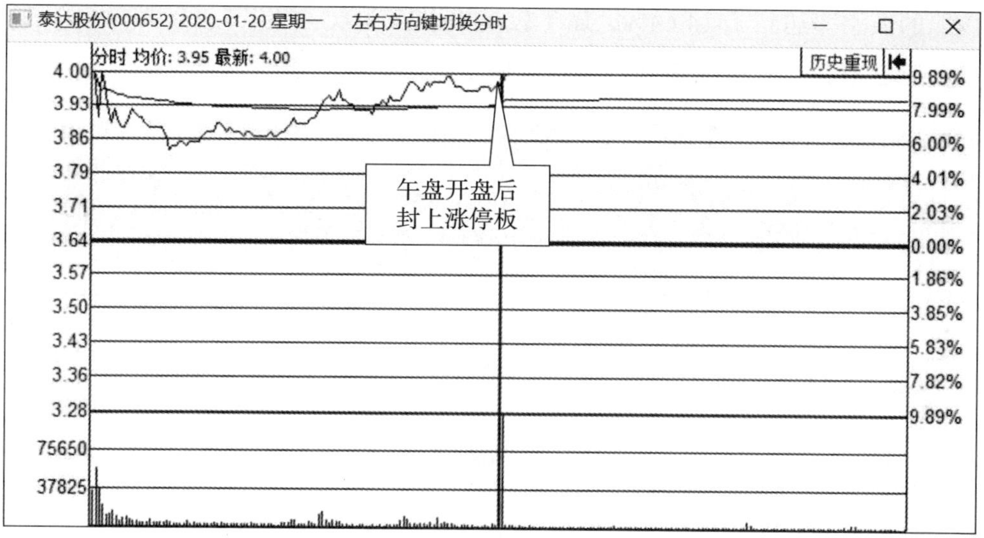

图 1-20　泰达股份（000652）分时走势图（2020.1.20）

来看，也只有 4 个多点的换手率，仍不足以支撑股价的大幅上攻。也就是说，股价要想发动大的行情，还需有较大的换手率才行。

此后的 1 月 21 日，该股股价直接一字封板。直到 1 月 22 日，该股才迎来了第一次规模较大的换手，如图 1-21 所示。

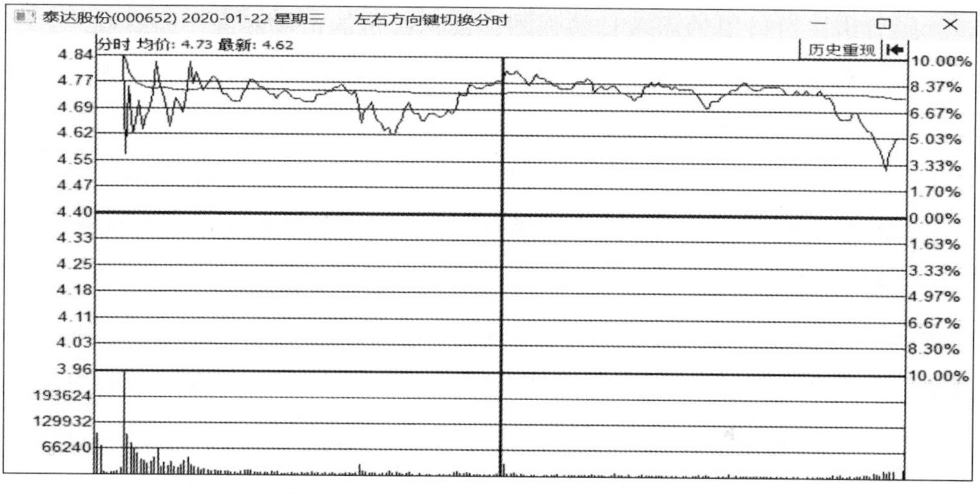

图 1-21　泰达股份（000652）分时走势图（2020.1.22）

从图 1-21 中可以看出，1 月 22 日泰达股份以涨停价开盘后，涨停板很快被砸开。此后股价一直在高位振荡，收盘时股价涨幅在 5 个点左右。当天该股的换手率达到了 14.64%，属于较高水平。

泰达股份当日的龙虎榜数据，如图 1–22 所示。

泰达股份龙虎榜数据

2020-01-22

日期：2020-01-22 总成交金额：139420.84万元，总成交量：30725.76万股

排序	营业部名称	买入金额/万	占总成交比例	卖出金额/万	占总成交比例	净额/万
买入金额最大的前5名 买入总计 **6287.76** 万元，占总成交比例 **4.51%**						
1	西藏东方财富证券股份有限公司拉萨团结路第二证券营业部	1434.71	1.03%	378.65	0.27%	1056.06
2	华林证券股份有限公司厦门湖滨南路证券营业部	1289.02	0.92%	1417.93	1.02%	-128.91
3	平安证券股份有限公司上海分公司	1224.21	0.88%	1111.82	0.80%	112.39
4	广发证券股份有限公司上海新松江路证券营业部	1103.99	0.79%	695.47	0.50%	408.52
5	国金证券股份有限公司上海互联网证券分公司	999.86	0.72%	846.32	0.61%	153.54
卖出金额最大的前5名 卖出总计 **11320.35** 万元，占总成交比例 **8.12%**						
1	中原证券股份有限公司上海第一分公司	46.00	0.03%	3138.30	2.25%	-3092.30
2	平安证券股份有限公司深圳蛇口招商路招商大厦证券营业部	52.00	0.04%	2762.13	1.98%	-2710.13
3	华林证券股份有限公司厦门湖滨南路证券营业部	1289.02	0.92%	1417.93	1.02%	-128.91
4	平安证券股份有限公司上海分公司	1224.21	0.88%	1111.82	0.80%	112.39
5	安信证券股份有限公司佛山顺德政通路证券营业部	137.97	0.10%	969.73	0.70%	-831.77
买卖净差：**-5032.60**万元						

图 1–22　泰达股份龙虎榜数据（2020.1.22）

在泰达股份 1 月 22 日的龙虎榜上，虽然没有出现近几年的网络知名游资，但平安证券上海分公司、广发证券上海新松江路以及华林证券厦门湖滨南路营业部等游资在 2020 年前后也是非常活跃的。

随着市民对口罩的需求日趋强烈，泰达股份的市场热度不断升温。1 月 20 日后，该股股价延续了上攻趋势，此波上升直至 2 月 11 日才终结。可能由于该股股价以一字板展开上攻，所以造成了其他游资没有机会入场。2 月 12 日，泰达股份低开高走，给很多投资者股价即将反包的感觉，于是之前没有机会的各路资金纷纷入场，泰达股份当日的龙虎榜上终于见到了熟悉的面孔，如图 1–23 所示。

从图 1–23 中可以看出，2020 年 2 月 12 日，知名游资“作手新一”和“猪肉荣”开始介入该股。由于之前该股已经出现过一波较大的涨幅，这些游资的介入并没有改变股价的运行趋势，随后股价出现了回调。这也说明即使是顶级游资，也有判断失误的时候，仅仅是这些游资交易的次数较多，赢率相对较高而已。

2 月 24 日，泰达股份启动了新一波的上攻潮。近几年网络上知名的游资很少出现，只有“猪肉荣”常用的“华泰证券深圳益田路荣超商务中心营

泰达股份龙虎榜数据

2020-02-12

日期：2020-02-12 总成交金额：333913.57万元，总成交量：39476.48万股

排序	营业部名称	买入金额/万	占总成交比例	卖出金额/万	占总成交比例	净额/万
买入金额最大的前5名　买入总计 **24370.05** 万元，占总成交比例 **7.30%**						
1	国泰君安证券股份有限公司南京太平南路证券营业部	7562.09	2.26%	133.05	0.04%	7429.04
2	东方财富证券股份有限公司拉萨团结路第二证券营业部	[illegible]	1.39%	4464.82	1.34%	180.82
3	东方财富证券股份有限公司拉萨东环路第二证券营业部	[illegible]	1.35%	3006.35	0.90%	1501.14
4	国泰君安证券股份有限公司深圳益田路证券营业部	3135.50	0.94%	1478.39	0.44%	1657.11
5	国联证券股份有限公司无锡金太湖证券营业部	[illegible]	0.93%	829.13	0.25%	2276.43
卖出金额最大的前5名　卖出总计 **20432.02** 万元，占总成交比例 **6.12%**						
1	国泰君安证券股份有限公司济宁吴泰闸路证券营业部	2.17	0.00%	5545.29	1.66%	-5543.12
2	东方财富证券股份有限公司拉萨团结路第二证券营业部	4645.64	1.39%	4464.82	1.34%	180.82
3	东方财富证券股份有限公司拉萨东环路第二证券营业部	4507.49	1.35%	3006.35	0.90%	1501.14
4	财信证券有限责任公司杭州庆春路证券营业部	1406.66	0.42%	2682.43	0.80%	-1275.77
5	华泰证券股份有限公司辽宁分公司	4.94	0.00%	2292.56	0.69%	-2287.62

买卖净差：**3938.03**万元

作手新一

猪肉荣

图 1-23　泰达股份龙虎榜数据（2020.2.12）

业部”频繁参与其中。这在一定程度上反映出市场对口罩概念存在一定的分歧。与此同时，其他几只口罩概念股也同步出现了大幅上攻，比如振德医疗、南卫股份、阳普医疗、尚荣医疗、欣龙控股等。特别是振德医疗的股价走势，几乎与泰达股份同步，如图 1-24 所示。

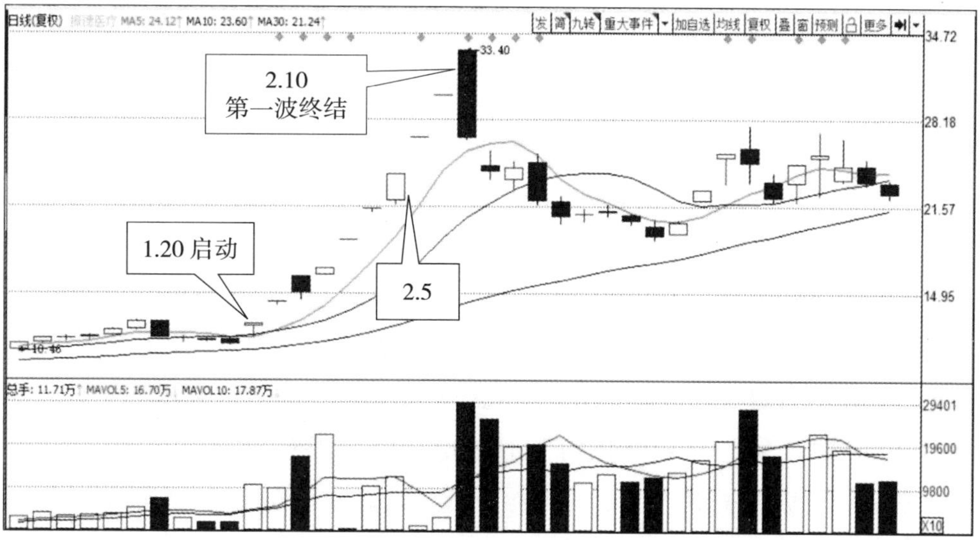

图 1-24　振德医疗（603301）日 K 线走势图

从图 1-24 中可以看出，振德医疗的股价与泰达股份同日开启了涨停上攻模式。1 月 22 日，两只股票甚至同时出现了回调，表明两只股票的走势具有一致性。到底谁是真正的龙头？市场上的资金必然会存在分歧。根据振德

医疗龙虎榜的数据分析，很多知名游资将龙头压在了振德医疗上。从经营范围来看，振德医疗的主要业务涉及隔离防护用品（口罩、防护服、隔离衣、抗原检测试剂盒等）。相对于泰达股份，振德医疗的产品更加贴近抗疫一线，经营范围更广泛，或许这就是知名游资青睐该股的原因。

振德医疗的龙虎榜数据，如图 1–25 所示。

振德医疗龙虎榜数据
2020-02-06

日期：2020-02-06 总成交金额：88965.37万元，总成交量：2332.39万股

炒股养家　西湖国贸　赵老哥

排序	营业部名称	[illegible]	占总成交比例	卖出金额/万	占总成交比例	净额/万
买入金额最大的前5名　买入总计 7157.39 万元，占总成交比例 8.05[illegible]						
1	华鑫证券有限责任公司上海宛平南路证券营业部	2159.21	2.43%	0.00	0.00%	2159.21
2	申港证券股份有限公司福建分公司	1676.97	1.88%	0.00	0.00%	1676.97
3	西藏东方财富证券股份有限公司江苏分公司	1151.10	1.29%	0.00	0.00%	1151.10
4	方正证券股份有限公司嘉兴中环西路证券营业部	1110.69	1.25%	0.00	0.00%	1110.69
5	华泰证券股份有限公司淮安分公司	[illegible]	[illegible]9%	0.00	0.00%	1059.41
卖出金额最大的前5名　卖出总计 11749.36 万元，占总成交比例 13.21%						
1	财富证券有限责任公司杭州西湖国贸中心证券营业部	0.00	0.00%	5353.80	6.02%	-5353.80
2	中国银河证券股份有限公司绍兴证券营业部	0.00	0.00%	2114.50	2.38%	-2114.50
3	申港证券股份有限公司福建分公司	[illegible]	0.00%	1791.05	2.01%	-1791.05
4	西藏东方财富证券股份有限公司江苏分公司	[illegible]	0.00%	1268.37	1.43%	-1268.37
5	方正证券股份有限公司嘉兴中环西路证券营业部	0.00	0.00%	1221.64	1.37%	-1221.64

买卖净差：-4591.97万元

图 1–25　振德医疗龙虎榜数据（2020.2.6）

由于振德医疗 2 月 6 日的龙虎榜数据为连续三个交易日的数据，同时结合振德医疗的 K 线图，可以分析出，2 月 5 日当天游资的操作较为频繁，换手率较高。也就是说，2 月 6 日龙虎榜的数据多数为 2 月 5 日的交易数据。在振德医疗龙虎榜上，可以看到近几年非常活跃的知名游资，如炒股养家、赵老哥、西湖国贸等。在振德医疗前几个交易日，也有另一路游资“宁波桑田路”的身影。也就是说，相比于泰达股份，知名游资更加青睐于振德医疗。

不过，根据振德医疗股价的走势分析，该股股价在 2 月 10 日终结了上升趋势，比泰达股份早一个交易日。可以看出，市场所选择的龙头是泰达股份，并非众多游资押宝的振德医疗。

2 月 24 日，两只股票启动了第二波走势。泰达股份第二波上攻浪潮比振德医疗更猛烈，从另一方面佐证了之前的分析。对比两者的走势，印证了游资领域的名言：龙头是市场选择的结果，而非某路资金所选定的。

2. 道恩股份：桑田路一战成名

桑田路在道恩股份一战成名。借助道恩股份，桑田路的盈利可能超过 1.5 亿元，在游资领域是一个经典中的经典。道恩股份是一家从事研发、生产、销售热塑性弹性体、改性塑料和色母粒等功能性高分子复合材料的企业。

（1）基本面情况。

道恩股份的基本面数据如表 1-3 所示。

表 1-3 道恩股份基本数据表

股票名称	道恩股份	所属行业	塑料	概念	口罩
总股本	4.09 亿元	流通股本	3.51 亿元	市值	62.07 亿元
总营收	11.94 亿元	利润	0.51 亿元	每股盈利	0.13 元

注：财务数据为 2022 年第一季报数据，截至 2022 年 4 月 22 日。

从表 1-3 中可以看出，道恩股份的基本面非常一般。2020 年，因新冠疫情的原因，市面上口罩货源紧缺，因此，只要与口罩有关的上市公司都遭到了爆炒。

（2）股价走势。

道恩股份的股价自 2020 年 2 月 3 日强势涨停，并正式进入大幅上攻趋势，如图 1-26 所示。

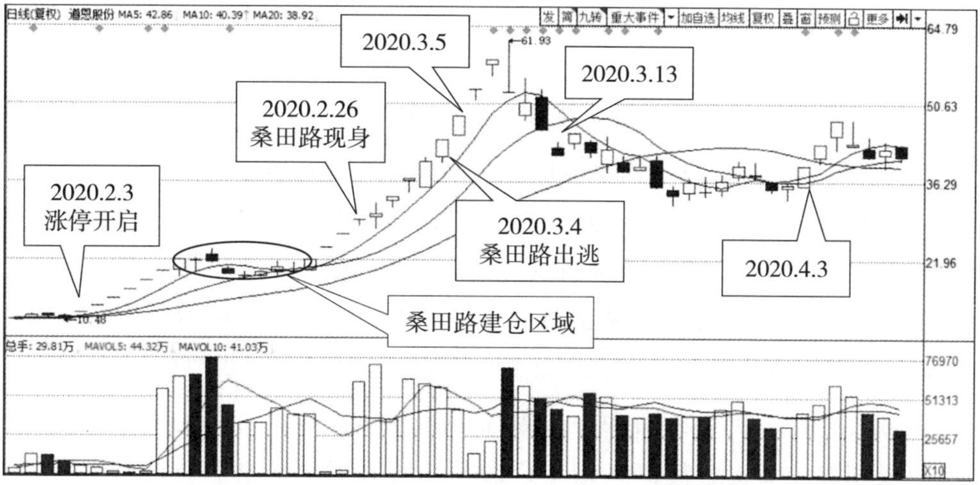

图 1-26 道恩股份（002838）日 K 线走势图

2020 年 2 月 3 日，道恩股份的股价因为疫情的原因以及口罩库存紧缺的推动下，直接一字板涨停。此后，该股股价掀起了一波快速上攻，股价连续拉出涨停板。

国盛证券宁波桑田路营业部频繁出现在龙虎榜，下面对其操作进行跟踪与分析。

其具体交易记录如表 1-4 所示。

表 1-4　宁波桑田路交易道恩股份的龙虎榜数据

日期	买入金额（万元）	卖出金额（万元）
2020.2.17 前后（推测）	18000	0
2020.2.26	25410.5	25491.5
2020.2.27（计算）	2900	150
2020.3.2（计算）	6100	13000
2020.3.4	207.82	32595.8
2020.3.5	1748.13	399.53
2020.3.13	4145.52	186.79
2020.4.3	2436.15	4.77

在宁波桑田路操作道恩股份的上涨行情中，由于该营业部期间有多次没有登上龙虎榜，有些数据只能通过推测和计算获得。

第一，2 月 26 日，宁波桑田路的交易记录强势登上龙虎榜。桑田路成为市场寻找和研判的对象。宁波桑田路初次上榜，不仅大手笔买入 2.54 亿元，还卖出 2.53 亿元，这都不是小数目。在此前的交易日以及道恩股份上涨启动后的交易日，股价都近乎无量涨停，且龙虎榜并没有出现过桑田路。这就意味着，桑田路整个买入行动，都是在股价第一阶段上升后的调整期间完成的。结合桑田路卖出道恩股份的金额以及股价上升的幅度，桑田路买入的金额应该在 1.8 亿元左右。推算出桑田路第一笔交易就获利在 7000 万元左右。当日获利后，桑田路并没有满足，将卖出的资金再次压在了道恩股份上。

第二，根据 2 月 26 日和 2 月 28 日的龙虎榜数据，可以大致计算出 2 月 27 日桑田路的买卖金额，即买入了 2900 万元左右，卖出了 150 万元左右。这表明桑田路对该股股价十分看好。2 月 28 日，桑田路处于锁仓状态。

第三，3 月 2 日，新的一周开启后，该股没有登上龙虎榜。通过 3 月 4 日的龙虎榜可以计算出当日桑田路的交易数据，即买入 6100 万元左右，卖出了 1.32 亿元，这是桑田路获利了结的节奏。

第四，3 月 4 日，桑田路买入了 200 万元，卖出金额达到 3.26 亿元。至此，桑田路主要的交易阶段完成，获利金额在 1.7 亿元到 1.8 亿元之间，获利金额十分可观。

此后该营业部的交易让人摸不到头脑。3 月 5 日，买入 1748 万元；3 月 13 日再次买入 41415 万元；4 月 3 日，三度买入 2436 万元。虽然没有追踪到卖出记录，但桑田路在道恩股份的交易都可称为非常成功。

股份交易的成功与否与营业部的资金实力、勇气以及当时的市场环境密切相关。例如，2 月 26 日，该营业部卖出 2.53 亿元后，发现市场承接力极强，并没有对股价产生较大影响，立即反手再度做多。这是桑田路整个操作过程中非常经典的一幕。

三、新冠疫苗的遐想：从君正集团到正川股份

从疫情防控的角度来看，防患于未然才是最好的防控。新冠疫情最佳的解决方案是通过疫苗终结疫情。由于新冠疫情属于全新的病毒，此前并没有成品疫苗，需要相关的生物制药企业进行研发。市场上的资金一直关注着新冠疫苗研发的动态。

1. 被误炒的君正集团

君正集团属于一家典型的化工企业，与新冠疫苗毫无瓜葛。君正集团之所以能够成为生物疫苗概念的龙头股票，究其原因是公司参股了大安制药，持有大安制药 31.17% 的股权。大安制药在 2018 年分别取得了狂犬病、破伤风、乙肝的免疫球蛋白生产批号。虽然大安制药没有研发新冠疫苗，但市场上的资金认为，既然大安制药能够生产一系列狂犬病、乙肝的疫苗，也能够生产出新冠疫苗，目前还没有一家企业的新冠疫苗问世，先炒起来再说吧！有关新冠疫苗的话题，是当时市场上非常热门的话题，即使一个传闻都能引发一波炒作，于是君正集团就这样被炒作起来了，如图 1-27 所示。

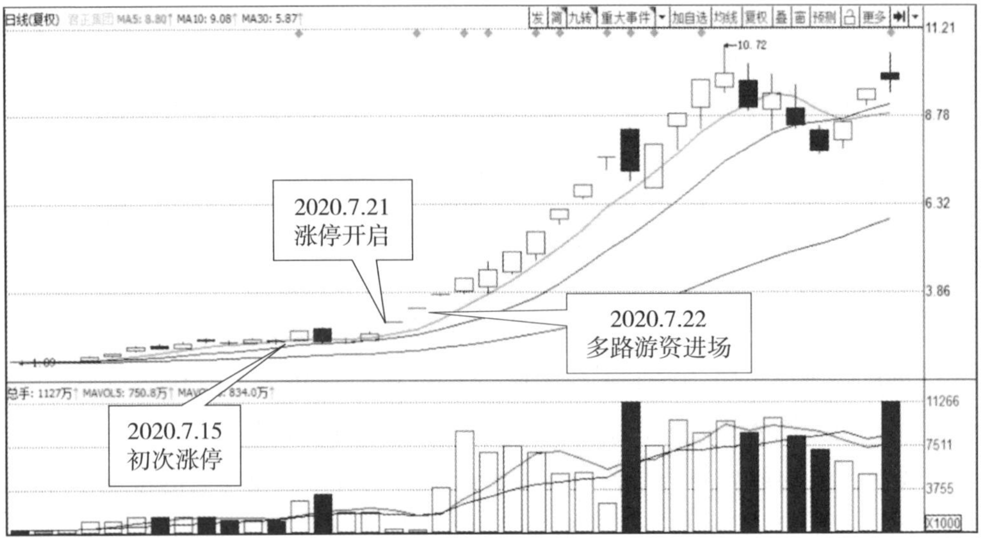

图 1-27　君正集团（601216）日 K 线走势图

从图 1-27 中可以看出，2020 年 7 月 15 日，君正集团出现了第一个涨停板，已经开始有游资入场了。不过，此后的几个交易日，该股股价并未直接上攻，而是出现了回调，直至 7 月 21 日，股价才重新发动涨停攻势。

与其他强势股不同，君正集团从启动伊始就获得众多知名游资的追捧。从该股 7 月 22 日的龙虎榜就可见一斑，如图 1-28 所示。

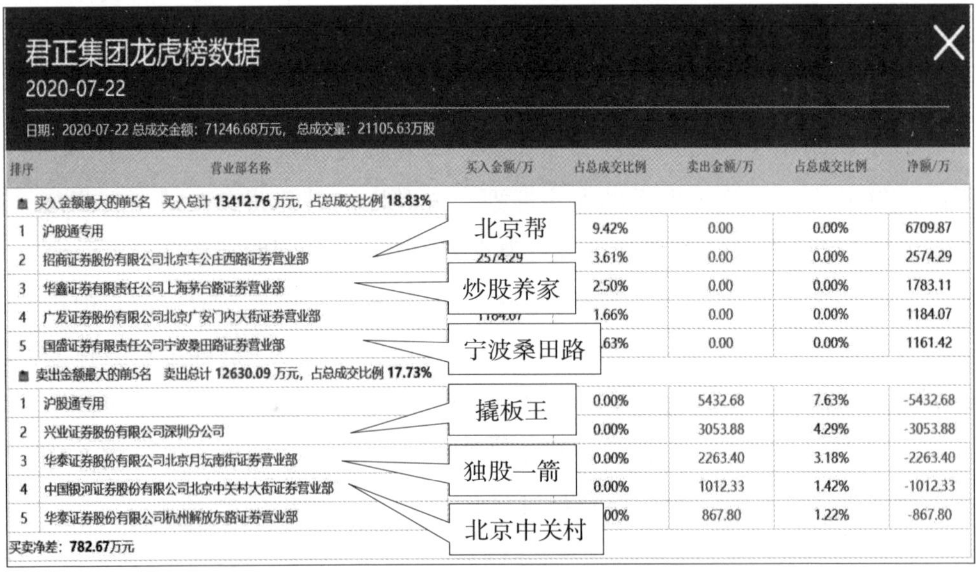

君正集团龙虎榜数据

2020-07-22

日期：2020-07-22 总成交金额：71246.68万元，总成交量：21105.63万股

排序	营业部名称	买入金额/万	占总成交比例	卖出金额/万	占总成交比例	净额/万
买入金额最大的前5名　买入总计 **13412.76** 万元，占总成交比例 **18.83%**						
1	沪股通专用	[illegible]	9.42%	0.00	0.00%	6709.87
2	招商证券股份有限公司北京车公庄西路证券营业部	2574.29	3.61%	0.00	0.00%	2574.29
3	华鑫证券有限责任公司上海茅台路证券营业部	[illegible]	2.50%	0.00	0.00%	1783.11
4	广发证券股份有限公司北京广安门内大街证券营业部	1184.07	1.66%	0.00	0.00%	1184.07
5	国盛证券有限责任公司宁波桑田路证券营业部	[illegible]	.63%	0.00	0.00%	1161.42
卖出金额最大的前5名　卖出总计 **12630.09** 万元，占总成交比例 **17.73%**						
1	沪股通专用	[illegible]	0.00%	5432.68	7.63%	-5432.68
2	兴业证券股份有限公司深圳分公司	[illegible]	0.00%	3053.88	4.29%	-3053.88
3	华泰证券股份有限公司北京月坛南街证券营业部	[illegible]	0.00%	2263.40	3.18%	-2263.40
4	中国银河证券股份有限公司北京中关村大街证券营业部	[illegible]	0.00%	1012.33	1.42%	-1012.33
5	华泰证券股份有限公司杭州解放东路证券营业部	[illegible]	00%	867.80	1.22%	-867.80

买卖净差：**782.67**万元

图 1-28　君正集团龙虎榜数据（2020.7.22）

图 1–28 为君正集团的龙虎榜数据。从中可以分析出，7 月 22 日，北京帮、炒股养家、宁波桑田路开启了入场抢筹模式。当日，之前入场的游资（主要为 7 月 15 日入场的资金），如撬板王、独股一箭、北京中关村开始离场。也就是说，尽管君正集团的新冠疫苗概念存疑，但从上攻伊始，君正集团就获得了众多资金的追捧。

此后，该股股价在十几个交易日里，实现了股价翻三倍的巨大涨幅，众多游资都赚了个盆满钵满。

尽管在股价上攻期间君正集团一再辟谣，但市场做多的情绪已经被充分调动起来了，游资此时所做的就是顺势操作，通过不断地短线进出交易来实现收益的快速放大。比如上海溧阳路入场时间尽管相对较晚，但操作手笔却是最大的，如图 1–29 所示。

君正集团龙虎榜数据

2020-07-29

日期：2020-07-29 总成交金额：1142207.26万元，总成交量：211230.69万股

排序	营业部名称	买入金额/万	占总成交比例	卖出金额/万	占总成交比例	净额/万
买入金额最大的前5名　买入总计 **79900.72** 万元，占总成交比例 **7.00%**						
1	中信证券股份有限公司上海溧阳路证券营业部	36136.50	3.16%	0.00	0.00%	36136.50
2	东方财富证券股份有限公司拉萨东环路第二证券营业部	12322.70	1.08%	0.00	0.00%	12322.70
3	东方财富证券股份有限公司拉萨团结路第二证券营业部	[illegible]	[illegible]	0.00	0.00%	12022.90
4	沪股通专用	9848.23	0.86%	0.00	0.00%	9848.23
5	东方财富证券股份有限公司拉萨团结路第一证券营业部	9570.39	0.84%	0.00	0.00%	9570.39
卖出金额最大的前5名　卖出总计 **72082.96** 万元，占总成交比例 **6.31%**						
1	沪股通专用	0.00	0.00%	21947.50	1.92%	-21947.50
2	中信证券股份有限公司上海溧阳路证券营业部	0.00	0.00%	15503.70	1.36%	-15503.70
3	东方财富证券股份有限公司拉萨团结路第二证券营业部	0.00	0.00%	12671.20	1.11%	-12671.20
4	东方财富证券股份有限公司拉萨东环路第二证券营业部	0.00	0.00%	11937.30	1.05%	-11937.30
5	浙商证券股份有限公司杭州凤起东路证券营业部	0.00	0.00%	10023.30	0.88%	-10023.30

买卖净差：**7817.76**万元

上海溧阳路

上海溧阳路

图 1–29　君正集团龙虎榜数据（2020.7.29）

从图 1–29 中可以看出，上海溧阳路的交易金额非常高，其接下来几个交易日的交易操作记录如表 1–5 所示。

从表 1–5 中可以看出，上海溧阳路的交易都是大手笔，动辄几个亿的资金进出。从其龙虎榜交易记录来看（可能有缺失），8 月 4 日前的交易属于第一波连续的交易行为。经过多次的滚动交易，获利在 1.5 亿元左右，可以

说获利相当丰厚了。

表 1-5　上海溧阳路交易君正集团的龙虎榜数据

<table>
<tr><th>日期</th><th>买入金额（万元）</th><th>卖出金额（万元）</th></tr>
<tr><td>2020.7.28</td><td>30963.2</td><td>0</td></tr>
<tr><td>2020.7.29</td><td>5173.3</td><td>15454.8</td></tr>
<tr><td>2020.7.30</td><td>19491.5</td><td>0</td></tr>
<tr><td>2020.7.31</td><td rowspan="2">1840.5</td><td rowspan="2">21304.2</td></tr>
<tr><td>2020.8.3</td></tr>
<tr><td>2020.8.4</td><td></td><td>35827.2</td></tr>
<tr><td>2020.8.6</td><td rowspan="2">58675.4</td><td></td></tr>
<tr><td>2020.8.7</td><td>18580.4</td></tr>
<tr><td>2020.8.19（3 个交易日）</td><td>29922.2</td><td>54492.5</td></tr>
<tr><td>2020.8.20</td><td>0</td><td>14542.7</td></tr>
</table>

8 月 6 日，上海溧阳路再度入场，这波交易动用的资金比上一波还要多，这时股价已经攀升至高位，股价的拉升需要更多的资金。虽然上海溧阳路在此波动中调用了更多的资金，但最终不得不接受小幅亏损的结果，在此波动中亏损了不到 1000 万元。相对于几亿元的投入来说，基本可以接受，更何况之前已经产生了较多的盈利。

2. 正川股份：疫苗概念不断延伸

尽管国产疫苗仍处于临床试验阶段，但市场已经开始考虑疫苗生产所需的玻璃瓶，甚至是疫苗冷链运输的问题了。因此，生产医用玻璃瓶的正川股份，能够提供疫苗冷链运输的澳柯玛、英特集团等，都遭到了资金的爆炒。

正川股份的走势如图 1-30 所示。

从图 1-30 中可以看出，正川股份的上攻之路不是一步到位完成的，而是经历了几波拉升最终完成整个主升浪的。

从该股股价 K 线的走势分析，可以分为三个阶段，即 5 月 8 日启动第一波上攻，6 月 29 日开启了第二波上攻，7 月 23 日进入第三波上攻区间。

在股价每波上攻的过程中，参与的游资也有所不同。第一波上攻期间，5 月 12 日正川股份龙虎榜的数据，如图 1-31 所示。

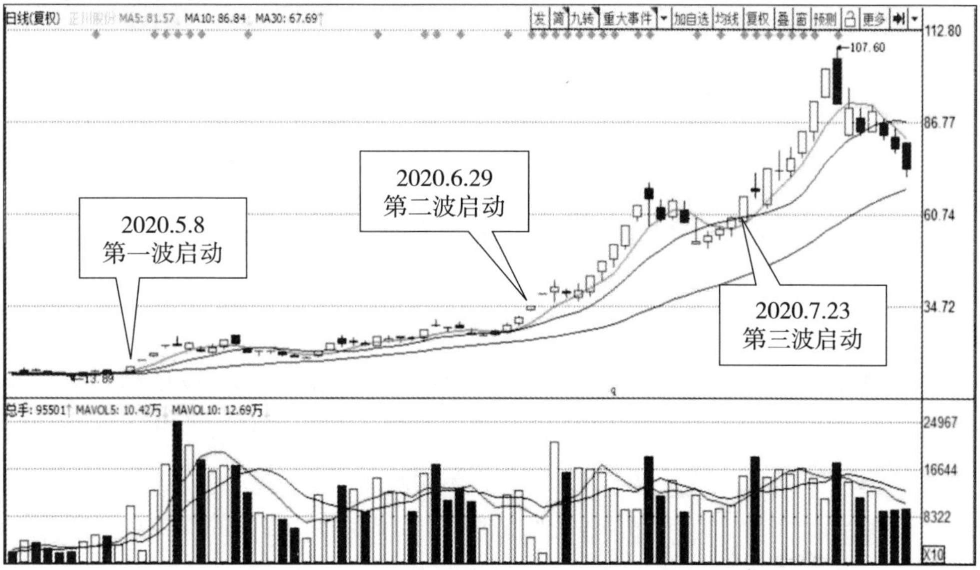

图 1-30 正川股份（603976）日 K 线走势图

正川股份龙虎榜数据

2020-05-12

日期：2020-05-12 总成交金额：48139.46万元，总成交量：2435.44万股

排序	营业部名称	买入金额/万	占总成交比例	卖出金额/万	占总成交比例	净额/万
买入金额最大的前5名 买入总计 **4282.41** 万元，占总成交比例 **8.90%**						
1	国泰君安证券股份有限公司南京太平南路证券营业部	1508.87	3.13%	0.00	0.00%	1508.87
2	兴业证券股份有限公司福州湖东路证券营业部	1051.98	2.19%	0.00	0.00%	1051.98
3	华泰证券股份有限公司上海共和新路证券营业部	766.92	1.59%	0.00	0.00%	766.92
4	中国中金财富证券有限公司无锡清扬路证券营业部	[illegible]	[illegible]	0.00	0.00%	495.18
5	国泰君安证券股份有限公司南京金融城证券营业部	459.46	0.95%	0.00	0.00%	459.46
卖出金额最大的前5名 卖出总计 **2459.16** 万元，占总成交比例 **5.11%**						
1	兴业证券股份有限公司福州湖东路证券营业部	0.00	0.00%	554.01	1.15%	-554.01
2	国联证券股份有限公司上海港俞路证券营业部	0.00	0.00%	522.41	1.09%	-522.41
3	华鑫证券有限责任公司杭州城星路证券营业部	0.00	0.00%	511.84	1.06%	-511.84
4	东吴证券股份有限公司苏州工业园区现代大道证券营业部	0.00	0.00%	451.11	0.94%	-451.11
5	华龙证券股份有限公司上海中山北二路证券营业部	0.00	0.00%	419.80	0.87%	-419.80

买卖净差：**1823.25**万元

作手新一

ASKing（邱宝裕）

图 1-31 正川股份龙虎榜数据（2020.5.12）

从图 1-31 中可以看出，正川股份启动初期，作手新一和 ASKing 率先入局，5 月 14 日，二者双双获利离场。

到 6 月 29 日之后，正川股份启动第二波行情时，金田路、益田路以及北京中关村等知名游资开始陆续入场抢筹。

到了 7 月 23 日，该股启动第三波上攻浪潮时，先前第二波入局的游资并没有撤出，宁波桑田路、西湖国贸等游资入场，共同推动了股价再创新高。

第三节 新能源汽车迎来春天

新能源汽车是指采用非常规的车用燃料作为动力来源（或使用常规的车用燃料，采用新型车载动力装置），综合车辆的动力控制和驱动方面的先进技术，形成的技术原理先进，具有新技术、新结构的汽车。

从某种意义上来说，2020 年可以看成新能源汽车的炒作元年，很多新能源汽车概念股就是从 2020 年开始一飞冲天的。在我国新能源汽车产业中，最典型、最具有代表性的企业就是比亚迪。比亚迪的股价在 2020 年的走势情况，如图 1-32 所示。

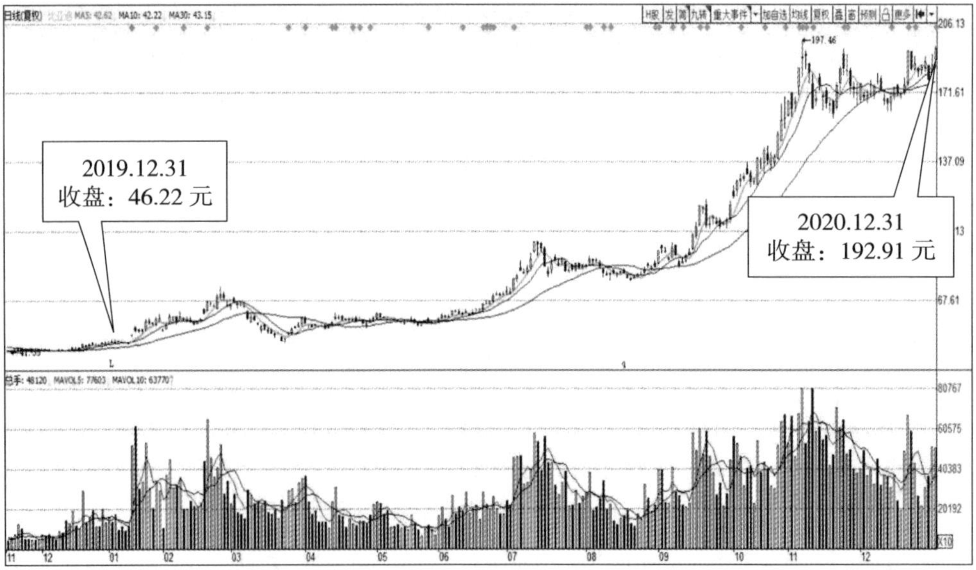

图 1-32 比亚迪（002594）日 K 线走势图

从图 1-32 中可以看出，2020 年以前，比亚迪的股价一直呈现横向振荡的态势，股价维持在 40 元到 60 元之间。进入 2020 年以后，比亚迪的股价受到电动汽车销量大增的刺激，呈现出爆发性的增长。

仅 2020 年一年，比亚迪的股价就从 46.22 元爆发式增长到 192.91 元，翻了 4 倍有余，成为名副其实的超级大牛股。

一般来说，游资很少参与这类大盘股的交易，除非这些大盘股呈现出明显的上攻趋势。在比亚迪股价上攻过程中，曾有很多游资参与其中。9 月 17 日，比亚迪的龙虎榜就有一些知名游资的身影，如图 1-33 所示。

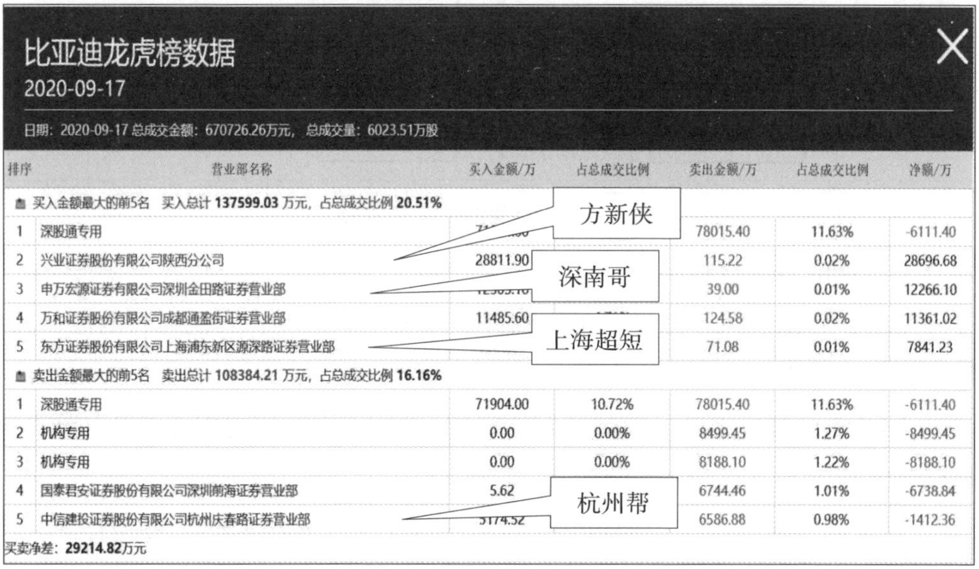
比亚迪龙虎榜数据
2020-09-17
日期：2020-09-17 总成交金额：670726.26万元，总成交量：6023.51万股

排序	营业部名称	买入金额/万	占总成交比例	卖出金额/万	占总成交比例	净额/万
买入金额最大的前5名　买入总计 **137599.03** 万元，占总成交比例 **20.51%**						
1	深股通专用	[illegible]	[illegible]	78015.40	11.63%	-6111.40
2	兴业证券股份有限公司陕西分公司	28811.90	[illegible]	115.22	0.02%	28696.68
3	申万宏源证券有限公司深圳金田路证券营业部	[illegible]	[illegible]	39.00	0.01%	12266.10
4	万和证券股份有限公司成都通盈街证券营业部	11485.60	[illegible]	124.58	0.02%	11361.02
5	东方证券股份有限公司上海浦东新区源深路证券营业部	[illegible]	[illegible]	71.08	0.01%	7841.23
卖出金额最大的前5名　卖出总计 **108384.21** 万元，占总成交比例 **16.16%**						
1	深股通专用	71904.00	10.72%	78015.40	11.63%	-6111.40
2	机构专用	0.00	0.00%	8499.45	1.27%	-8499.45
3	机构专用	0.00	0.00%	8188.10	1.22%	-8188.10
4	国泰君安证券股份有限公司深圳前海证券营业部	5.62	[illegible]	6744.46	1.01%	-6738.84
5	中信建投证券股份有限公司杭州庆春路证券营业部	[illegible]	[illegible]	6586.88	0.98%	-1412.36

买卖净差：**29214.82**万元

图 1-33　比亚迪龙虎榜数据（2020.9.17）

从图 1-33 中可以看出，9 月 17 日，比亚迪的龙虎榜上有方新侠、深南哥、上海超短等知名游资现身。说明这些游资并没有坚持只买小盘股的操作策略，只要有盈利的机会，大盘股也不是不能交易的。

一、新能源汽车产业链

新能源汽车产业链分为上游、中游与下游三个环节，如图 1-34 所示。

新能源汽车产业链的上游和中游与动力电池存在密切的关联。在新能源汽车产业的动力电池中，又以锂电池为主，氢能源电池还有一些问题需要解决。在没有其他更优质的材料出现前，锂电池仍是主角。正因如此，很多动力电池企业都在积极布局锂矿资源，也是为了打通整个产业链。

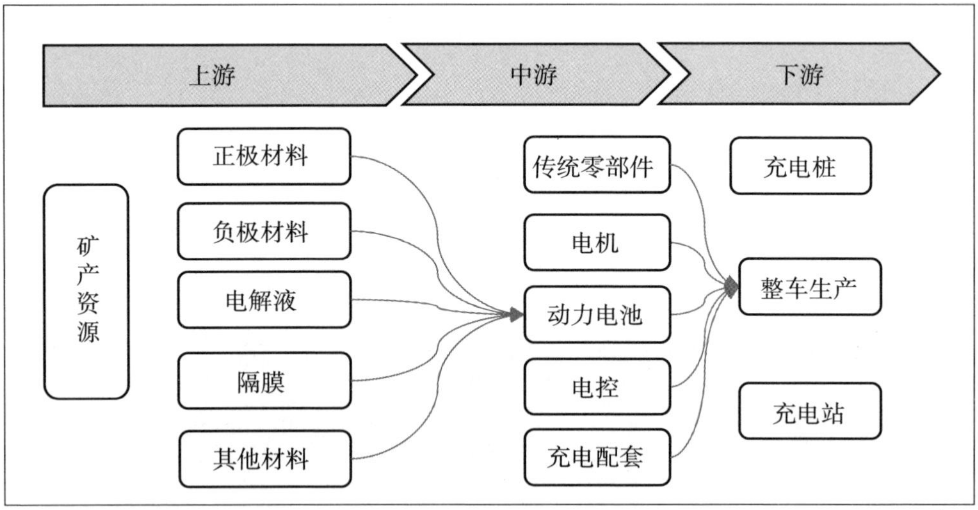

图 1–34　新能源汽车产业链

上游：电池及材料

目前，新能源汽车的动力电池以锂电池为主。当然，其他燃料电池，如氢燃料电池的研发也在进行中。

（1）正极材料生产厂商包括容百科技、当升科技、厦门钨业、佛山照明、杉杉股份等。

（2）负极材料生产厂商包括贝特瑞、璞泰来、杉杉股份、翔丰华等。

（3）电解液生产厂商包括新宙邦、广州天赐、江苏国泰等。

（4）隔膜生产厂商包括星源材质、中材科技、沧州明珠等。

（5）碳酸锂生产厂商包括天齐锂业、赣锋锂业、西部矿业、盐湖集团、江特电机等。

（6）镍钴锰等原料的生产厂商包括洛阳钼业、华友钴业、格林美、吉恩镍业、中国中冶、寒锐钴业等。

中游：动力电池及汽车零部件生产厂商

新能源汽车的中游产业为生产汽车各类零部件的厂商，其中包括动力电池。由于汽车零部件非常多，这里只选择其中比较主要的几个领域进行介绍。

（1）锂电池生产厂商包括赣锋锂业、天齐锂业、比亚迪、国轩高科、亿纬锂能等。

（2）电机生产厂商包括上汽集团、东风汽车、大洋电机、江特电机、长鹰信质、正海磁材等。

（3）电控系统生产厂商包括启明信息、正昌电子、海纳川等。

（4）BMS（电池管理系统）生产厂商包括比亚迪、德赛电池、欣旺达、均胜电子、国轩高科等。

（5）智能网联部件生产厂商包括长信科技、四维图新、安洁科技、东山精密等。

（6）传统零部件生产厂商包括奥特佳、鸿特精密、秀强股份、广东鸿图、宁波华翔、国机汽车、天汽模、大富科技、拓普集团、模塑科技等。

下游：整车、充电桩及其运营企业

（1）整车生产企业包括比亚迪、北汽集团、上汽集团、广汽集团、中通客车、安凯客车、长城汽车、宇通客车等。绝大多数常规动力汽车厂商都介入了新能源汽车生产行业。

（2）充电桩生产厂商包括春兴精工、万马股份、国轩高科、亨通光电、易事特等。

（3）充电站运营与建设企业包括中国石油、中国石化、奥特迅、动力源等。

二、特斯拉概念：从奥特佳到秀强股份

在新能源汽车领域，特斯拉属于行业内绝对的先行者和领导者。在国内 A 股市场上，特斯拉产业链上的各类企业，比如某种材料或零部件的供应商等，只要与特斯拉有关的企业，都可能成为市场热炒的对象。2020 年，由于新能源汽车概念处于炒作初期，所以此概念还没有经过深层次的挖掘。

1. 奥特佳吸引多只游资入场

奥特佳的主营业务为生产汽车空调压缩机和汽车空调系统的企业。2018 年 11 月，其下属子公司空调国际成为特斯拉的供应商，为特斯拉公司的某型号电动汽车供应汽车空调产品（HVAC）。从此以后，奥特佳成为经典的特斯拉概念股。随着时间的推移，该股还成为小米汽车概念股、长安汽车概念股、理想汽车概念股等多只新能源汽车的概念股。

2020 年以前，新能源汽车企业受到的关注并不多，股价没有掀起过太

大的主升浪。进入 2020 年以后，受国内外新能源汽车产业爆发的影响，奥特佳的股价出现了几波规模较大的上攻，如图 1-35 所示。

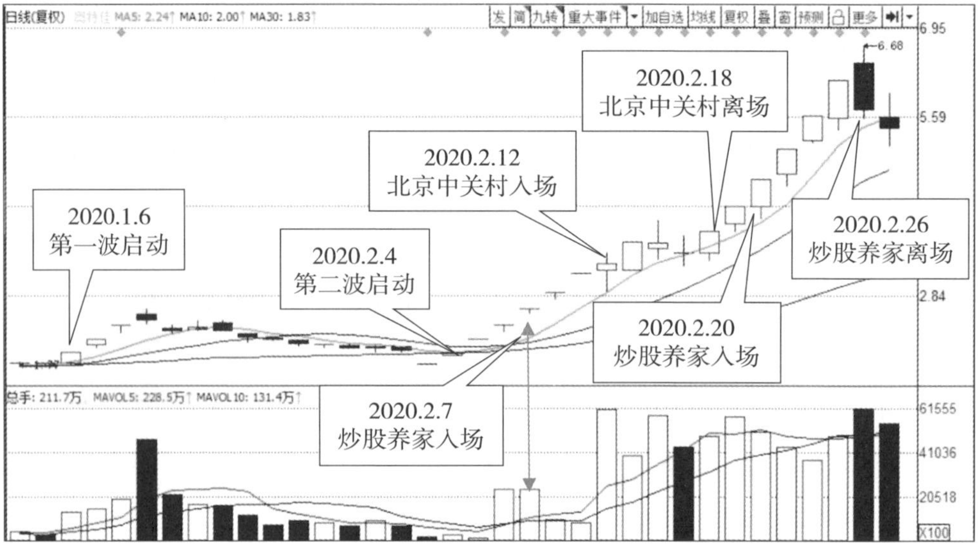

图 1-35　奥特佳（002239）日 K 线走势图

从图 1-35 中可以看出，在 2020 年 1 月到 2 月之间，奥特佳的股价进行了两波拉升，股价从 1.78 元直接上涨至 6.68 元，涨幅达到 375%。

该股第一波启动伊始就有很多游资入场抢筹，从中可以看出市场对该股后市走势的认可，如图 1-36 所示。

奥特佳龙虎榜数据

2020-01-08

日期：2020-01-08 总成交金额：99980.27万元，总成交量：46423.89万股

排序	营业部名称	买入金额/万	占总成交比例	卖出金额/万	占总成交比例	净额/万
买入金额最大的前5名　买入总计 **9322.12** 万元，占总成交比例 **9.32%**						
1	长江证券股份有限公司上海东明路证券营业部	2316.69	[illegible]	[illegible]	0.02%	2293.35
2	华泰证券股份有限公司杭州解放东路证券营业部	[illegible]	[illegible]	[illegible]	0.00%	2174.88
3	华鑫证券有限责任公司山东分公司	1437.80	[illegible]	[illegible]	0.00%	1437.80
4	国泰君安证券股份有限公司南京太平南路证券营业部	[illegible]	[illegible]	[illegible]	0.18%	1023.40
5	安信证券股份有限公司南昌阳明东路证券营业部	1080.00	[illegible]	[illegible]	1.40%	-322.22
卖出金额最大的前5名　卖出总计 **14265.65** 万元，占总成交比例 **14.27%**						
1	海通证券股份有限公司上海黄浦区福州路证券营业部	1064.42	1.06%	3435.46	3.44%	-2371.04
2	国泰君安证券股份有限公司成都北一环路证券营业部	[illegible]	[illegible]	[illegible]	2.89%	-2887.75
3	招商证券股份有限公司长沙芙蓉中路证券营业部	29.17	[illegible]	[illegible]	2.46%	-2432.45
4	申万宏源西部证券有限公司长沙韶山北路证券营业部	4.96	0.00%	2006.65	2.01%	-2001.69
5	山西证券股份有限公司长沙劳动西路证券营业部	0.00	0.00%	1857.82	1.86%	-1857.82

买卖净差：**-4943.53**万元

首板挖掘

作手新一

葵花宝典

图 1-36　奥特佳龙虎榜数据（2020.1.8）

该股股价启动前的两个交易日并未登上龙虎榜，下面通过1月8日的龙虎榜数据分析该股资金的进出情况。

从图1-36中可以发现，在1月8日的龙虎榜上，首板挖掘、作手新一等网络知名游资出现在买入金额最大的前五名位置，另一名知名游资“葵花宝典”选择了撤退。该股股价经过一波拉升后出现了回调振荡走势，此波回调力度非常大，甚至回到第一波上升的起始位置。

2月4日，该股股价再度掀起第二波上攻浪潮。在该股第二波上攻浪潮中，不断有知名游资加入其中，比如炒股养家、宁波桑田路、北京中关村等。下面着重研究一下北京中关村和炒股养家的交易记录。

（1）北京中关村的交易记录。

表1-6 北京中关村交易奥特佳的龙虎榜数据

日期	买入金额（万元）	卖出金额（万元）
2020.2.12	3057.28	37.17（可忽略）
2020.2.14	1381.92	4534.8
2020.2.17	2363.65	1558.71
2020.2.18	570.66	2401.26

从表1-6中可以看出，北京中关村在2月12日才选择入场，该股股价已经实现连续6个涨停板。北京中关村选择此时入场是非常危险的，特别是当日并未封上涨停板。当然，也可能是北京中关村本身就是参与封板的主导力量，只是因为短期抛盘过大，才没有成功封板。当日卖出的37.17万元可能是其他投资者的交易记录，可以忽略不计。

2月13日，该股股价再度涨停，北京中关村并未进入龙虎榜。根据次日卖出的金额推算，当日北京中关村也有少量的买入或卖出操作（应该在1000万元以内）。

2月14日，北京中关村卖出了4534.8万元，又买入了1381.92万元。卖出股票的盈利应该比较高。

2月17日，该营业部应该将前一交易日买入的股票全数卖出了，收入资金1558.71万元，产生了170万元左右的盈利。该营业部又买入了2363.65万元的股票。

2 月 18 日，奥特佳到尾盘才封住涨停板，该营业部当日卖出了 2401.26 万元，与前日买入金额相当，盈利相对较少，只有几十万元。该股冲击涨停板时，该营业部又买入了 570 万元的股票。由于金额过低，没有在龙虎榜上看到卖出记录。从该股后续走势来看，该营业部的盈利也是不错的。

从该股走势以及北京中关村的整个交易记录来看，该营业部此次选择的时机并不是最佳时机，几乎是介入该股第二波上攻期中间修正期间完成的交易，股价涨幅不大，交易者的获利有限。从后续的交易来看，该营业部应该也有几百万元的盈利，还是不错的。

（2）炒股养家的交易记录。

炒股养家的交易相对而言就比较复杂了。在奥特佳整个第二波上攻过程中，炒股养家共用了两个营业部，分三波入场交易。

华鑫证券上海红宝石路（炒股养家）的交易记录，如表 1–7 所示。

表 1–7　华鑫证券上海红宝石路交易奥特佳的龙虎榜数据

日期	买入金额（万元）	卖出金额（万元）
2020.2.10	2361.25	——
2020.2.12	——	2856.93
2020.2.24	3956.4	——
2020.2.26	——	4937.17

华鑫证券上海宛平南路（炒股养家）的交易记录，如表 1–8 所示。

表 1–8　华鑫证券上海宛平南路交易奥特佳的龙虎榜数据

日期	买入金额（万元）	卖出金额（万元）
2020.2.20	3417.62	——
2020.2.24	950.77	——
2020.2.25	——	5439.88

根据表 1–7 和表 1–8 可以看出，炒股养家对奥特佳的操作可以分为两个阶段，每个阶段持续的时间都很短，大概 3 个交易日就出货了。也就是说，超短线交易是炒股养家的主要操作策略。即便非常看好这只股票，也通过分阶段入场和离场的方式控制风险，及时收割到手的利润。从交易结果来看，

这两家营业部的交易都比较成功，获利颇丰，特别是华鑫证券上海红宝石路营业部，能够在 2 月 26 日股价高点时及时出货获利了结，更是难能可贵的。

2. 秀强股份一飞冲天

进入 2020 年后，在特斯拉、比亚迪等企业的带领下，新能源汽车产业显露出上升势头。国内与新能源汽车产业相关的企业也获得了更多的资金青睐。2020 年，新能源汽车领域第一只强势龙头股应属于秀强股份。

秀强股份是主要从事印刷、镀膜、多曲面等技术为基础的玻璃深加工产品的研发、生产和销售于一体的企业。2020 年 1 月 8 日，秀强股份在公司互动平台上表示：公司目前与特斯拉的合作业务有两块：（1）新能源充电桩玻璃项目。目前已正常供货。（2）光伏屋顶玻璃项目。正在按特斯拉要求提供样品。此后，秀强股份作为特斯拉概念股，被资金大幅炒作，短期内股价出现大幅走高态势，如图 1-37 所示。

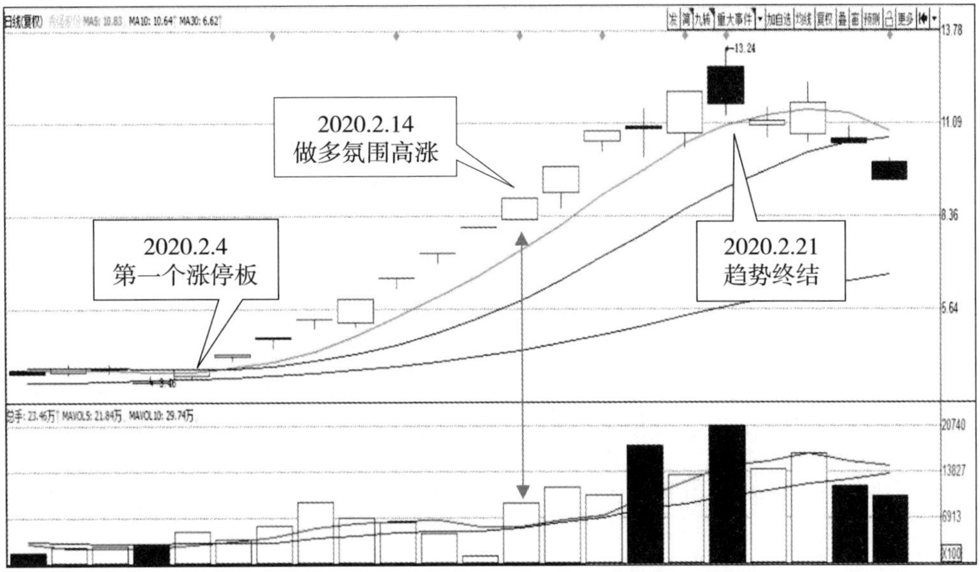

图 1-37　秀强股份（300106）日 K 线走势图

从图 1-37 中可以看出，秀强股份的股价自 2020 年 2 月 4 日启动上攻走势，连续拉出 11 个涨停板。根据该股龙虎榜数据分析，该股启动初期，尽管多路游资入场参与炒作，但知名度较高的游资却很少现身，只有上海溧阳路在 2 月 6 日的龙虎榜上一闪而过。此后，该股股价连续涨停。直至 2 月 14 日，该股股价已经达到了第 9 个涨停板，成交量明显放大。从当日的龙虎榜来看，很多知名游资在这一天开始入场抢筹，如图 1–38 所示。

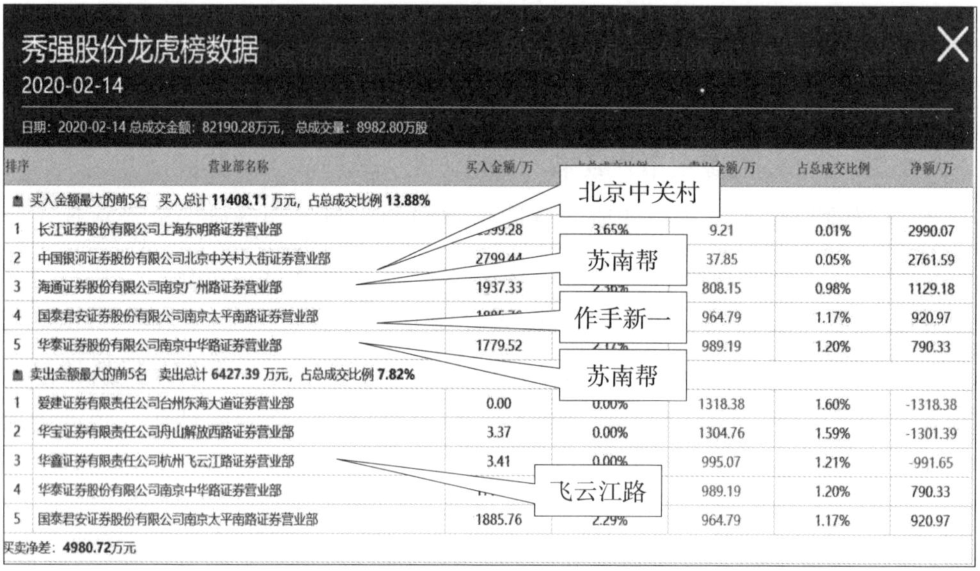

秀强股份龙虎榜数据

2020-02-14

日期：2020-02-14 总成交金额：82190.28万元，总成交量：8982.80万股

排序	营业部名称	买入金额/万	占总成交比例	卖出金额/万	占总成交比例	净额/万
买入金额最大的前5名 买入总计 **11408.11** 万元，占总成交比例 **13.88%**						
1	长江证券股份有限公司上海东明路证券营业部	[illegible]99.28	3.65%	9.21	0.01%	2990.07
2	中国银河证券股份有限公司北京中关村大街证券营业部	2799.44	[illegible]	37.85	0.05%	2761.59
3	海通证券股份有限公司南京广州路证券营业部	1937.33	[illegible]	808.15	0.98%	1129.18
4	国泰君安证券股份有限公司南京太平南路证券营业部	[illegible]	[illegible]	964.79	1.17%	920.97
5	华泰证券股份有限公司南京中华路证券营业部	1779.52	[illegible]	989.19	1.20%	790.33
卖出金额最大的前5名 卖出总计 **6427.39** 万元，占总成交比例 **7.82%**						
1	爱建证券有限责任公司台州东海大道证券营业部	0.00	0.00%	1318.38	1.60%	-1318.38
2	华宝证券有限责任公司舟山解放西路证券营业部	3.37	0.00%	1304.76	1.59%	-1301.39
3	华鑫证券有限责任公司杭州飞云江路证券营业部	3.41	0.00%	995.07	1.21%	-991.65
4	华泰证券股份有限公司南京中华路证券营业部	[illegible]	[illegible]	989.19	1.20%	790.33
5	国泰君安证券股份有限公司南京太平南路证券营业部	1885.76	2.29%	964.79	1.17%	920.97

买卖净差：**4980.72**万元

图 1–38　秀强股份龙虎榜数据（2020.2.14）

从图 1–38 中可以看出，秀强股份的股价在 2 月 14 日高开后，经过一波振荡才封上涨停板，成交量相比前几个交易日出现明显的放大。在当日的龙虎榜上，出现了很多熟悉的游资，苏南帮常用的两家营业部高居买入金额前 5 名，北京中关村、作手新一入场抢筹，飞云江路选择了离场。

考虑到该股当日的涨停已经是第 9 个涨停板了，很多散户都因畏高而不敢介入。但从游资的角度来看，如果一只股票能够封到第 9 个涨停板，就可以认定为大龙头股。大龙头股值得冒险入场，有很大的概率继续走高。很多大龙头股即使回撤，也很少出现直接连续跌停的走势，大龙头股都会给投资者出逃的机会。

三、汽车零部件的轮番炒作：从东安动力到南方精工

很多情况下，新能源汽车与传统汽车的零部件是通用的，传统汽车零部件企业的生产线经过改进，也可以生产新能源汽车的零部件。也有一些汽车零部件企业专门为新能源汽车企业提供配套支持。总之，新能源汽车零部件题材是一个涵盖范围非常广泛的概念，也是最近几年频繁被资金炒作的一个

题材。在一段时间内可能炒作动力电池的概念，另一段时间又炒作新能源企业的电源了，还可能会炒作某些具有特定功能的配件。

普通投资者很难提前把握市场资金炒作的对象，只能在市场炒作的风刮起来后，顺波逐流。投资者要特别关注那些之前没有被大幅炒作且具有持续性的概念，这类概念出现炒作浪潮时，可能走得会更远一些。

1. 东安动力

东安动力是一家从事汽车发动机及相关零部件生产、销售和相关服务为主的企业。2019 年年报披露：该公司将充分发挥东安动力系统集成能力，将东安动力发动机产品与供应商电机电控产品资源实现战略整合，打造满足新能源汽车市场需求的增程器动力系统一体化解决方案。年报的披露使得东安动力成为一家典型的新能源汽车零部件概念股。该股的日 K 线走势图，如图 1-39 所示。

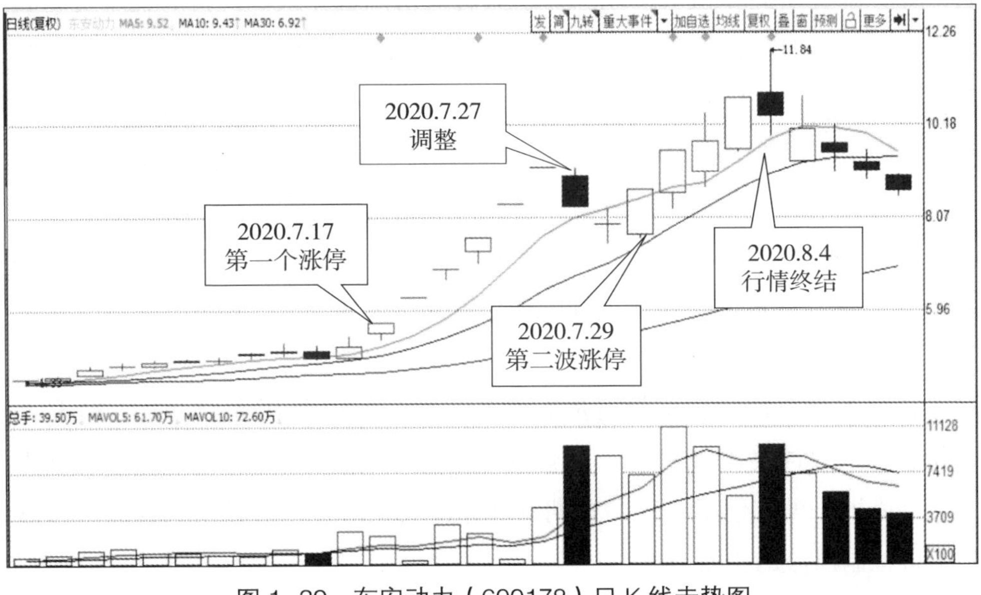

图 1-39　东安动力（600178）日 K 线走势图

从图 1-39 中可以看出，东安动力的股价在 7 月至 8 月初进行了两波拉升，股价从 5.13 元上涨至 11.84 元，涨幅达到 130.8%。

在该股第一波启动伊始，就有很多游资入场抢筹。尽管该股股价短期内实现了股价翻倍，却很少有游资能够从开始拿到最后。表 1-9 中列出了各个游资的操作记录。

表 1-9　知名游资操作东安动力的交易记录

游资（营业部）	交易时间	买入金额（万元）	卖出金额（万元）
徐晓（国元上海虹桥路）	2020.7.17	991.54	
	2020.7.22		875.88
古北路（中信证券上海分公司）	2020.7.22	3510	
	2020.7.24		4670
杭州上塘路（财通杭州上塘路）	2020.7.30	1239.01	
	2020.7.31		1206.17

由于该股龙虎榜数据有中断，因此我们选取了其中比较有代表性的三家游资的交易记录，以供分析研究之用。

结合该股的股价走势可以看出，徐晓作为国内顶级游资（早年与徐翔齐名，并称游资届的鼻祖），在东安动力启动初期就介入了。持有几个交易日后，在 7 月 22 日卖出了该股。从交易金额来看，要么他手中还留有部分股票，要么就是在 7 月 22 日前卖出了部分股票，否则绝不会出现卖出金额小于买入金额的情况。考虑股价的上升势头，此波交易他的盈利幅度应该是很大的。

古北路的交易则更为简单，7 月 22 日大笔买入该股，7 月 24 日全仓卖出。正常来讲，7 月 22 日买入的 3510 万元，需要达到 30% 的涨幅，才能到 4670 万元，也许古北路存在小额的加仓情况。总体上来看，此波交易还是产生了较大幅度盈利的。

杭州上塘路的操作就没有那么顺利了，7 月 30 日买入后，7 月 31 日，该股股价上攻冲击涨停未果，上塘路赶紧将手中的筹码出清，小亏了 30 多万元，尚可。没有侥幸心理，预期的涨停没实现时，干脆地卖出股票，这就是游资控制风险的主要方法。

2. 南方精工五连板

南方精工在 2020 年的时候还叫南方轴承，是一家以研发、制造和销售滚针轴承、超越离合器、单向滑轮总成和机械零部件等多种精密零部件产品为主营业务的企业。该公司生产的变速器轴承是适用于新能源汽车的配件，因此，该公司成为典型的新能源汽车概念股。

该股的日 K 线走势图，如图 1-40 所示。

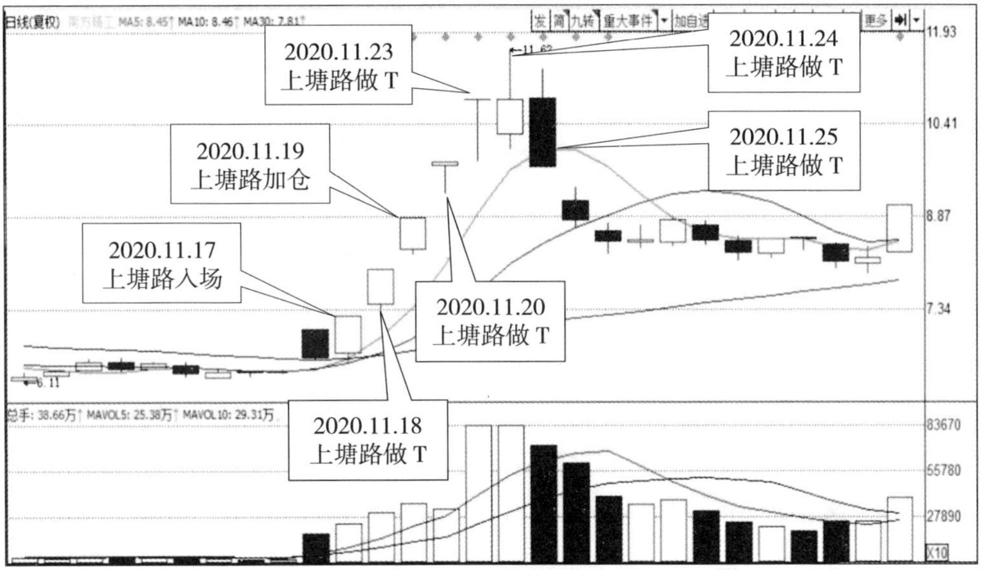

图 1-40　南方精工（002553）日 K 线走势图

从图 1-40 中可以看出，南方精工的股价自 2020 年 11 月 17 日启动上攻，便吸引众多游资跟风入场。在众多游资中，杭州上塘路是最为典型的。该游资参与了南方精工的整个上攻波段，既体验了上攻过程中盈利的喜悦，也不幸吃了一碗“大面”。从整体上来看，由于前期盈利较为丰厚，上塘路的操作还是取得了较好的收益。

上塘路的交易记录，如表 1-10 所示

表 1-10　上塘路交易南方精工的龙虎榜数据

日期	买入金额（万元）	卖出金额（万元）
2020.11.17	1985.84	0
2020.11.18	877.77	1416.75
2020.11.19	2196.56	——
2020.11.20	1117.72	2035.45
2020.11.23	1486.31	3082.14
2020.11.24	1260.61	1546.31
2020.11.25	581.95	1756.86

（续表）

<table>
<tr><th>日期</th><th>买入金额（万元）</th><th>卖出金额（万元）</th></tr>
<tr><td>2020.11.26</td><td rowspan="2">396.89</td><td>——</td></tr>
<tr><td>2020.11.27</td><td>825</td></tr>
</table>

从表 1-10 中可以看出，在南方精工的整个股价上攻周期，上塘路几乎每天都在参与交易，多以做 T 交易为主。无论是前期的上攻周期，还是后期的股价回调，上塘路都在做 T，保持了随时都能撤出战斗的态势。前期的交易保证了盈利，后期的交易从某种意义上来说是一次失败，甚至吃了一个跌停。从整体上看，整个交易还是不错的，还是取得了较高的收益。

其实，游资的交易本就如此，谁也不能保证不吃跌停板，关键要将仓位控制好。比如，在 11 月 24 日之后，上塘路的持仓仓位已经下来了，即使吃了一个跌停，损失也不是很大。

四、汽车整车：从赛力斯到东风汽车

汽车整车是新能源汽车生产的最终环节，也是最重要的环节。很多常规汽车生产企业开始涉足新能源汽车的生产，一些新兴科技巨头也进入新能源汽车领域，这个板块让人们产生无限的憧憬。

汽车整车属于新能源汽车概念炒作的重要组成部分。2020 年，福田汽车、海马汽车、江铃汽车、泉峰汽车、江淮汽车、长安汽车、东风汽车等股票出现了幅度较大的上涨。

1. 福田汽车，整车势力启动

福田汽车是重要的商用车生产企业之一，其生产的轻型卡车、大中型和轻型客车在同类产品中优势明显。福田汽车结合自身产品特点，纯电动、氢燃料电池、混合动力产品三线并举。

福田汽车的日 K 线走势情况，如图 1-41 所示。

从图 1-41 中可以看出，2020 年 8 月 7 日，福田汽车拉出第一个涨停板后，出现了一波急速上升走势，期间股价多次以涨停报收，直至 8 月 19 日触顶回落，涨幅超过了 60%。

在福田汽车上攻过程中，多路游资参与了拉升。8 月 13 日福田汽车的

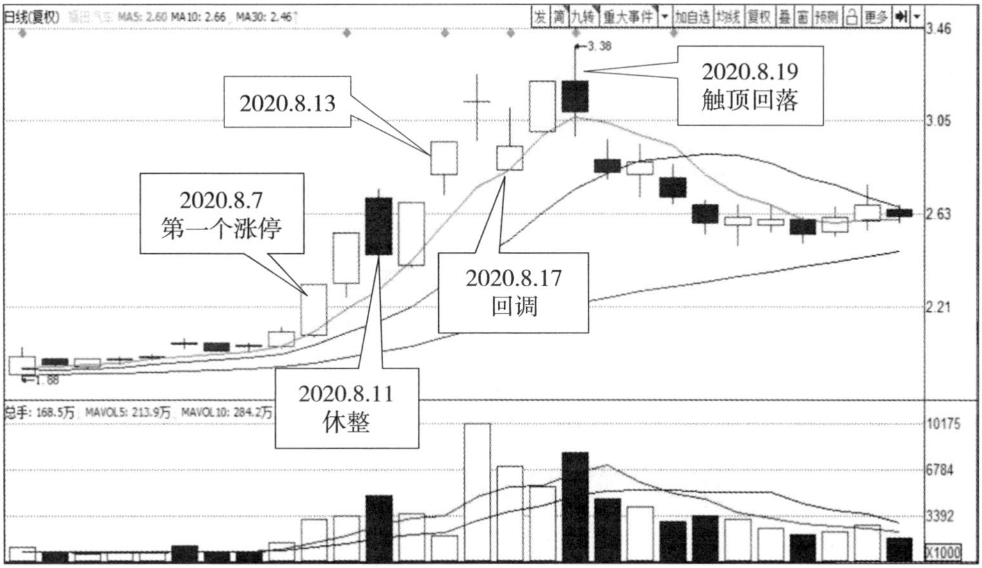

图 1-41　福田汽车（600166）日 K 线走势图

龙虎榜，如图 1-42 所示。

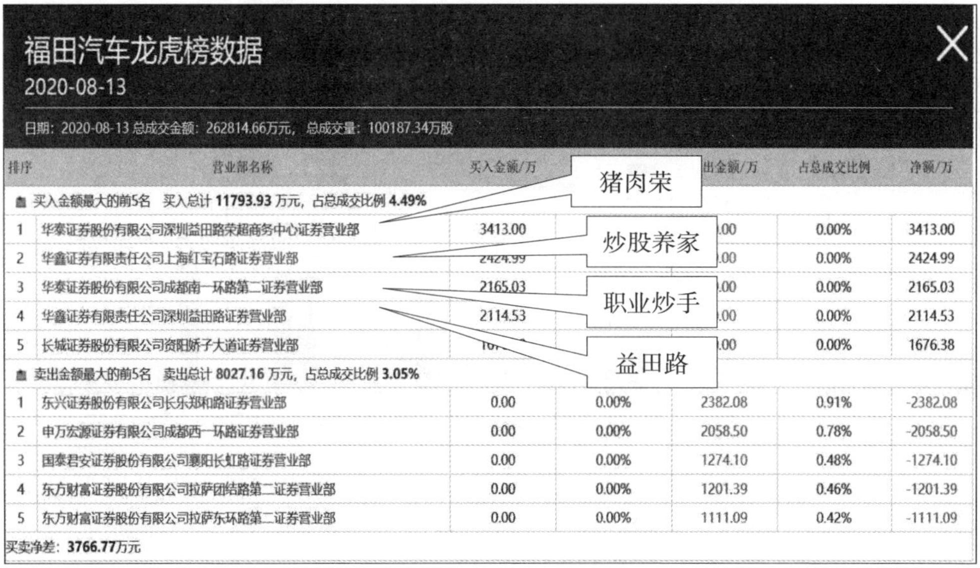
福田汽车龙虎榜数据

2020-08-13

日期：2020-08-13 总成交金额：262814.66万元，总成交量：100187.34万股

排序	营业部名称	买入金额/万	[illegible]	卖出金额/万	占总成交比例	净额/万
买入金额最大的前5名　买入总计 11793.93 万元，占总成交比例 4.49%						
1	华泰证券股份有限公司深圳益田路荣超商务中心证券营业部	3413.00	[illegible]	[illegible]	0.00%	3413.00
2	华鑫证券有限责任公司上海红宝石路证券营业部	2424.99	[illegible]	[illegible]	0.00%	2424.99
3	华泰证券股份有限公司成都南一环路第二证券营业部	2165.03	[illegible]	[illegible]	0.00%	2165.03
4	华鑫证券有限责任公司深圳益田路证券营业部	2114.53	[illegible]	[illegible]	0.00%	2114.53
5	长城证券股份有限公司资阳娇子大道证券营业部	[illegible]	[illegible]	[illegible]	0.00%	1676.38
卖出金额最大的前5名　卖出总计 8027.16 万元，占总成交比例 3.05%						
1	东兴证券股份有限公司长乐郑和路证券营业部	0.00	0.00%	2382.08	0.91%	-2382.08
2	申万宏源证券有限公司成都西一环路证券营业部	0.00	0.00%	2058.50	0.78%	-2058.50
3	国泰君安证券股份有限公司襄阳长虹路证券营业部	0.00	0.00%	1274.10	0.48%	-1274.10
4	东方财富证券股份有限公司拉萨团结路第二证券营业部	0.00	0.00%	1201.39	0.46%	-1201.39
5	东方财富证券股份有限公司拉萨东环路第二证券营业部	0.00	0.00%	1111.09	0.42%	-1111.09

买卖净差：3766.77万元

图 1-42　福田汽车龙虎榜数据（2020.8.13）

从图 1-42 中可以看出，2020 年 8 月 13 日，福田汽车的股价完成了对 8 月 11 日回调前最高点的突破，这通常被认为是股价重新步入强势区间的信号。正因如此，众多游资选择在当日入场抢筹，猪肉荣、炒股养家、职业炒

手、益田路等众多知名游资买入的金额都超过了2000万元。由此可以看出，市场资金对新能源汽车概念的青睐。

2. 赛力斯：华为汽车概念横空出世

赛力斯在2020年的时候叫做小康股份。赛力斯是一家以新能源汽车为核心业务的科技制造企业，其业务范围涉及核心三电（电池、电驱、电控）、传统汽车及核心部件总成的研发、制造、销售及服务。赛力斯与华为进行了全面合作，主要合作在工业互联网、ICT基础设施、新能源汽车智能化、网联化等领域。因此，赛力斯成为具有华为汽车概念的股票，贴上了华为这张鲜亮的“标签”。

该股的日K线走势图，如图1-43所示。

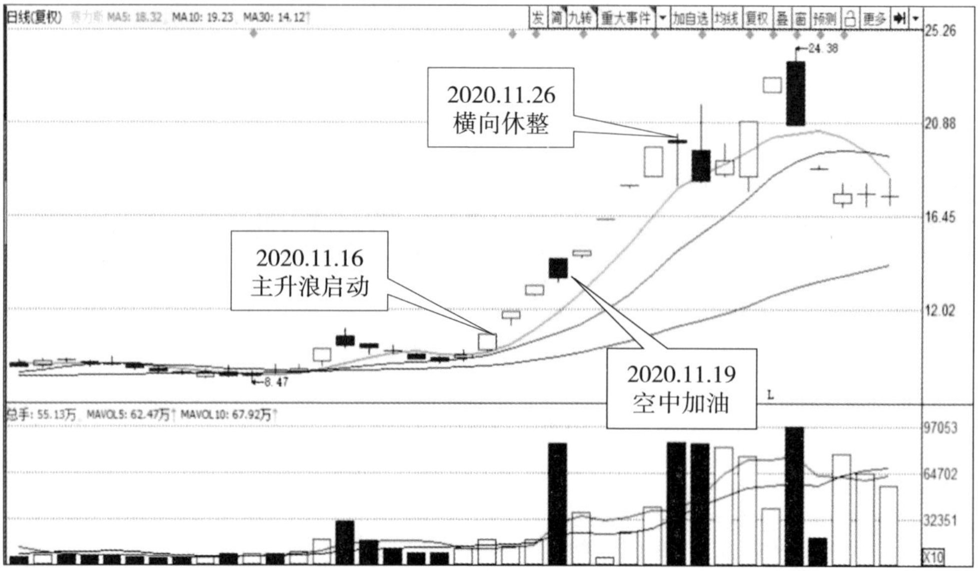

图1-43　赛力斯（601127）日K线走势图

从图1-43中可以看出，赛力斯的股价在2020年11月初出现了启动迹象，又很快重新进入调整区间。

2020年11月16日，赛力斯的股价强势上攻之路正式开启，一直到11月25日，8个交易日里拉出了7个涨停板。

在赛力斯上攻期间，该股多次登陆龙虎榜，使我们能够看见一些顶级游资的交易过程。比如，11月20日，多名顶级游资现身赛力斯的龙虎榜，如

图 1-44 所示。

由于 11 月 20 日的龙虎榜为连续三个交易日的交易数据，因此，投资者还需对其交易数据进行仔细区分。比如，小鳄鱼常用的营业部同时出现在买入榜和卖出榜，11 月 18 日的龙虎榜数据该营业部并没有上榜。因此可以分析出，小鳄鱼的买入时间在 11 月 19 日，卖出时间为 11 月 20 日。11 月 19 日为股价回调整理日，可以分析出小鳄鱼在 19 日出现了较大的亏损，20 日早盘股价高开后，小鳄鱼第一时间卖出了全部股票。经过此番操作，小鳄鱼的盈亏几乎是持平的。

赛力斯龙虎榜数据

2020-11-20

日期：2020-11-20 总成交金额：195211.08万元，总成交量：13851.95万股

排序	营业部名称	买入金额[illegible]	[illegible]	卖出金额/万	占总成交比例	净额/万
买入金额最大的前5名　买入总计 **18225.02** 万元，占总成交比例 **9.34%**						
1	东方证券股份有限公司上海浦东新区源深路证券营业部	4898.71	2.51%	0.00	0.00%	4898.71
2	申万宏源西部证券有限公司南宁英华路证券营业部	4318.21	2.21%	0.00	0.00%	4318.21
3	东莞证券股份有限公司北京分公司	[illegible]	[illegible]	0.00	0.00%	3987.74
4	西南证券股份有限公司重庆嘉陵桥西村证券营业部	2737.18	[illegible]	0.00	0.00%	2737.18
5	中信建投证券股份有限公司上海市营口路证券营业部	2283.18	1.17%	0.00	0.00%	2283.18
卖出金额最大的前5名　卖出总计 **32713.31** 万元，占总成交比例 **16.76%**						
1	光大证券股份有限公司北京东中街证券营业部	0.00	0.00%	15115.80	7.74%	-15115.80
2	新时代证券股份有限公司重庆江北城证券营业部	0.00	0.00%	5412.73	2.77%	-5412.73
3	东方证券股份有限公司上海浦东新区源深路证券营业部	0.00	0.00%	4896.59	2.51%	-4896.59
4	广发证券股份有限公司北京鲁谷路证券营业部	0.00	0.00%	4282.91	2.19%	-4282.91
5	红塔证券股份有限公司总部	0.00	0.00%	3005.32	1.54%	-3005.32

买卖净差：**-14488.28**万元

小鳄鱼

苏南帮

图 1-44　赛力斯龙虎榜数据（2020.11.20）

在游资的操作体系中，这是一种常用的打法：当前一个交易日股价运行方向没有朝着自己期待的方向运行（也就是没有涨停），次日，很多游资会选择在集合竞价阶段直接挂跌停板出货。当然，最后不一定会以跌停开盘，却可以确保自己的单子能够优先成交。

第四节　芯片半导体与大国博弈

中美贸易争端涉及到了各行各业，虽然很多生产厂商的产品都受到了波及，但贸易争端主要波及的是高科技领域。芯片、半导体行业是我国高科技领域中相对薄弱的环节，成为美国用来攻击、围堵我国的重要“目标”。

一、芯片半导体产业链

在介绍芯片半导体产业链前，需要区分几个容易混淆的概念。芯片、集成电路、半导体，都是常见的概念，虽然三者之间联系非常紧密，但也有一些区别。半导体是一类材料的总称，也就是说生产芯片和集成电路是离不开半导体材料的；集成电路是通过半导体材料制造而成的电路的大型集合；芯片是由不同类型的集成电路或者单一类型集成电路形成的产品。

整个芯片产业链大致由以下三个部分构成，如图 1-45 所示。

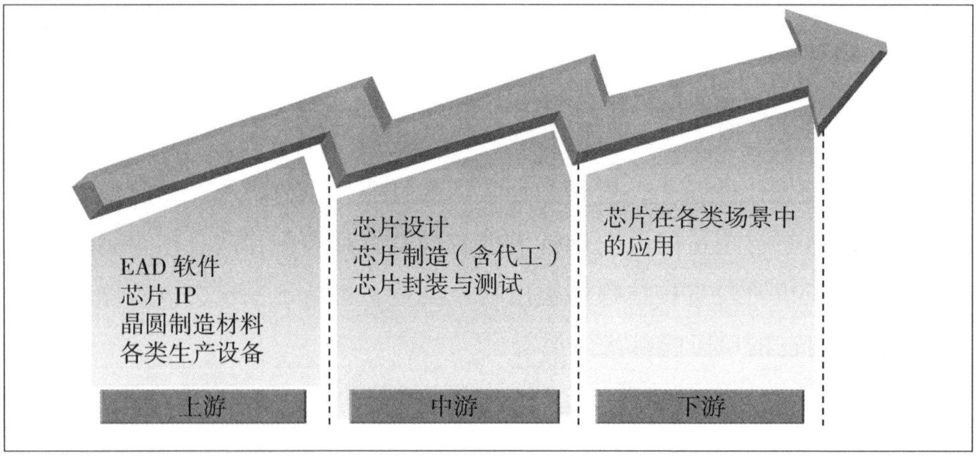

图 1-45　芯片产业链

1. 芯片产业链的上游

芯片产业链的上游涵盖了诸多细分领域。

（1）EAD 软件。

EAD 软件，即电子设计自动化软件。当前国际 EAD 市场呈现寡头垄断的格局，美国三家企业：Synopsys、Cadence、Mentor 占据了近 80% 的市场份额。国内厂商市场份额相对较少，只有华大九天和概伦电子两家相对规模较大。

（2）芯片 IP。

目前，全球最大的芯片 IP 授权厂商为 ARM，其次为 Synopsys、Cadence 等，国内 IP 授权厂商主要是芯原股份。

（3）原材料生产厂商。

这部分涉及的企业比较多，主要包括以下几类。

①硅片生产商，包括新傲科技、新昇半导体、重庆超硅、宁夏银河等。

②光刻胶生产商，包括晶瑞股份、陶氏化学、科华微电子等。

③抛光材料，以安集科技为代表。

（4）设备生产厂商。

①光刻机，以上海微电子为代表。

②检测与测试设备，包括东电电子、亲瑞达、长川科技、上海中艺等。

2. 芯片产业链的中游

芯片产业的中游，涵盖了芯片设计、晶圆制造、芯片封装以及芯片测试等环节，国内企业参与相对较多。

（1）芯片设计。

芯片设计厂商较多，各有侧重。从全球来看，芯片设计能力排名位于前列的厂商主要为英伟达、高通、博通、超威、联发科等；国内芯片设计能力排名位于前列的厂商包括华为海思、上海韦尔半导体、锐迪科、中天联科、北京君正、兆易创新等。

（2）芯片制造及代工。

目前，大多数所谓的芯片企业都是需要代工的。目前全球芯片代工企业的老大是台积电，其次为三星、格芯、联电、中芯国际等。

（3）芯片封装与测试。

为了保护芯片不受损害，并且方便安装在电子设备中，就需要对芯片进行封装。然后是测试，确保每一片芯片都能正常工作。芯片封装与测试行业的龙头企业，包括长电科技、通富微电、华天科技、晶方科技等。

3. 芯片产业链的下游

芯片可直接应用于汽车电子、消费电子、工业与医疗设备、计算机与数据中心等诸多行业，这些行业都属于芯片产业的下游产业。

二、涉足芯片：深康佳 A

芯片领域成为中美大国博弈中的一个关键领域后，市场上的资金便开始频频追捧芯片领域内的企业。一时间，甚至出现了“粘芯就涨”的情况。于是，一些企业为了能够让自家的股票被资金光顾，开始倾向于主动披露一些与“芯”有关的话题。

2020 年年初，深康佳 A 的暴涨就与其“涉芯”有关。深康佳 A 原本是一家老牌的家电企业，早年以电视机产品最为出名。近些年来，随着电视机产品销量的萎缩，企业业绩也不太理想。不过，在 2020 年 1 月底，一则“公司的控股子公司合肥康芯威存储技术有限公司开发设计的嵌入式存储器控制器芯片首批 10 万颗已量产出货”的消息，引发了深康佳 A 的涨停。同年 2 月 4 日，公司在互动平台回复“康芯威公司将争取在 2020 年销售存储主控芯片 1 亿颗”，彻底引爆了深康佳 A 的股价。该股股价自 2 月 4 日开始，出现了一波大幅上攻走势，如图 1-46 所示。

从图 1-46 中可以看出，在利好消息的刺激下，深康佳 A 的股价自 2020 年 2 月 4 日强势涨停。此后的几个交易日，该股股价连续一字涨停。2 月 10 日是该股股价上攻过程中重要的分水岭，当日股价的一字涨停板打开后又重新回封了。

2 月 10 日前一个交易日的龙虎榜数据，如图 1-47 所示。

从图 1-47 中可以看出，在 2 月 7 日的龙虎榜上，由于该股股价多以一字板涨停，导致知名游资难有入场机会。即使能够入场者，交易金额也相对较低。

再看一下 2 月 11 日的龙虎榜数据，如图 1-48 所示。

从图 1-48 中可以看出，在 2 月 11 日的龙虎榜上有很多知名游资的身影，

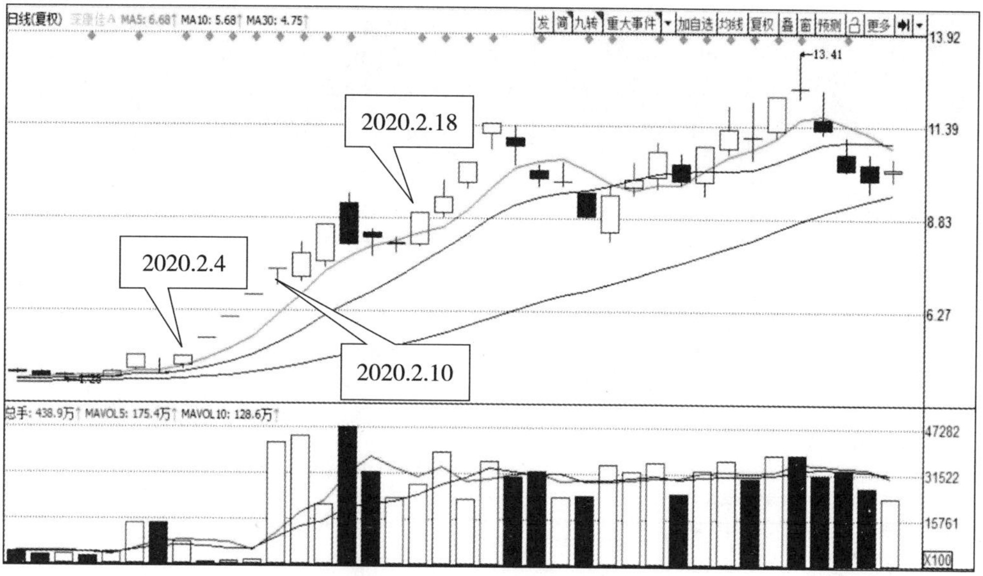

图 1–46　深康佳 A（000016）日 K 线走势图

深康佳A龙虎榜数据

2020-02-07

日期：2020-02-07 总成交金额：15556.81万元，总成交量：2422.05万股

排序	营业部名称	买入金额/万	占总成交比例	卖出金额/万	占总成交比例	净额/万
买入金额最大的前5名　买入总计 **5038.61** 万元，占总成交比例 **32.39%**						
1	华鑫证券有限责任公司山东分公司（首板挖掘）	1871.45	12.03%	0.00	0.00%	1871.45
2	财富证券有限责任公司杭州西湖国贸中心证券营业部	989.20	6.36%	0.00	0.00%	989.20
3	方正证券股份有限公司北京安定门外大街证券营业部	687.38	4.42%	0.00	0.00%	687.38
4	中信证券股份有限公司上海东方路证券营业部	687.01	4.42%	0.00	0.00%	687.01
5	中国中金财富证券有限公司登封大禹路证券营业部	684.35	4.40%	0.00	0.00%	684.35
卖出金额最大的前5名　卖出总计 **3323.25** 万元，占总成交比例 **21.36%**						
1	中信证券股份有限公司北京北三环中路证券营业部	0.00	0.00%	1337.77	8.60%	-1337.77
2	国信证券股份有限公司西安科技二路证券营业部	0.00	[illegible]	731.94	4.70%	-731.94
3	西南证券股份有限公司北京北三环中路证券营业部	[illegible]	[illegible]	437.71	2.81%	-437.71
4	华泰证券股份有限公司深圳益田路荣超商务中心证券营业部（猪肉荣）	119.23	0.77%	437.19	2.81%	-317.96
5	深股通专用	0.00	0.00%	378.65	2.43%	-378.65

买卖净差：**1715.36**万元

图 1–47　深康佳 A 龙虎榜数据（2020.2.7）

而且交易金额也远比 2 月 7 日大，说明随着股价的不断上攻，市场情绪全面发酵。虽然该企业发布公告称“在 2020 年销售存储主控芯片 1 亿颗”是目标和愿望，并未承诺业绩，但市场资金还是源源不断地流入该股，促使该股股价继续走高。

深康佳A龙虎榜数据

2020-02-11

日期：2020-02-11 总成交金额：338407.21万元，总成交量：43891.78万股

排序	营业部名称	买入金额/万	占总成交比例	卖出金额/万	占总成交比例	净额/万
买入金额最大的前5名 买入总计 **23105.95** 万元，占总成交比例 **6.83%**						
1	中信证券股份有限公司上海溧阳路证券营业部	7646.82	[illegible]	[illegible]3.76	0.07%	7393.06
2	兴业证券股份有限公司陕西分公司	3744.20	1.11%	901.94	0.27%	2842.26
3	国信证券股份有限公司深圳泰然九路证券营业部	3209.06	0.95%	971.43	0.29%	2237.63
4	申万宏源西部证券有限公司南宁英华路证券营业部	3147.11	[illegible]	5.78	0.00%	3141.33
5	西藏东方财富证券股份有限公司拉萨团结路第二证券营业部	2928.28	0.87%	1121.03	0.33%	1807.25
卖出金额最大的前5名 卖出总计 **39550.99** 万元，占总成交比例 **11.69%**						
1	华西证券股份有限公司深圳民田路证券营业部	1041.71	0.31%	13159.00	3.89%	-12117.29
2	光大证券股份有限公司慈溪观海卫证券营业部	21.10	0.01%	7015.54	2.07%	-6994.44
3	深股通专用	1273.06	0.38%	6735.44	1.99%	-5462.38
4	长江证券股份有限公司佛山南海大道证券营业部	22.42	0.01%	5373.58	1.59%	-5351.16
5	广发证券股份有限公司佛山汾江中路证券营业部	72.20	0.02%	4013.44	1.19%	-3941.24

买卖净差：**-16445.04**万元

上海溧阳路

方新侠

苏南帮

图 1–48　深康佳 A 龙虎榜数据（2020.2.11）

其实这就是游资炒作股票的经典手法——一切以市场情绪为主。股价固然因利好消息的刺激而上升，而能够持续走高的原因，并不是因为之前的利好消息（多数的利好消息，最后都会被澄清为误解），而是因为市场情绪已经全部汇聚到这只股票身上。此时市场上的游资会向这只股票集结，共同拉升股价，以带动更多的资金入场，从而形成资金接力效应。所有的大龙头股都是这样形成的。

三、光刻胶概念：容大感光让游资与私募同步

光刻胶是一种特别的材料，它对光的反应很敏感，当受到光线照射时，会改变自己的溶解性。这个特性让光刻胶在半导体材料制作中发挥重要的作用，能帮助制造芯片上的精细图案。光刻胶作为芯片生产中重要的材料之一，被列为科技攻关的重点方向之一。2020 年上半年，多只光刻胶概念股成为资金炒作的重点对象，比如容大感光、亚威股份、西陇科学等。

容大感光是一家以 PCB 光刻胶、显示用光刻胶、半导体光刻胶及配套化学品等电子感光化学品的研发、生产和销售为主营业务的企业。

该公司的光刻胶产品主要包括紫外线正胶、紫外线负胶两大类产品以及稀释剂、显影液、剥离液等配套化学品，主要应用于平板显示、发光二极管

及集成电路等领域。

因为容大感光具有光刻胶概念，成为 2020 年上半年众多资金追捧的牛股。该股的股价走势，如图 1–49 所示。

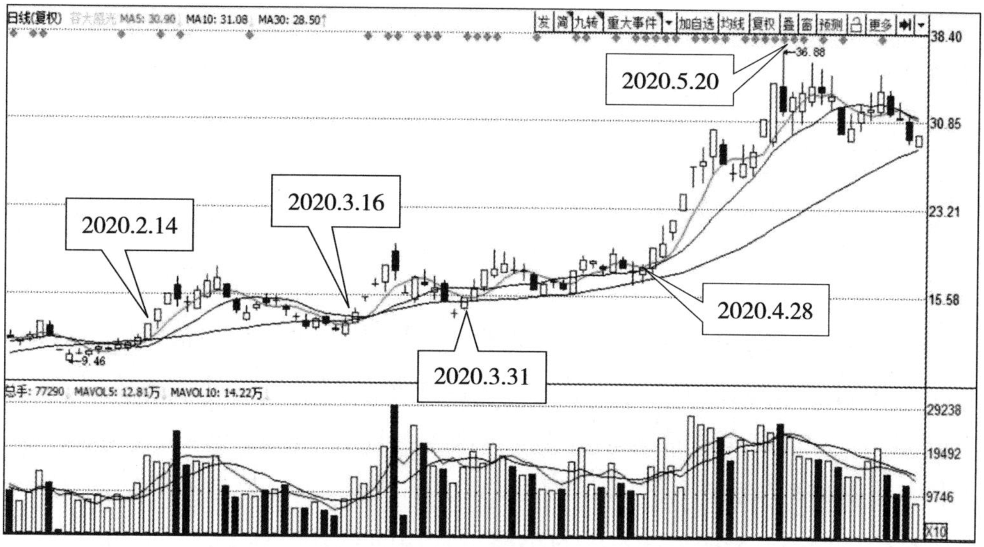

图 1–49　容大感光（300576）日 K 线走势图

从图 1–49 中可以看出，容大感光的股价自 2020 年 2 月中旬启动上攻，至 5 月 20 日股价几乎翻了三倍。容大感光的股价走势与其他牛股有所区别，该股股价并不是直线拉升式上攻，而是波浪式上攻。通常来说，只有主力庄家在坐庄时才会选择这种上攻方式。通过容大感光的龙虎榜数据和股东持股数据可以发现，在该股上升期内，不仅有多路游资参与，还有很多私募资金协同拉升。游资交易以超短线为主，即当日进入，次日卖出，滚动交易。

游资北京中关村（中国银河证券北京中关村大街营业部）的交易记录，如表 1–11 所示。

从表 1–11 中可以看出，北京中关村的主要操作时间集中在股价处于横向大幅振荡的阶段。相比后面的涨幅，此阶段整体涨幅并不算大，且股价每上攻一定幅度后就会出现回调走势。游资北京中关村整体把握较佳，在多数情况下都实现了盈利，只有在 4 月 2 日买入的 930 万元股票，龙虎榜数据没有给出具体的卖出时间。若北京中关村在 4 月 3 日卖出，肯定会出现一定的

表 1-11　北京中关村交易容大感光的龙虎榜数据

日期	买入金额（万元）	卖出金额（万元）
2020.3.19	2276.54	13.92（可忽略）
2020.3.20	474.19	2739.01
2020.3.24	1711.13	529.35
2020.3.25	22.07（忽略）	1883.88
2020.4.1	667.62	10.12（可忽略）
2020.4.2	930.8	746.8

亏损，但相比与之前的盈利，这点亏损并不严重。从股价运行的整体趋势来看，北京中关村并未抓住股价上升最大的一波浪潮。在 4 月 28 日启动的大幅上攻狂潮中，很多游资直接采取了“今日进，明日出”的超短线交易策略。比如杭州上塘路、作手新一的国泰君安南京太平路营业部，都是 4 月 30 日入场，5 月 6 日离场的。5 月 7 日入场的小鳄鱼常用的东方证券上海浦东新区源深路和上海溧阳路，都在 5 月 8 日离场了。

四、第三代半导体概念：从乾照光电到国机精工

第三代半导体是以碳化硅 SiC、氮化镓 GaN 为主的宽禁带半导体材料，具有高击穿电场、高饱和电子速度、高热导率、高电子密度、高迁移率、可承受大功率等特点。第三代半导体材料被认为是当今电子产业发展的新动力。随着芯片概念的不断升温，第三代半导体概念也经常成为资金追捧的对象。

1. 乾照光电

乾照光电是一家以半导体光电产品的研发、生产和销售为主营业务的企业。该公司与深圳第三代半导体研究院有着全方位、多层次的深度合作，研发技术包括但不限于氮化镓和 Micro-LED 等。因此，乾照光电也成为第三代半导体概念股。该股的日 K 线走势，如图 1-50 所示。

从图 1-50 中可以看出，自 2020 年 2 月 14 日开始，资金大幅入场抢筹乾照光电，该股股价连续拉出涨停板。在该股前几个涨停板期间，登上龙虎

榜榜单的资金中，知名游资偏少，说明很多场外资金仍在观望股价后续的走势和市场情绪的变化情况。

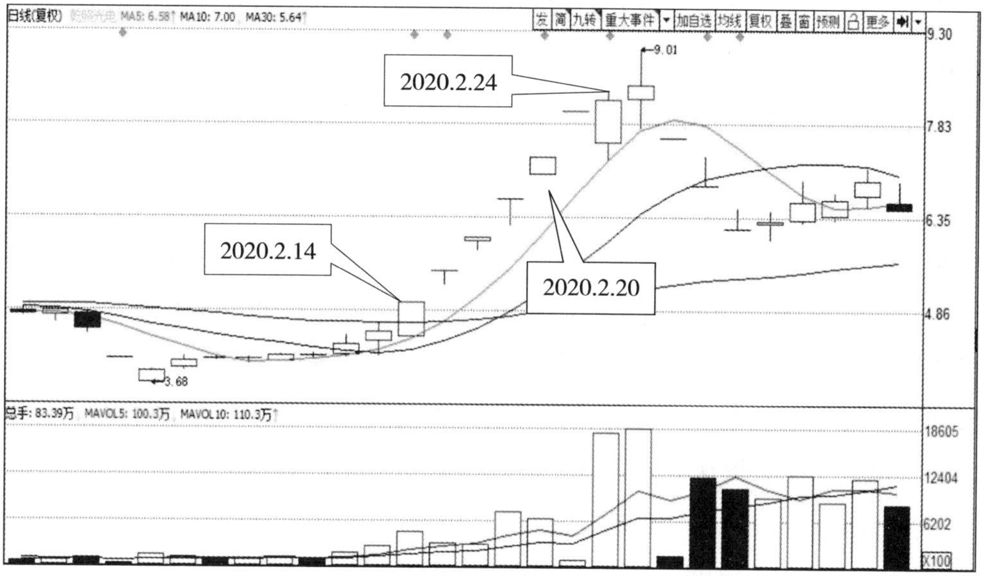

图 1–50　乾照光电（300102）日 K 线走势图

2 月 20 日，该股股价收获第 5 个涨停板，知名游资也现身当日龙虎榜，如图 1–51 所示。

乾照光电龙虎榜数据

2020-02-20

日期：2020-02-20 总成交金额：110960.03万元，总成交量：16507.42万股

排序	营业部名称	买入金额/万	占总成交比例	卖出金额/万	占总成交比例	净额/万
买入金额最大的前5名　买入总计 **10351.76** 万元，占总成交比例 **9.33%**						
1	兴业证券股份有限公司陕西分公司（方新侠）	3160.50	2.85%	151.43	0.14%	3009.07
2	财通证券股份有限公司杭州上塘路证券营业部（上塘路）	1560.55	[illegible]	138.77	0.13%	1421.78
3	招商证券股份有限公司北京车公庄西路证券营业部（北京帮）	1479.59	1.33%	393.50	0.35%	1086.09
4	中邮证券有限责任公司浙江分公司	1338.02	1.21%	0.00	0.00%	1338.02
5	方正证券股份有限公司广州兴盛路证券营业部	1332.09	1.20%	1070.74	0.96%	261.35
卖出金额最大的前5名　卖出总计 **8507.37** 万元，占总成交比例 **7.67%**						
1	中信建投证券股份有限公司厦门民族路证券营业部	5.11	0.00%	1509.41	1.36%	-1504.30
2	华西证券股份有限公司珠海情侣中路证券营业部	0.00	0.00%	1503.38	1.35%	-1503.38
3	国融证券股份有限公司重庆分公司	1326.00	1.20%	1458.00	1.31%	-132.00
4	中国中金财富证券有限公司深圳深南大道证券营业部	7.57	0.01%	1174.17	1.06%	-1166.60
5	中信证券（山东）有限责任公司青岛经济技术开发区井冈山路证券营业部	142.35	0.13%	1107.97	1.00%	-965.62

买卖净差：**1844.40**万元

图 1–51　乾照光电龙虎榜数据（2020.2.20）

从图 1-51 中可以看出，2 月 20 日，多路游资开始入场抢筹。其中包括知名游资方新侠（兴业证券陕西分公司）、上塘路和北京帮（招商证券北京车公庄西路）等。这些游资开始大规模入场抢筹的时段，正是该股股价开始冲击第 5 个涨停板的时段。

结合乾照光电与其他股票的上攻历程可以发现，游资大规模入场抢筹多发生在第 5 个涨停板或以后。也就是说，只要有 5 个涨停板（不能是 5 个一字连板，必须是有成交量放大考验的 5 个涨停板），就可以认定这只股票属于龙头股了，至于是不是超级大龙头，还需要市场的进一步检验。

从图 1-50 中可以看出，乾照光电的第 4 个涨停板和第 5 个涨停板明显经历了成交量的放大。也就是说，成交量放大后还能封上涨停板，才能说明股价经受住了市场的考验，这是成为大龙头的必经之路。只有通过这一关检验的股票，才能获得众多知名游资的青睐，才会有更多的游资入场抢筹。

2. 国机精工

国机精工是一家以新材料、基础零部件、机床工具、高端装备、供应链管理与服务为主营业务的企业。该公司在第三代半导体加工领域推出了用于减薄、抛光、切割等方面的产品。

该股的日 K 线走势情况，如图 1-52 所示。

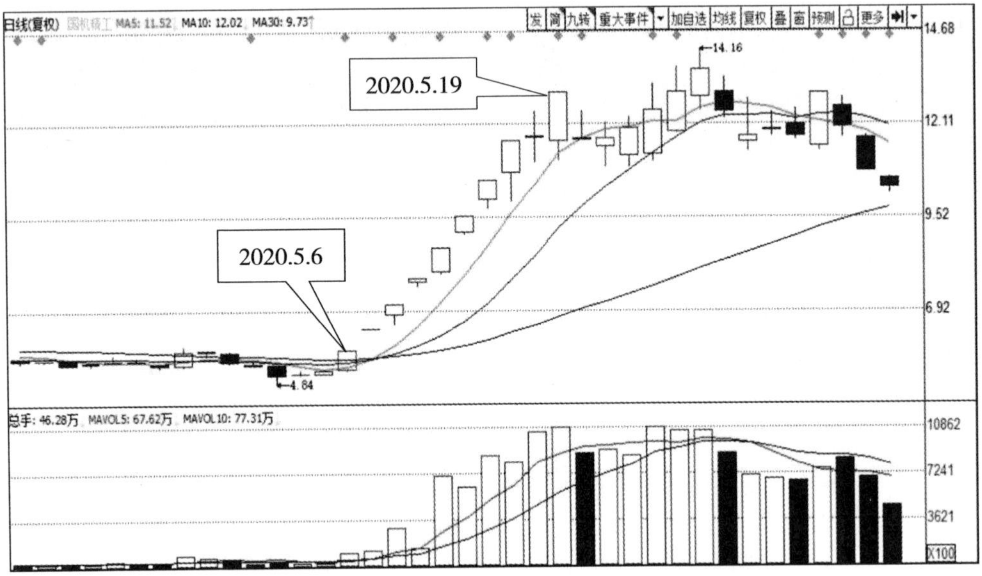

图 1-52　国机精工（002046）日 K 线走势图

从图 1-52 中可以看出，国机精工的股价在第三代半导体概念利好的刺激下，自 2020 年 5 月 6 日启动上攻狂潮，在 10 个交易日拉出了 9 个涨停板，风光一时无二。在这波上攻狂潮中，多路游资都参与进来了。

下面列出了几家比较有代表性游资的交易记录，如表 1-12 所示。

表 1-12　国机精工龙虎榜数据

游资	日期	买入金额（万元）	卖出金额（万元）
撬板王（兴业证券深圳分公司）	2020.5.7	676.74	——
	2020.5.8	——	701.88
湖州劳动路（华鑫证券湖州劳动路浙北金融中心）	2020.5.12	1796.13	529.35
	2020.5.13	2569.4	——
	2020.5.14	245.85	5055.81
宁波桑田路（国盛证券宁波桑田路）	2020.5.12	766.78	——
	2020.5.13	577.41	119.94
	2020.5.14	388.43	1550.25
	2020.5.20	——	1371.1
西湖国贸（财信证券杭州西湖国贸中心）	2020.5.14	3448.16	——
	2020.5.18	283	2787.64
	2020.5.19	——	1443.3
炒新一族（华鑫证券上海普陀区江宁路）	2020.5.14	1682.55	——
	2020.5.15	199.81	1012.39
深南哥（申万宏源深圳金田路）	2020.5.14	1401.51	——
	2020.5.19	——	1727.57
赵老哥（华泰证券浙江分公司）	2020.5.14	370（估）	
	2020.5.15	1488.92	397.3
	2020.5.18	2173.18	1977.14
	2020.5.19	2246.43	711.19
	2020.5.20	534.16	2261.18
欢乐海岸协同席位（光大证券深圳金田路）	2020.5.19	1304.47	——
	2020.5.20	——	1182.37

从表 1–12 中可以看出，参与国机精工的游资特别多。在 5 月 19 日最后一个涨停日前入场的游资基本都实现了较高的盈利，5 月 19 日才入场的游资则以亏损居多。从该股的走势以及游资入场时间可以看出，很多游资都是在股价拉出第 5 个涨停板（5 月 12 日）以及其后才入场的，这与普通投资者有明显不同。普通投资者都有畏高情绪，不敢追涨，而游资恰恰喜欢在这个时候入场，因为此时股价的赚钱效应已经引起足够多的市场关注，市场情绪已经被充分调动，此时入场更加安全。

五、中芯国际概念：亚翔集成

随着美国对我国高科技行业打压力度的加强，很多外部的芯片代工厂难以为国内的高科技企业代加工芯片产品，这就需要国内的芯片代工企业挑起大梁，以满足我国高科技企业发展的需求。

从国内芯片集成电路代工行业来看，在国际上能够立足的只有中芯国际一家。中芯国际集成电路制造有限公司是全球领先的集成电路晶圆代工企业之一，也是我国技术先进、规模较大、配套服务完善的跨国晶圆代工企业。很多与中芯国际有关联的企业，特别是在中芯国际产业链上相关的企业，都被赋予了中芯国际的概念。由于中芯国际的盘子较大，还有众多公募基金的驻守，游资炒作难度较大，因此游资选择了退而求其次，常常对市场上中芯国际的概念股掀起炒作浪潮。创元科技、亚翔集成等都属于典型的中芯国际概念股。

亚翔集成是一家以 IC 半导体、光电等高科技电子产业，食品医药、云计算中心等相关领域的建厂工程提供洁净室、机电及建筑工程等服务为主营业务的企业。根据亚翔集成的公告，该公司承接中芯国际的项目，尽管项目总金额不算很大，但也与中芯国际沾边了，成为中芯国际的概念股，该股还属于典型的芯片概念股。

该股的日 K 线走势情况，如图 1–53 所示。

在芯片概念叠加中芯国际概念热炒的背景下，2020 年 5 月 14 日，亚翔集成拉出了第一个涨停板，此后该股更是连续收出 5 个涨停板。直至 5 月 21 日，该股股价冲击涨停失败，才终结了此波行情。

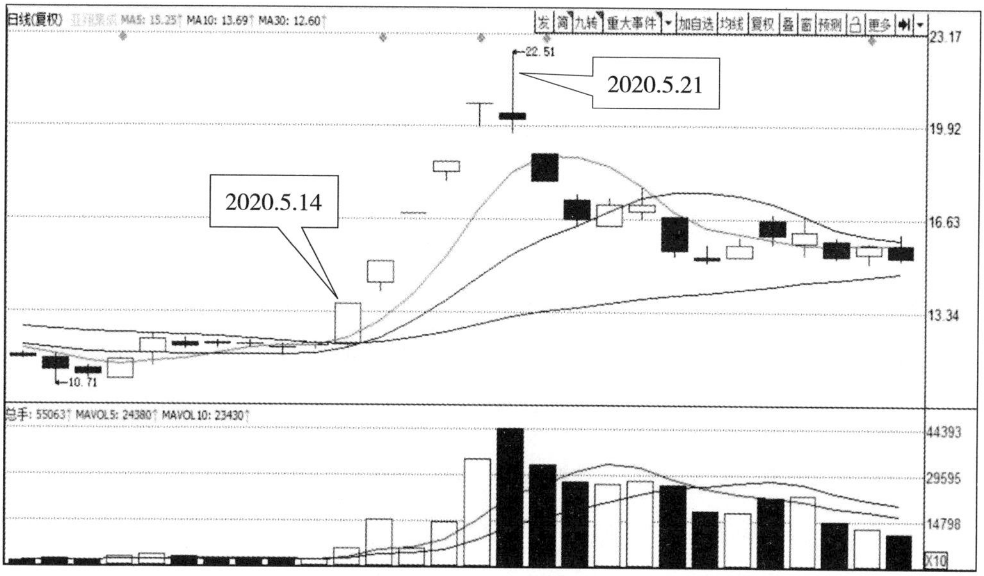

图 1-53　亚翔集成（603929）日 K 线走势图

尽管该股股价在此波上攻中走出了五连板，但入场的游资大部分都采用了超短线交易模式，如表 1-13 所示。

表 1-13　亚翔集成龙虎榜数据

游资	日期	买入金额（万元）	卖出金额（万元）
益田路 （华鑫证券深圳益田路）	2020.5.14	1530.13	——
	2020.5.15	——	1675.52
杭州上塘路 （财通证券杭州上塘路）	2020.5.14	1512.2	——
	2020.5.15	——	1670.67
作手新一 （国泰君安南京太平南路）	2020.5.14	1680	——
	2020.5.20	——	2430

从表 1-13 中可以看出，5 月 14 日亚翔集成启动伊始，几路知名游资准确地把握到这个机会，迅速追涨入场了。各路游资买入的金额基本相当，次日 5 月 15 日，益田路和杭州上塘路选择了获利出货，只有作手新一拿到了最后，收获也是最大的。在游资操作领域，益田路和杭州上塘路的操作是最为典型的，就是“弱水三千只取一瓢”。相反，作手新一的操作尽管有较高的收益，但要承担较大的风险。

第五节 其他热炒概念

除了前面介绍的炒作主线能够贯穿全年，在不同的时间点，一些热门概念也被炒作了一个月甚至数个月。这些被热炒的概念中，无一不有游资的身影。只是概念不同，股票盘子不同，游资参与的程度也有所差异。

一、光伏新能源：溧阳路操作协鑫集成

以光伏为代表的新能源概念，并不是在2020年被资金关注才开始炒作的，但在2020年，却是新能源概念炒作最凶狠的一年。据相关统计，2020年有90家光伏上市公司至少出现过2次以上涨停，27家企业涨停次数在10次以上，4家企业涨停次数在20次以上。仅2020年10月9日一个交易日，就有数十家中国光伏企业股票涨停，近百家光伏企业单日总市值暴涨了1561.72亿元。

由于很多光伏新能源概念股的盘子较大，多数游资并不喜欢介入这类股票，因而一些盘子相对较小的光伏新能源股票就成了游资追捧的目标，协鑫集成就是其中一只。协鑫集成是一家以高效电池组件、能源工程、综合能源系统集成等相关产品的研发、设计、生产、销售及一站式服务为主营业务的企业。整个股票的总市值在150亿元左右，盘子相对并不算大，何况协鑫集成的一些股东持股不抛，因此，该股成为2020年新能源炒作行情中游资重点关注的对象。

该股的日K线走势，如图1-54所示。

从图1-54中可以看出，协鑫集成的股价于2020年8月5日启动上攻。8月7日，该股股价高开回落，在K线图上留下一根放量假阴线。熟悉这种形态（连续涨停板之后，出现高开假阴线）的投资者都清楚，此形态出现后的第一个交易日是关键，如果股价能够重新突破前高并涨停，则属于典型的龙头反包形态，未来继续上攻的概率极高。8月10日，协鑫集成的股价顺利

完成了反包涨停，上海溧阳路强势买入。

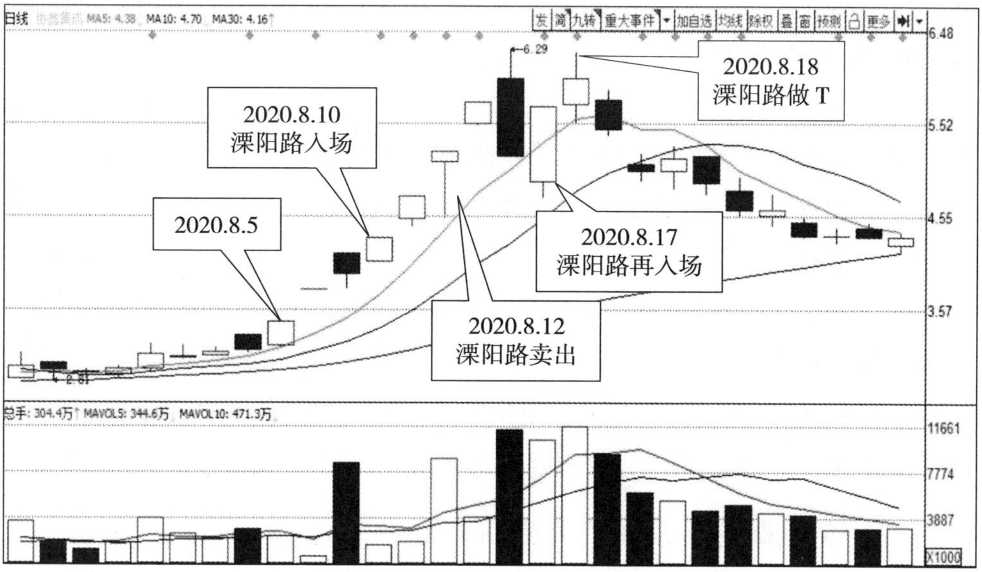

图 1–54　协鑫集成（002506）日 K 线走势图

上海溧阳路的龙虎榜数据，如表 1–14 所示。

表 1–14　上海溧阳路交易协鑫集成的龙虎榜数据

日期	买入金额（万元）	卖出金额（万元）
2020.8.10	7039.34	66.55（可忽略）
2020.8.12	177.47	8164.64
2020.8,17	35259.7	365.1
2020.8.18	16098	18789.2

从表 1–14 中可以分析出以下几点。

第一，上海溧阳路的入场时间把握得非常好。8 月 10 日，正是协鑫集成完成反包的时刻，此时入场，股价未来继续走高的概率很大。前一个交易日股价涨停未果，大量抛盘开始涌出。8 月 10 日，协鑫集成面临更大的抛压，该股还能封上涨停板，说明看多的资金力量非常强大，溧阳路趁势入场了 7000 多万元。

第二，第一波交易非常成功。上海溧阳路于 8 月 10 日买入后，隔了一个交易日的 8 月 12 日，卖出 8164 万元，盈利了 1000 多万元，是非常可观的。

第三，第二波失败的交易。8 月 14 日，该股出现了自启动上攻以来的第一个跌停，上海溧阳路本已完美避开，但 8 月 17 日该股的涨停，却给人无限的遐想。8 月 17 日，上海溧阳路买入了 3.5 亿元的股票，不过该股股价封涨停板未果，尾盘涨停打开，上海溧阳路卖出了 1.88 亿元。由于上海溧阳路手中的筹码太多了，再卖出容易将股价打到跌停板。8 月 19 日，该股并未再登上龙虎榜，上海溧阳路已经在 19 日或以后的几个交易日卖空了手中的筹码。至于是哪个交易日卖出，已经不重要了，上海溧阳路亏损已成定局。

整体看，上海溧阳路的交易是亏损的。上海溧阳路前期获利颇丰，由于后面入场的资金量太大，亏损幅度也不小。从散户的角度来说，8 月 17 日，该股股价在 8 月 14 日跌停后虽然走出了涨停板，但股价并未突破前高（8 月 14 日最高点）。也就是说，反包并未最终成型，17 日入场还是早了点。

二、免税概念：从王府井到百联股份

消费是拉动经济增长的主要动力，免税业是引导消费回流的重要手段，政府会出台一系列政策降低关税，引导海外消费回流。不过，免税商品须经免税店销售。免税店是指经海关总署批准，由经营单位在中华人民共和国国务院或其授权部门批准的地点设立符合海关监管要求的销售场所和存放免税品的监管仓库，向规定的对象销售、供应免税品的商店。通常来说，想要经营免税商品，必须先获得免税品经营资质。因此，拥有或获得免税品经营资质，就相当于拥有了一条广阔的护城河，企业的效益相当于获得了某种保障。正因如此，2020 年市场上掀起了多路免税概念炒作的浪潮。以王府井、百联股份、凯撒旅业、武商集团、杭州解百、海汽集团等为代表的免税概念股都遇到了大批资金的爆炒。2020 年是受疫情影响较重的一年，国际旅游业遭受到沉重打击，很多人将拉升消费的希望寄托在免税行业。

1. 王府井，免税业大龙头

王府井是一家以商品零售、商业物业出租为主营业务的企业，其所处的位置和行业影响力都不容小觑。2020 年 4 月底，社会上传出王府井可能会获得免税品经营资质的消息。因为消息的影响力不大，所以股价并没有出现快速拉升走势，如图 1–55 所示。

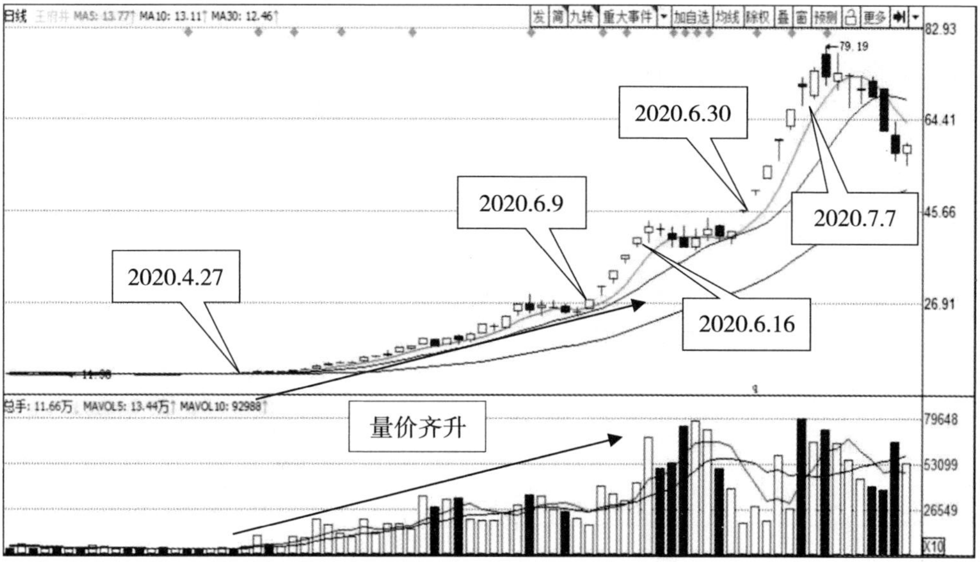

图 1–55　王府井（600859）日 K 线走势图

从图 1–55 中可以看出，自 2020 年 4 月底开始，市场上就有王府井可能会获得免税经营资质的传言，但没有任何证据，所以没有大量资金入场抢筹的情况。不过，股价在成交量温和放大的态势下逐渐上升，说明此阶段有源源不断的场外资金开始介入该股。

6 月 9 日，王府井官宣获得免税资质，该消息直接引爆了该股股价。该股股价连续走出 5 个涨停板后，开始进入整理区间。正当很多投资者认为股价已经触顶之时，6 月 30 日，该股股价再度涨停，标志着该股进入第二波拉升周期。此后又是一波连续的 5 个涨停板，该股一时间成为免税概念的大龙头，带动了整个板块的前行，众多游资纷纷入场抢筹该股。

由于该股当时热度极高，不仅有游资入场，还有境外资金、机构资金等大资金入场。因此，在龙虎榜上，很多游资席位都无法跻身交易额的前五名。虽然如此，仍可以在龙虎榜上看到章盟主（国泰君安上海江苏路）、东川路（申万宏源上海东川路）、华泰证券深圳益田路荣超商务中心、小鳄鱼（东方证券上海浦东新区源深路）、方新侠（兴业证券陕西分公司）、杭州帮（中信建投杭州庆春路）、炒新一族（华泰证券上海普陀区江宁路）、宁波桑田路等游资的身影。

炒作王府井的游资有一个典型特点，入场席位投入的资金量往往都比较大，多数都超过了 5000 万元。以该股的火爆程度，如果投入金额较小，则无法登陆龙虎榜，我们也就无从追踪了。

2. 百联股份接续“免税”大旗

通常来说，一个概念炒作的过程，也是不断发酵的过程。大龙头连续涨停末期，市场上就会有新的龙头来接着扛旗了，毕竟没有一只股票能够持续涨停。在王府井炒作的末期，有一只免税概念股开始大幅启动了。

百联股份的日 K 线走势情况，如图 1-56 所示。

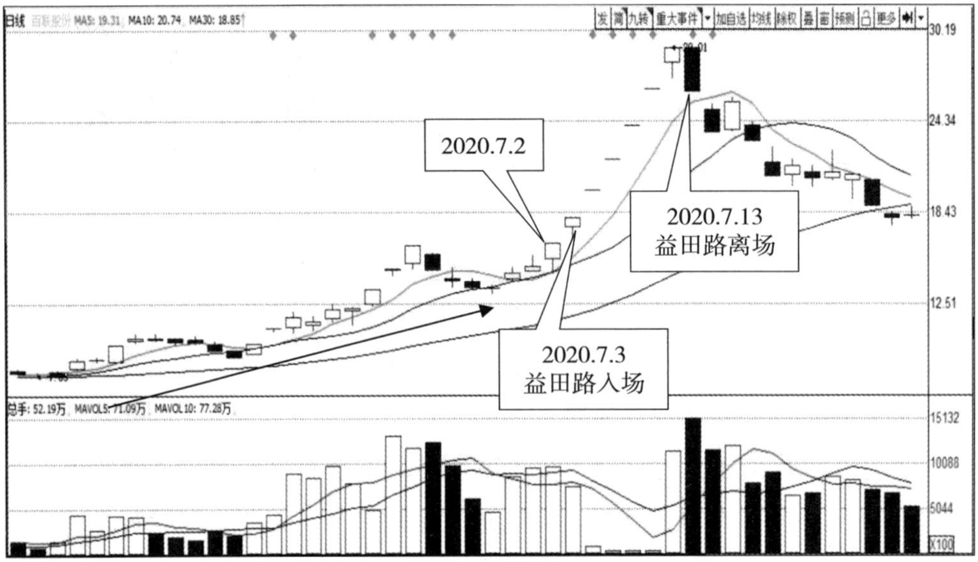

图 1-56　百联股份（600827）日 K 线走势图

从图 1-56 中可以看出，2020 年 7 月 2 日之前，在市场炒作免税概念的影响下，百联股份的股价就出现了小规模的上攻走势。6 月底，百联股份申请免税资质的消息开始流传，7 月 2 日，该股股价强势涨停。7 月 7 日，尽管该公司澄清只是申请免税资质，能否获批存在不确定性，但市场已经将其看成继王府井之后的又一个免税龙头，于是各路资金纷纷入场抢筹该股，入场抢筹该股的游资以益田路的操作最为简单直接。

2020 年 7 月 3 日（估计），华鑫证券深圳益田路买入了 6316 万元，7 月 13 日，该营业部卖出了 10301 万元。也就是说，在几个交易日内，益田路交易盈利了 60% 以上。如此大量的资金入场，还能保持淡定，一直拿到股价无法继续涨停才松手，这需要何等的定力和魄力啊！

三、地摊经济：从小商品城到迪马股份

地摊经济是通过摆地摊获得收入来源而形成的一种经济形式。长期以来，由于地摊经济对城市市容市貌有所影响，并不受重视，但地摊经济仍旧保持了强大的生命力。进入 2020 年后，受新冠疫情的影响，就业形势愈发严峻，地摊经济凸显出在创造就业岗位方面的优势。

2020 年 5 月 27 日，中央文明办明确，在 2020 年全国文明城市测评指标中不将马路市场、流动商贩列为文明城市测评考核内容。

2020 年 6 月 1 日，时任国务院总理的李克强在山东烟台考察时，曾经到过地摊，了解经营情况。李克强说：“地摊经济、小店经济是就业岗位的重要来源，是人间的烟火，和‘高大上’一样，是中国的生机。”一时间，地摊经济成为股市中最热门的概念。地摊概念板块的股票掀起了一轮暴涨走势。

小商品城是地摊经济中非常有代表性的一只股票。由于小商品城是国内最大的小商品交易平台之一，很多地摊从业人员都从小商品城进货。因而，当地摊经济概念启动时，小商品城第一时间成为领涨的龙头股，如图 1-57 所示。

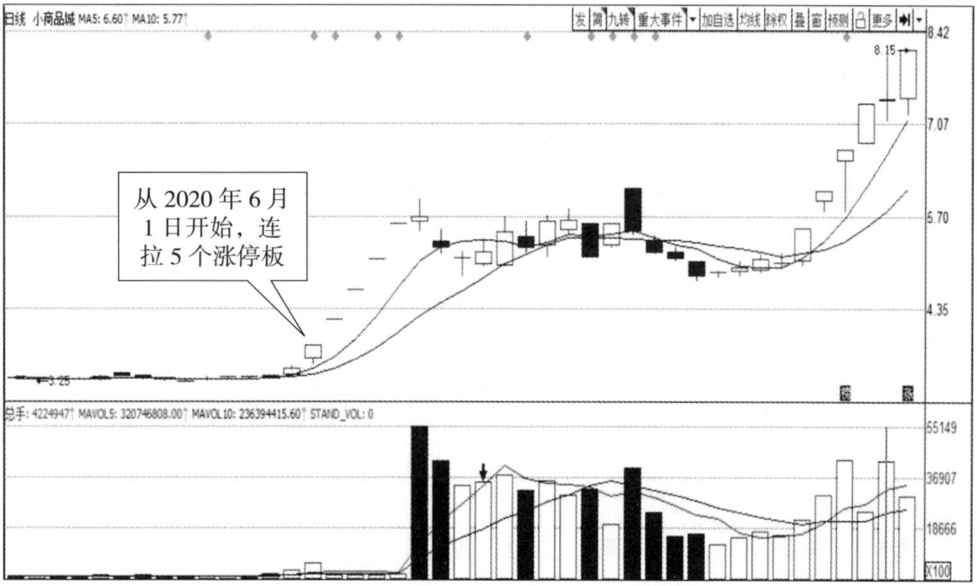

图 1-57　小商品城（600415）日 K 线走势图

从图 1–57 中可以看出，小商品城的股价自 2020 年 6 月 1 日启动，至 6 月 5 日拉出第五个涨停板，由此可见该股股价走势之强。观察该股 6 月 2 日的龙虎榜可知，在该股第二个涨停板出现时，就有多路知名游资入场了，如图 1–58 所示。

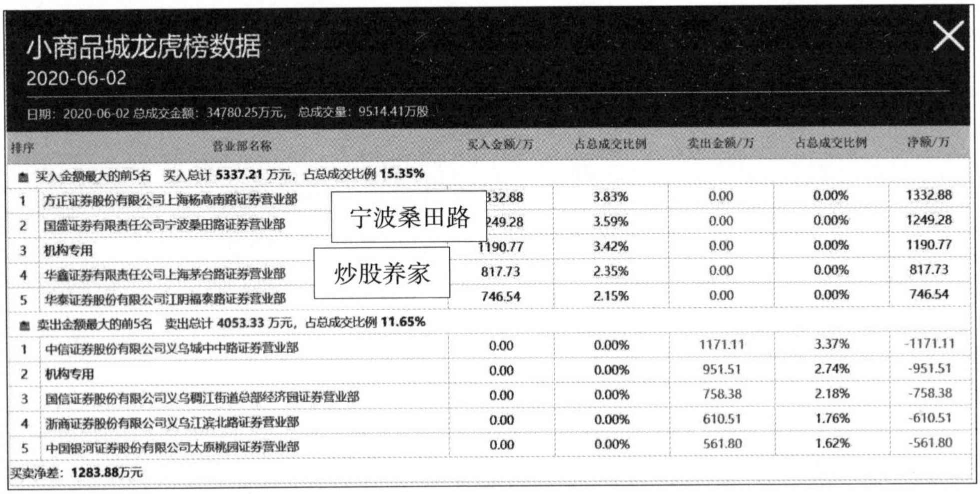

小商品城龙虎榜数据

2020-06-02

日期：2020-06-02 总成交金额：34780.25万元，总成交量：9514.41万股

排序	营业部名称	买入金额/万	占总成交比例	卖出金额/万	占总成交比例	净额/万
买入金额最大的前5名　买入总计 **5337.21** 万元，占总成交比例 **15.35%**						
1	方正证券股份有限公司上海杨高南路证券营业部	332.88	3.83%	0.00	0.00%	1332.88
2	国盛证券有限责任公司宁波桑田路证券营业部	249.28	3.59%	0.00	0.00%	1249.28
3	机构专用	1190.77	3.42%	0.00	0.00%	1190.77
4	华鑫证券有限责任公司上海茅台路证券营业部	817.73	2.35%	0.00	0.00%	817.73
5	华泰证券股份有限公司江阴福泰路证券营业部	746.54	2.15%	0.00	0.00%	746.54
卖出金额最大的前5名　卖出总计 **4053.33** 万元，占总成交比例 **11.65%**						
1	中信证券股份有限公司义乌城中中路证券营业部	0.00	0.00%	1171.11	3.37%	-1171.11
2	机构专用	0.00	0.00%	951.51	2.74%	-951.51
3	国信证券股份有限公司义乌稠江街道总部经济园证券营业部	0.00	0.00%	758.38	2.18%	-758.38
4	浙商证券股份有限公司义乌江滨北路证券营业部	0.00	0.00%	610.51	1.76%	-610.51
5	中国银河证券股份有限公司太原桃园证券营业部	0.00	0.00%	561.80	1.62%	-561.80

买卖净差：**1283.88**万元

图 1–58　小商品城龙虎榜数据（2020.6.2）

从图 1–58 中可以看出，在小商品城第二个涨停板出现的 6 月 2 日，知名游资宁波桑田路和炒股养家就已经入场了，可见游资对该股后市走势的认可。

再看一下地摊经济概念板块中的另一只股票迪马股份。迪马股份是一家专用车生产企业，有多种餐饮车在售。由于很多地摊餐饮都需要餐饮车，因此迪马股份成为地摊经济概念的热门股票。该股的日 K 线走势情况，如图 1–59 所示。

从图 1–59 中可以看出，迪马股份的股价于 2020 年 6 月 1 日启动，不过该股股价并未涨停，直到 6 月 3 日才拉出第一个涨停板。6 月 5 日，该股平开低走，以接近跌停的价格收盘。总体来看，虽然迪马股份与小商品城同属地摊经济概念，但二者涨幅差距很大。对比分析二者的基本情况，可以看出如下几点。

第一，从题材契合度来看，小商品城是比迪马股份更加合适的标的。地摊经济经营的商品需要从小商品城进货，并且具有可持续性。迪马股份所提

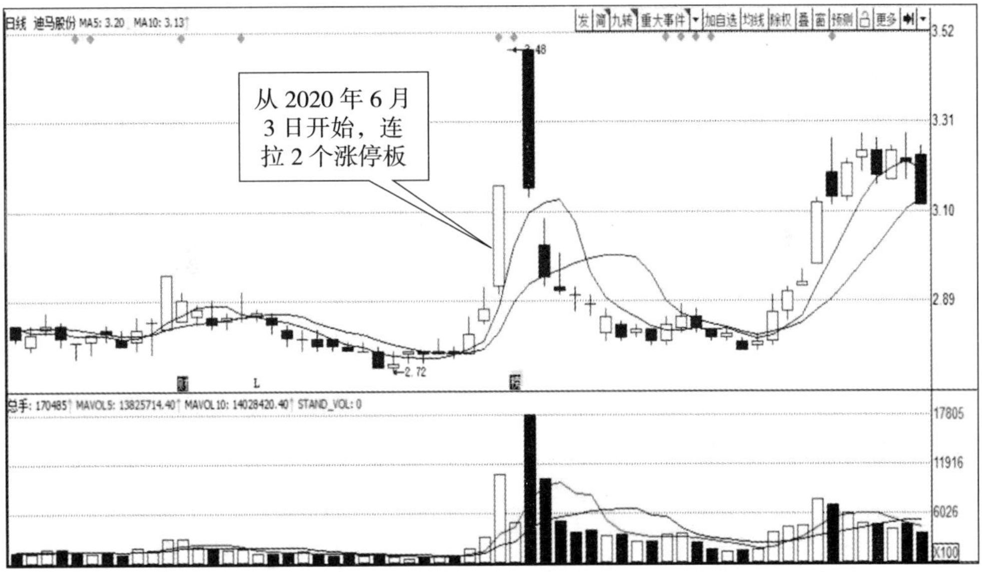

图 1-59 迪马股份（600565）日 K 线走势图

供的餐饮车仅为一部分摊点的需求品，而且属于一次性投资品。

第二，从盘子大小来看，小商品城的总股份数为 54.43 亿股，启动前价格（5 月 29 日收盘价）为 3.45 元，总市值为 187.78 亿元；迪马股份的总股份数为 24.36 亿股，启动前价格（5 月 29 日收盘价）为 2.76 元，总市值为 67.23 亿元。也就是说，迪马股份的盘子更小。目前，市场每天有 1 万亿元的总交易量，小商品城 187.78 亿元的市值并不是很高，很多游资都可以撬动这类股票。

第三，从股票知名度来看，小商品城的名称要比迪马股份更加符合地摊经济的概念，更容易成为游资追捧的标的。

基于以上分析，在地摊经济炒作浪潮中，小商品城是一只绝对的龙头股，是参与炒作的首选标的，迪马股份只是跟随者。

四、军工概念：中航沈飞一飞冲天

除了经济贸易争端外，美国也没有放弃用武力来威慑中国。最近几年，美国不遗余力地在南海问题、台海问题等方面向中国炫耀武力。随着经济的发展，国防建设须同步提速，才能应对美国的武力挑衅，这就为国防军工企业提供了较佳的发展契机。

从国内上市公司的角度来看，在南海与台海局势出现紧张的时候，军工行业的股票都会有不错的表现机会。

2020 年 7 月初，南海局势持续紧张，军工股迎来了一波久违的上涨行情。在这波上攻行情中，中航沈飞和航天彩虹成为绝对的龙头。

中航沈飞是一家大型现代化飞机制造企业，是我国航空防务装备的主要研制基地。很多现役的主力战斗机都是由中航沈飞研发、制造的。在 2020 年 7 月南海局势趋于紧张之际，中航沈飞的股价出现了一波大幅上涨行情，如图 1-60 所示。

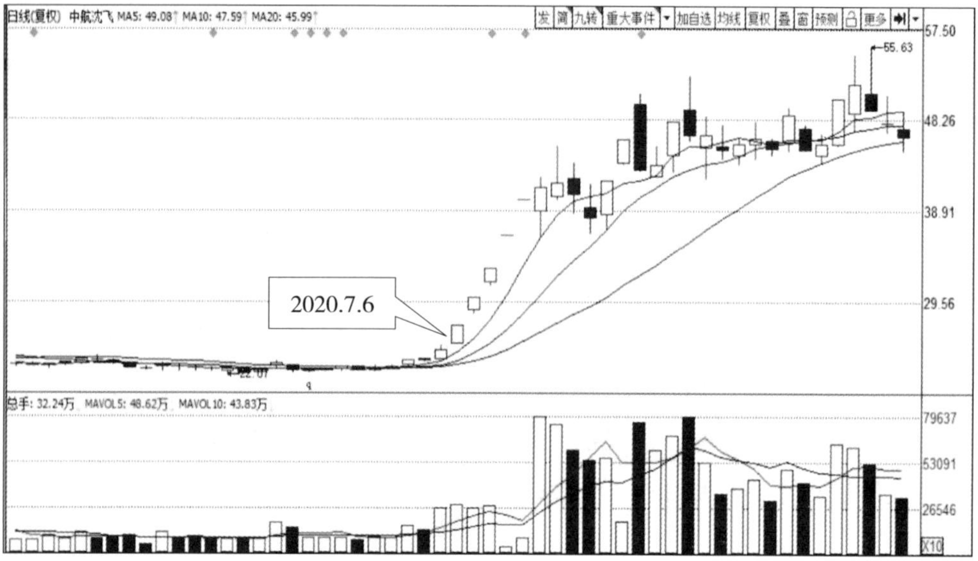

图 1-60　中航沈飞（600760）日 K 线走势图

从图 1-60 中可以看出，中航沈飞的股价自 2020 年 7 月初出现启动迹象，随着南海局势不断升温，逐渐展开上攻态势，于 7 月 6 日封上第一个涨停板。此后，该股股价又连续拉出数个涨停板，十几个交易日股价就翻了一倍有余。通常来说，游资很少操作盘子较大、市值较高的股票（中航沈飞市值超过千亿元），这类股票的流通股大多数在大股东的手里，不会轻易减持，流通市值仅有几百亿元的水平。因此，一些资金实力较强的游资有时也会参与这类股票的交易。

在 7 月 10 日的中航沈飞龙虎榜上，可以看到多只知名游资的身影，如图 1-61 所示。

中航沈飞龙虎榜数据

2020-07-10

日期：2020-07-10 总成交金额：187967.24万元，总成交量：3850.27万股

排序	营业部名称	买入金额/万	占总成交比例	卖出金额/万	占总成交比例	净额/万
买入金额最大的前5名　买入总计 **22664.74** 万元，占总成交比例 **12.06%**						
1	华创证券有限责任公司杭州伟业路证券营业部	5568.77	2.96%	0.00	0.00%	5568.77
2	国盛证券有限责任公司宁波桑田路证券营业部	5312.96	2.83%	0.00	0.00%	5312.96
3	华鑫证券有限责任公司上海茅台路证券营业部	5124.08	2.73%	0.00	0.00%	5124.08
4	华鑫证券有限责任公司上海红宝石路证券营业部	3992.52	2.12%	0.00	0.00%	3992.52
5	华鑫证券有限责任公司上海宛平南路证券营业部	2666.41	1.42%	0.00	0.00%	2666.41
卖出金额最大的前5名　卖出总计 **38166.22** 万元，占总成交比例 **20.30%**						
1	机构专用	0.00	0.00%	28360.00	15.09%	-28360.00
2	机构专用	0.00	0.00%	5612.38	2.99%	-5612.38
3	中信建投证券股份有限公司广州市黄埔东路证券营业部	0.00	0.00%	1626.94	0.87%	-1626.94
4	华泰证券股份有限公司成都人民南路证券营业部	0.00	0.00%	1289.00	0.69%	-1289.00
5	广发证券股份有限公司宜昌东山大道证券营业部	0.00	0.00%	1277.90	0.68%	-1277.90
买卖净差：**-15501.48**万元						

宁波桑田路

炒股养家

图 1–61　中航沈飞龙虎榜数据（2020.7.10）

从图 1–61 中可以看出，在 7 月 10 日的龙虎榜上，仅炒股养家常用的营业部就有三家上榜，每家营业部交易的金额都不低，由此可以看出游资对中航沈飞的追捧。

五、抖音网红概念：益田路狙击凯撒文化

网红以年轻貌美和时尚达人为形象代表，以红人的品位和眼光为主导，以此进行选款和视觉推广，在社交媒体上聚集人气，依托庞大的粉丝群体进行定向营销，从而将粉丝转化为购买力。

受疫情影响，网红经济呈加速发展的态势。在快手、抖音的助力下，网红经济呈现出蓬勃发展的态势。市场上很多具有抖音网红概念的股票均获得资金的追捧。比较典型的抖音网红概念股包括凯撒文化、电声股份、佳云科技、暴风集团、广博股份、长城影视、朗姿股份、宣亚国际等。

凯撒文化是一家以版权运营、网络游戏研发与运营为主营业务的企业。该公司的开发与运营与抖音、快手都有深入的合作，因此，具有典型的抖音概念、快手概念。

凯撒文化的股价自 2020 年 6 月初开始启动大幅上攻走势，如图 1–62 所示。

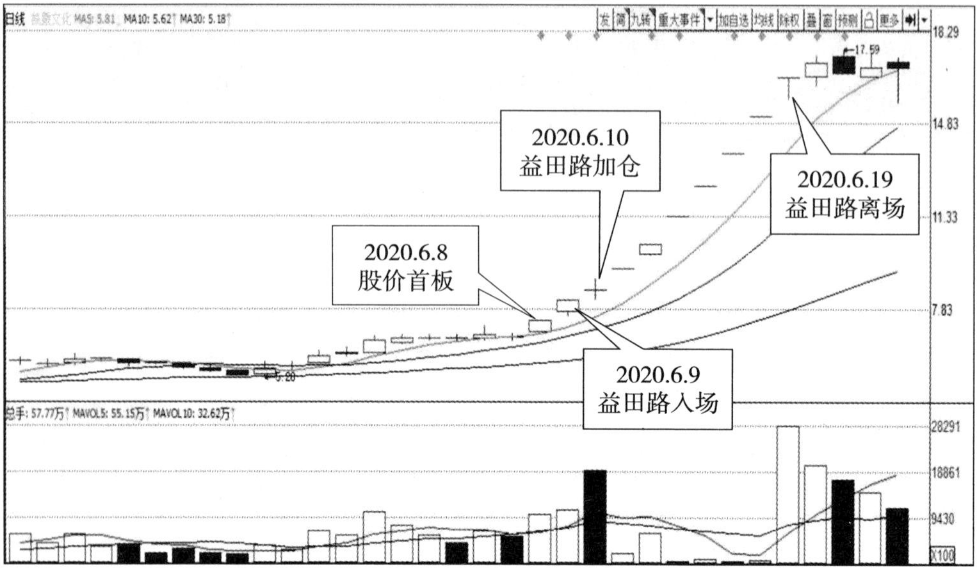

图 1–62　凯撒文化（002425）日 K 线走势图

从图 1–62 中可以看出，凯撒文化的股价自 2020 年 6 月 8 日启动上攻，并强势涨停。6 月 9 日，该股股价高开高走，并再度涨停，众多游资入场抢筹，益田路（华鑫证券深圳益田路）就是其中非常有代表性的一只。

6 月 9 日，该股形成第二个涨停板时，益田路强势入场买进了 1747.95 万元。

6 月 10 日，该股股价在盘中一度触及涨停，随后涨停板被砸开，股价最终没有回封涨停板。益田路在当日的交易有些冒险。当日，益田路没有将前日买入的股票全部卖出，只卖出了 403.33 万元，又买入了 2143.76 万元。说明益田路对该股后市的走势还是十分有信心的。当日，益田路手中还有 1400 多万元可以出货的筹码，但其选择了继续持仓。

其后，该股股价连续拉出涨停板，其中还有五个一字板，益田路没有任何操作，只是耐心地持股待涨。

6 月 19 日，该股股价早盘以涨停价开盘后，一路高位振荡直至下午才成功封板。益田路当日选择了出清筹码，卖出了 7121.41 万元。

整个交易持续了不足十个交易日，益田路总盈利额达到了 3633.03 万元，盈利幅度达到 28.28%，可谓获利相当丰厚。

第二章
2021 年游资炒作路线

2021 年同样是一个被新冠疫情扰乱的年份，与疫情有关的病毒检测、疫苗研发成为资金追踪的主要路线。与此同时，伴随着美国对中国高科技领域的层层加压，华为鸿蒙概念开始兴起，成为资金的宠儿。新能源汽车概念以及相关的锂电池、汽配等概念仍是 2021 年资金热炒的主线。

第一节　大盘走势与热点综述

对于疫情，A股市场在经历了2020年的大幅振荡后已经开始有些适应了，国民经济的各个行业也开始恢复。2021 年 A 股各大指数再度开始全面上行，特别是上证指数，继 2020 年出现 13.86% 的涨幅后，又实现了 4.8% 的涨幅，这是少有的强势表现。三大指数首次在历史上年线共同三连阳，其中深证成指更是历史首次年线三连阳。

A 股还在 2021 年创造了以下几个纪录。

第一，A 股在 2021 年的成交额超过了 2015 年，成为一段时间内的成交峰值。

第二，7 月 21 日至 9 月 29 日，沪深两市连续 49 个交易日成交额破万亿元，创下历史之最，超过 2015 年的连续 43 个交易日成交额破万亿元。而后，10 月 22 日至 12 月 24 日，沪深两市连续 46 个交易日成交额破万亿元。

第三，上证指数年内最高点为 3731.69 点，最低点为 3312.72 点，振幅为 12.06%，低于 2017 年的 13.98%，成为史上波动最小的一年。

第四，北向资金全年净流入 A 股 4321.7 亿元，超越 2019 年的 3517.43 亿元，创沪深股通开通以来的新高。

2021 年个股表现相对较好，剔除年内上市的新股后，两市“翻倍股”达 323 只（含新股在内为 563 只），两市有 63.93% 的个股实现年度上涨。从具体的股票涨幅来看，呈现出明显的不均衡状态，其具体分布如图 2-1

所示。

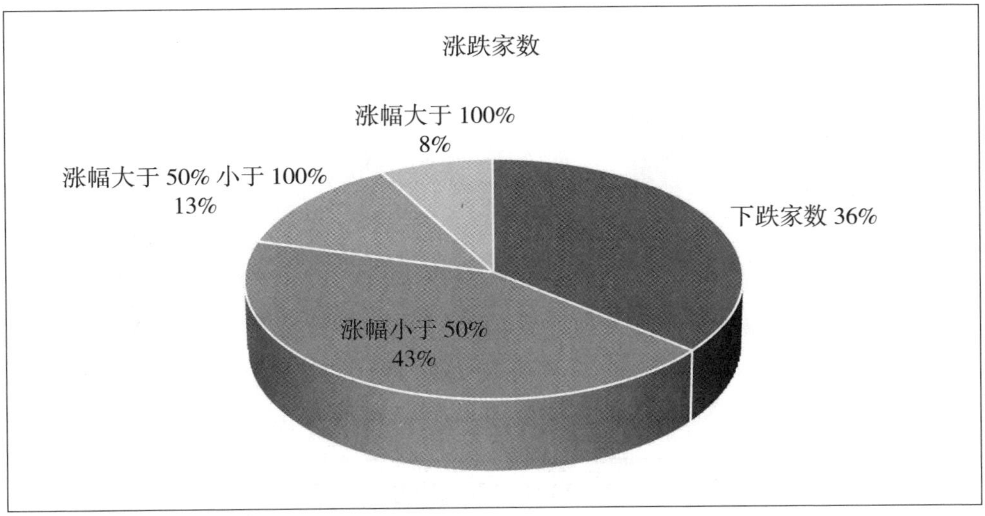

图 2-1　2021 年 A 股市场涨跌股票数量分布

一、飙涨的个股与游资

2021 年大盘出现了少有的强势走势，特别是能在 2020 年大幅上涨的基础上再度上攻，就显得尤其难得了。虽然疫情的影响仍在，但很多投资者对股市并不悲观，从 A 股市场的交易额上就能够看出来。

1. 翻倍股分布

从具体的概念板块方面来看，多个板块内走出了翻倍个股，其中排名前四位的板块，如图 2-2 所示。

从图 2-2 中可以看出，基础化工领域已经取代了 2020 年的医药生物板块，成为翻倍股的主要板块。即便如此，医药生物板块仍是第五大翻倍股板块，说明疫情已经不像 2020 年对市场的影响那么大了。与此同时，机械设备、电力设备与电子等三大行业仍是翻倍股的中坚板块，这与新能源概念炒作有一定的关系。

2. 涨幅前 24 名个股

2021 年，涨幅超过 3 倍的个股要比 2020 年少，共有 24 只，其具体涨幅和所属行业如表 2-1 所示。

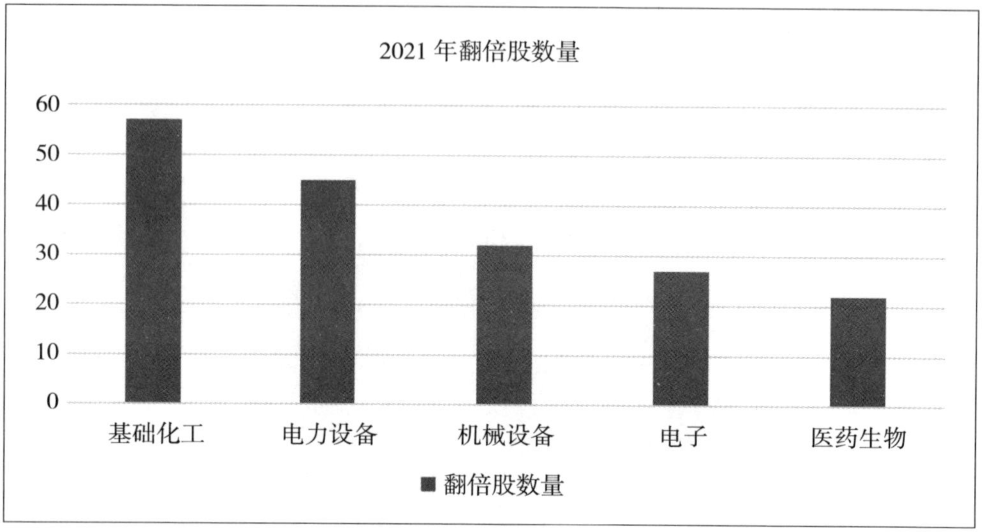

图 2-2　2021 年翻倍股分布情况

表 2-1　2021 年涨幅超过 3 倍的个股

股票名称	涨幅（%）	市值（亿元）	所属行业
湖北宜化	565.94%	191.36	基础化工
联创股份	488.93%	195.56	传媒
森特股份	471%	253.17	建筑装饰
江特电机	457%	148.79	电力设备
九安医疗	441%	184.39	医药生物
ST 德新	439.45%	29.94	交通运输
藏格矿业	411.86%	402.37	基础化工
ST 赫美	387.74%	45.89	商贸零售
精功科技	386.96%	58.4	机械设备
ST 众泰	370.37%	77.23	汽车
中锐股份	365.81%	21.76	轻工制造
永太科技	364.7%	69.15	基础化工
ST 新光	352.83%	225.46	机械设备
凤凰光学	351.01%	48.85	电子
京城股份	349.77%	36.05	机械设备
兆新股份	329.73%	23.03	公共事业

（续表）

股票名称	涨幅（%）	市值（亿元）	所属行业
大金重工	326.89%	149.38	电力设备
国科微	324.74%	122.53	电子
金刚玻璃	311.51%	32.26	建筑材料
西藏矿业	309.32%	99.52	有色金属
海源复材	306.75%	14.75	机械设备
西藏城投	305.15%	89.67	房地产
广宇发展（中绿电）	303.44%	208.04	房地产
盐湖股份	300.34%	923.57	基础化工

从表 2-1 中可以看出，2021 年股价翻 3 倍的个股主要分布在基础化工、医药生物、机械设备、电子、房地产领域，与翻倍股的分布情况大致相近。还可以看出，基础化工概念在全年的走势还是非常强的。从各只股票的市值来看，多数股票的市值在 100 亿元以内，也有个别“大象股”实现了股价的暴涨。与 2020 年的情况相比，2021 年翻 3 倍股票的整体市值更小。

3. 最活跃的游资营业部

对于各路游资来说，2021 年是极不平凡的一年。很多游资在这一年里实现了资金的快速增长，这与大盘向好有直接相关。

2021 年最为活跃的 10 家营业部及游资，如表 2-2 所示。

表 2-2　2021 年交易最活跃的 10 大营业部

序号	营业部名称	常用该营业部游资
1	西藏东方财富证券股份有限公司拉萨团结路第二证券营业部	被认为属于散户大本营。东方财富网开户常用的营业部，是雪球大 V 常常推荐的营业部，也有一些游资混迹其中
2	华鑫证券有限责任公司上海分公司	量化打板资金
3	华泰证券营业总部	量化基金
4	招商证券交易单元	未知
5	中国国际金融股份有限公司上海黄浦区湖滨路证券营业部	量化基金

（续表）

序号	营业部名称	常用该营业部游资
6	西藏东方财富证券股份有限公司拉萨东环路第一证券营业部	同拉萨团结路第二营业部
7	中国国际金融股份有限公司上海分公司	无
8	西藏东方财富证券股份有限公司拉萨东环路第二证券营业部	同拉萨团结路第二营业部
9	西藏东方财富证券股份有限公司拉萨团结路第二证券营业部	同拉萨团结路第二营业部
10	国泰君安股份有限公司上海江苏路证券营业部	章盟主

表 2-2 中列出的是 2021 年最活跃的 10 大营业部。与 2020 年相比，最大的变化在于大量的量化基金入局，将很多游资挤出了前十名的位置。原有的游资大佬只有章盟主常用的国泰君安上海江苏路还在榜。从中可以看出，越来越多的资金（规模较大的资金）开始采用游资的打法，通过超短线、追击涨停板的方式进行盈利。这是整个市场操作风格的转变，也反映出 A 股市场的投机气氛相对较浓。

二、影响股票市场的热点事件

一些意料之中的和意料之外的事件，搅动着整个 A 股市场的走势。利好与利空消息的叠加，共同促成了 2021 年 A 股的振荡上行之路。整个 2021 年，发生了很多意义特别重大的事件，下面列举了其中比较有代表性的，对 A 股影响比较大的事件。这些事件对游资炒作股票也同样有着非常重大的影响。

1. 超级绩优股集体冲高回落

自 2020 年开始，价值投资观念开始在普通投资者群体中大放异彩。超级绩优股以及以绩优股为主要持仓的基金获得了众多股民和基民的热烈追捧。这本是十分正常的事，但由于散户群体过于庞大，造成了持续的追涨和买入，带动了众多公募基金和超级绩优股价格走高。2021 年 2 月，众多超级绩优股和公募基金迎来了最近几年的阶段高点。

2. IPO 数量和募资金额创新高

在注册制改革的持续推动下，2021 年 A 股迎来 IPO 大年。相关数据显示，

2021 年共有 523 家公司登陆 A 股，包括创业板 199 家、主板 121 家、科创板 162 家和北交所 41 家，合计募资 5436 亿元，IPO 数量和募资金额都创出了历史新高。

2020 年，A 股 IPO 企业为 437 家，全年募集资金总额 4806 亿元。2021 年，IPO 企业数量和募资金额分别同比增长 20% 和 13%。

3. 北交所登陆

11 月 15 日，北交所正式开市，这是我国资本市场改革发展的又一个重要标志性事件。

北交所的定位与沪深交易所有所不同，与沪深交易所错位发展，聚焦服务创新型中小企业，给予“专精特新”企业机会，在企业创业成长过程中最需要帮助的时候，提供直接融资的机会。

4. 中概股加速回归

2021 年，美国不断打压中概股，致使股价下挫，资管巨头清仓，中概股的压力持续增大。在这一年内不少公司选择回港、回 A 或私有化。

与 A 股 2021 年 IPO 大热表现相比，2021 年美股市场 IPO 的中国企业则明显少了很多。中美两国监管日益严格，令中资赴美 IPO 的热度下降。

5. 新股频频破发

10 月 22 日，创业板新股中自科技上市首日收跌 6.87%，成为注册制下年内第一只首日破发的新股，也是注册制试点改革以来第二只破发的新股，第一只是 2019 年 12 月 4 日上市的建龙微纳。

自此开始，连续 7 个交易日均出现了新股破发，其中，成大生物上市首日大跌超两成，这标志着“新股不败”时代的彻底终结。

6. 成交量突破万亿渐成常态

2021 年，A 股日成交额破万亿渐成常态。

7 月 21 日，沪深两市成交额突破万亿元。至 9 月 29 日，两市成交额连续 49 个交易日破万亿，创下 A 股市场成交破万亿最长纪录，同时也成功刷新全年成交额的新纪录。

10 月 22 日至 12 月 26 日期间，两市成交额连续 46 个交易日破万亿。

2021 年，A 股有 149 个交易日的日成交额超过万亿元，占到年内总交易日的六成以上。对比前两年的数据，2020 年和 2019 年全年对应的万亿成交的天数分别仅有 48 天和 11 天。

7. 退市将成为新常态

2021 年 11 月 19 日，沪深交易所分别发布了退市监管指南，对营业收入扣除标准进行明确，即细化贸易、类金融业务扣除要求；规范“稳定业务模式”判断标准；明确将非正常交易合并取得的收入进行扣除。

整个 2021 年有超过 20 家企业完成退市。壳公司过去通过变卖资产的保壳“套路”彻底行不通了。

三、2021 年主要概念炒作时间线

2021 年，尽管整个大盘的涨幅并不是很大，但不妨碍个股的精彩表现。对于游资而言，2021 年又是一个丰收之年，贯穿全年的新能源汽车概念，上半年的碳中和概念，下半年的元宇宙、鸿蒙概念、新冠检测概念等，各类概念题材轮番表演，精彩纷呈，更是出现了几波强势做多行情，有利于游资“一展拳脚”。

2021 年全年主要概念炒作时间分布图，如图 2-3 所示。

从图 2-3 中可以看出，2021 年主要炒作的概念包括以下几类。

1. 与新能源汽车相关的概念

新能源汽车概念的炒作，延续了 2020 年的强势，并得到了进一步强化。2021 年，新能源汽车概念所属的动力电池概念、汽车零部件概念表现得非常抢眼。华为汽车为新能源汽车炒作又添了一把火。

2. 新能源相关概念

这是近年被资金频繁炒作的一个概念。与 2020 年相似，在具体操作过程中，以光伏、风电、核电、电源设备、电网设备等为主。新能源相关概念是一个能够持续若干年的炒作概念。最近几年，每隔一段时间，市场上就会有一波相关概念题材的炒作浪潮。

3. 与疫情相关的概念

相比于 2002 年的茫然无绪，2021 年，我国的新冠疫情得到了一定的控制。

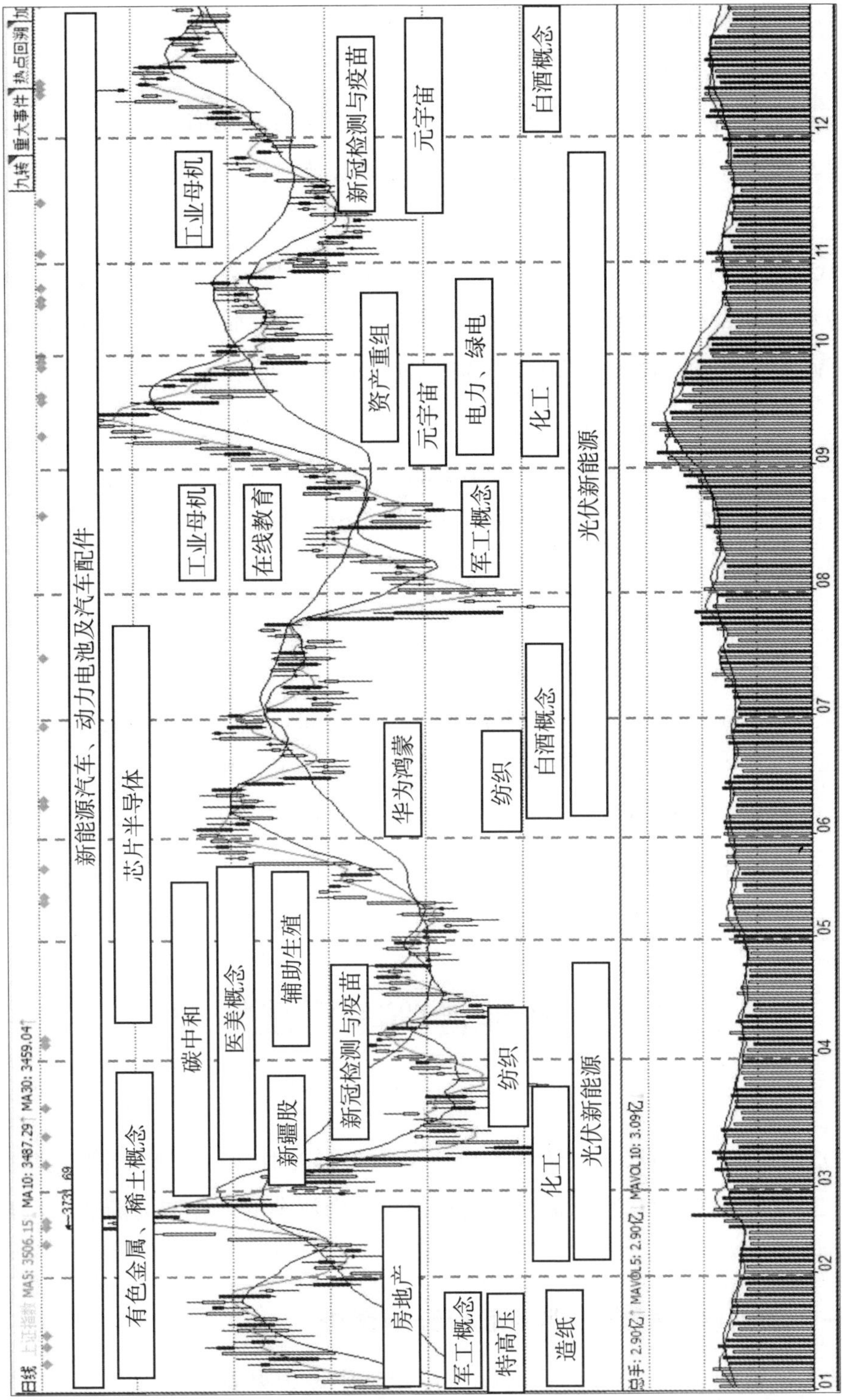

图 2-3　2021 年全年主要概念炒作时间分布图

市场对新冠疫情的炒作，主要围绕新冠病毒检测和新冠疫苗展开。

4. 半导体芯片相关概念

延续前一年炒作的概念，还将在未来进一步炒作。随着国家对相关领域的重视，投入金额的增加，半导体芯片相关概念还会被资金经常性地炒作。

5. 碳中和概念

2021 年 3 月 5 日，国务院政府工作报告中指出，扎实做好碳达峰、碳中和各项工作，制订 2030 年前碳排放达峰行动方案，优化产业结构和能源结构。碳中和概念一度成为 2021 年热炒的一个关键词。

6. 军工概念

通常来说，地缘政治紧张时，军工股票会成为资金追逐的目标。不过，从以往的股票走势来看，军工板块的炒作持续性都不算太强，一波行情持续的周期也相对较短。

7. 其他概念

每年都会有一些新兴概念题材被大幅炒作，有些题材持续的时间可能长一些，会达到两到三个月，有些题材持续的时间短一些，可能也就几天。2021 年比较有代表性的题材包括工业母机、医美、元宇宙、化工等概念。尽管每年都有重组股票被热炒，但 2021 年的重组概念，特别是涉足一些特殊领域的，如芯片、白酒领域的重组，更是获得了更高的市场关注。

第二节　新能源汽车再续辉煌

2021 年，新能源汽车概念仍是全年最为火爆的概念。与 2020 年的炒作不同，2021 年，动力电池概念、汽配概念、华为汽车的炒作成为新能源汽车炒作的核心。

一、动力电池概念：兆新股份狂飙突进

动力电池概念是 2021 年新能源汽车概念中最为火爆的概念之一。动力

电池是新能源汽车的核心部件，目前锂电池是新能源汽车电池的主流，所以锂离子电池产业链常常成为市场炒作的热点。当然，锂电池产业链与新能源汽车产业链会有一定的重合。

锂电池产业链大致分为上游、中游与下游等三个环节，如图 2-4 所示。

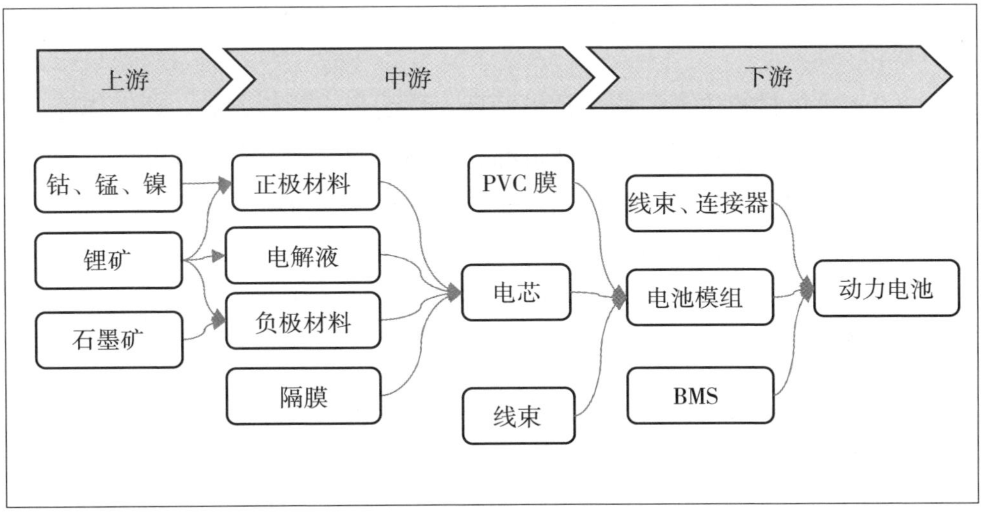

图 2-4　锂电池产业链

上游：矿产资源

金属矿产是锂电池的主要原料。随着新能源汽车行业的发展，对相关金属矿产的需求越发迫切。2020 年至 2022 年期间，相关金属矿产的价格经历了一波大幅上涨走势，很多“家中有矿”的企业赚了个“盆满钵满”。

1. 锂矿资源

目前，锂矿资源的集中度相对较高。国内上市公司中，天齐锂业、赣锋锂业手中握有的锂矿资源最为丰厚；其次，盛新锂能也能提供一定的锂矿资源，盐湖股份、西部矿业等企业也有一定量的锂矿资源供给。兆新股份下属的上海中锂，拥有年产 8000 吨电池级锂盐产品的车间。柘中股份则因持有容汇锂业 2000 万股股份，成为锂电池概念股。

2. 钴、锰、镍资源

这类矿产资源的生产厂商包括洛阳钼业、华友钴业、格林美、吉恩镍业、中国中冶、寒锐钴业等。

3. 石墨矿资源

拥有石墨矿产比较丰富的上市公司包括方大炭素、德尔未来、宝泰隆、新华锦等。

中游：生产电池等各类原料

（1）正极材料生产厂商包括容百科技、当升科技、厦门钨业、佛山照明、杉杉股份等。

（2）负极材料生产厂商包括贝特瑞、璞泰来、杉杉股份、翔丰华等。

（3）电解液生产厂商包括新宙邦、广州天赐、多氟多、江苏国泰等。

（4）隔膜生产厂商包括星源材质、中材科技、沧州明珠等。

（5）电芯生产厂商包括宁德时代、比亚迪、国轩高科等。

（6）另外还有电池设备生产企业，先导智能、赢合科技也是值得关注的。

下游：电池模组与动力电池

（1）电池模组生产商主要包括宁德时代、比亚迪等。

（2）BMS（电池管理系统）生产厂商包括比亚迪、德赛电池、欣旺达、均胜电子、国轩高科等。

兆新股份的股价走势情况，如图 2-5 所示。

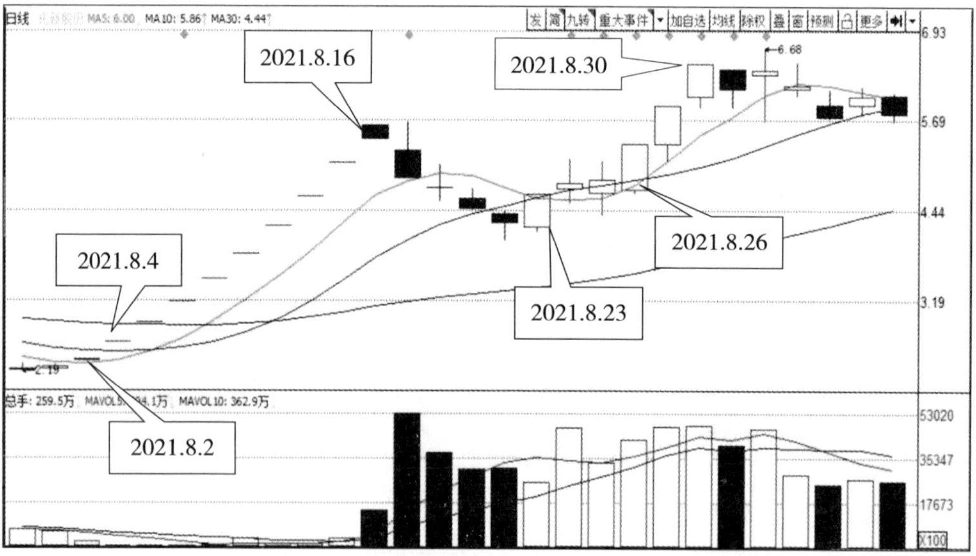

图 2-5　兆新股份（002256）日 K 线走势图

从图 2-5 中可以看出，兆新股份的股价自 2021 年 8 月 2 日开始一字板上攻。此时股价的上攻主要受该股摘帽的影响，并叠加了锂电池概念。由于股价第一波上攻完全以一字板形式上攻，成交量极为稀少，有幸参与进去的游资只能买到数量不多的股票。

8 月 16 日，该股股价终结了一字板，随后立即转入下行通道。这与很多一字板股票的走势极为相似。即多数以一字板形式上攻的股票，一旦涨停板被打开，且无力回封，往往意味着股价即将转入下行通道。

8 月 23 日，该股股价终结了下跌趋势，再度以涨停板报收。此后，该股股价掀起了第二波上攻狂潮，这就比较符合龙头股的走势特征了，毕竟只有龙头股才会有“第二春”。

在第二波上攻过程中，伴随着成交量的急剧放大，很多游资都参与进来了，其中以杭州上塘路最具代表性。杭州上塘路的交易记录，如表 2-3 所示。

表 2-3　杭州上塘路交易兆新股份的龙虎榜数据

日期	买入金额（万元）	卖出金额（万元）
2021.8.26	5810.78	74.37（可忽略）
2021.8.27	5217.97	6126.74
2021.8.30	7155.69	710.77
2021.8.31	2305.49	6953.84
2021.9.1	487.91	3534.47

从杭州上塘路的交易过程来看，明显存在先盈后亏的情况。在 8 月 30 日及以前，该股股价延续涨停态势时，杭州上塘路的交易是比较成功的。特别是在 8 月 27 日，杭州上塘路成功地做了一个“T”，让盈利额度得到了放大。8 月 30 日，该股股价再度涨停，可能杭州上塘路对后市过于乐观，并未将之前的筹码全部卖出，且加大了买入力度。

8 月 31 日，该股股价并未涨停，股价的走低蚕食了杭州上塘路之前的盈利。

二、汽配概念：从沪光股份到广东鸿图

汽配概念指的是汽车零部件，是一个涉及非常广泛的概念。多数普通燃油车的零部件可以直接应用或者稍加改动应用于新能源汽车领域。因此，汽

配概念在新能源汽车概念热炒的推动下，出现了多次炒作行情。

1. 沪光股份七连板

沪光股份是一家以汽车高低压线束的研发、生产与销售为主营业务的企业。该企业与华为汽车、理想汽车、特斯拉以及大众汽车等车企都有深层次的合作，属于典型的汽配概念股。

沪光股份的价格走势情况，如图 2-6 所示。

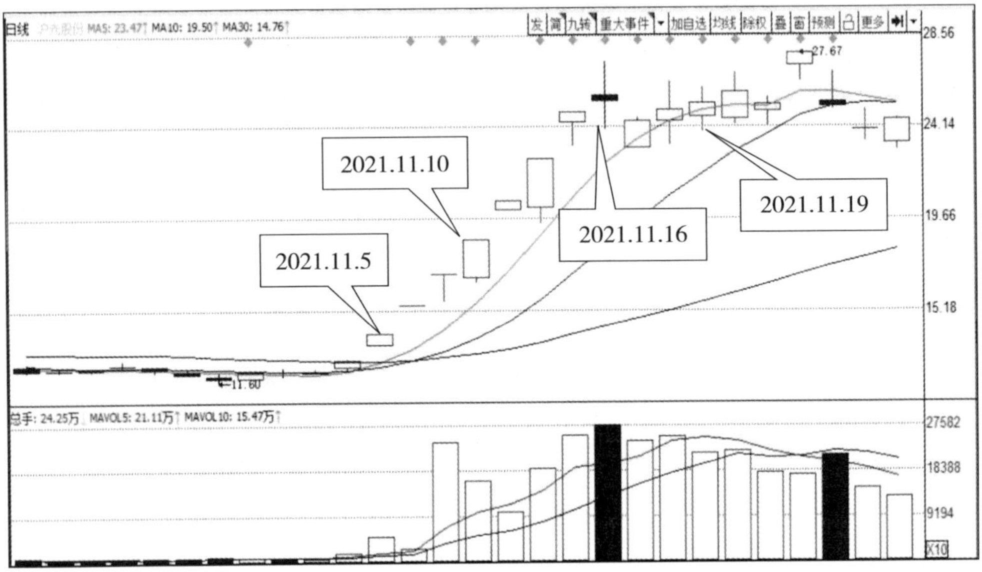

图 2-6　沪光股份（605333）日 K 线走势图

从图 2-6 中可以看出，受新能源汽车配件概念热炒的影响，沪光股份的股价自 2021 年 11 月 5 日开启涨停模式。不过，在股价涨停的前几个交易日，各路参与的游资显得非常谨慎，基本上是“超短线交易”。11 月 10 日是一个分界点，当该股股价走出第四个涨停板时，很多游资看到沪光股份有成为龙头的希望，于是纷纷入场加仓该股。几路游资的交易记录，如表 2-4 所示。

表 2-4　知名游资操作沪光股份的交易记录

游资（营业部）	交易时间	买入金额（万元）	卖出金额（万元）
宁波桑田路	2021.11.8	461.4	
	2021.11.9		486.03

（续表）

游资（营业部）	交易时间	买入金额（万元）	卖出金额（万元）
（猪肉荣） 华泰证券深圳益田路荣超商务中心	2021.11.8	461.4	
	2021.11.9		486.03
作手新一 （国泰君安南京太平南路）	2021.11.10	1368.71	——
	2021.11.11	2076.39	——
	2021.11.12	——	1269.12
	2021.11.15	1512.57	2751.55
	2021.11.16	——	1193.07
	2021.11.18	1890.37	——
	2021.11.19	——	1891.41

从表 2-4 中可以看出，宁波桑田路和华泰益田路荣超商务中心入场较早，投入的金额不大。毕竟股价在启动初期，大家对股价能走多远的信心不是很足。11 月 10 日，该股走出第四个涨停板时，作手新一入场了，作手新一入场的金额要远远高于宁波桑田路。11 月 11 日，该股股价走出第五个涨停板，作手新一再度加仓。纵观作手新一的交易过程，仍以短线高频交易为主，先前出现了一定的盈利，后期盈利有所减少，但从整个交易来看，还是实现了一定的盈利。

大部分游资的交易与普通投资者想象的并不一样。游资的每笔交易并不是都能实现大幅盈利，更多的交易都是小亏小赢收场，他们只要在一段时间内整体上实现资金增加就可以了。只要整体上能够盈利，哪怕很少，假以时日，盈利也会滚的很大。这就是资金的复利效应。

2. 长华集团 6 连板

长华集团是一家以汽车金属零部件的研发、生产、销售为主营业务的企业，该公司目前已经布局了轻量化铝合金压铸的相关业务，属于典型的汽车零部件概念股。该公司与各大新能源汽车企业也有着深厚的合作关系，属于典型的新能源汽车概念股。

长华集团的日 K 线走势情况，如图 2-7 所示。

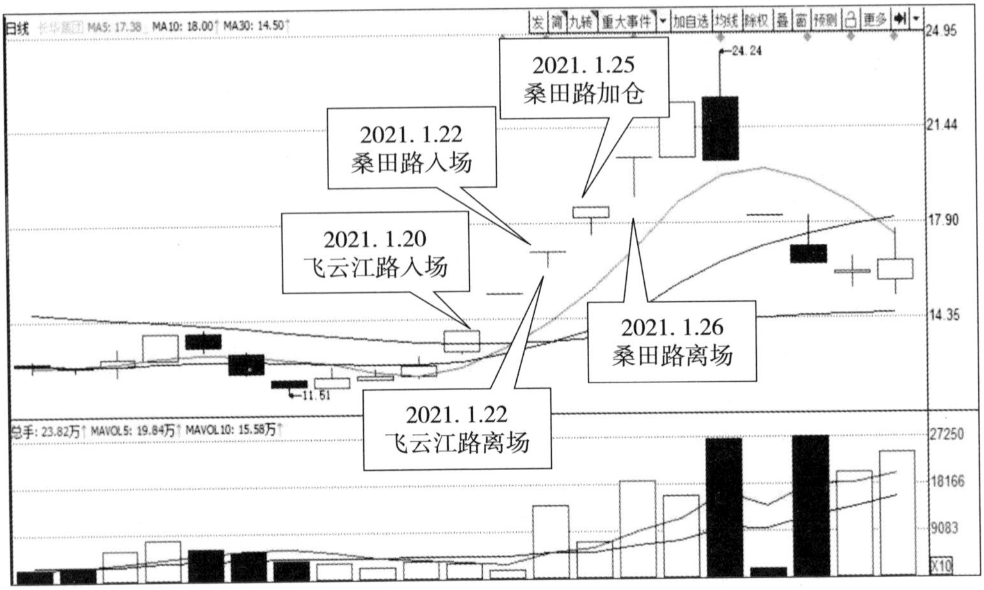

图 2–7　长华集团（605018）日 K 线走势图

从图 2-7 中可以看出，长华集团（当时股票名称为长华股份）的股价自 2021 年 1 月 20 日启动了强势上攻。在股价上攻的过程中，一口气连续拉出 6 个涨停板。不过，从交易记录来看，没有任何一路游资能够将筹码从头拿到尾。

从龙虎榜交易数据来看，飞云江路和桑田路的交易记录比较有代表性。1 月 20 日，该股股价启动伊始，飞云江路率先入场。1 月 21 日，该股一字涨停，飞云江路选择持股待涨。1 月 22 日，飞云江路将手中筹码出清，完成了一次成功的交易。与此同时，宁波桑田路选择了买入操作。1 月 25 日，桑田路再度买入。1 月 26 日，尽管股价再度涨停，但桑田路还是选择了出货，实现了较高的盈利水平。

通过各路游资之间的接力与换手，将股价逐渐推升至高位，是很多龙头股形成的原因。如果没有资金再愿意入场接力，就意味着股价上升趋势的终结。

三、华为汽车概念：赛力斯风云再起

2021 年是华为概念全面爆发的一年，华为海思概念、华为鸿蒙概念、华为汽车概念轮番表现。很多企业只要沾了一点华为的边，就受到资金的拼命追捧。当然，游资也不一定是真的因为看好这只股票，只是此时的人气可用，他们也就顺水推舟，将股价拉升起来。至于以后股价还能否上攻，他们并不关心。

在众多华为企业概念股中，赛力斯是最为正宗的，赛力斯是与华为汽车全面合作的企业。正因如此，赛力斯在 2020 年就掀起过炒作浪潮（赛力斯当时还叫小康股份）。到了 2021 年，华为汽车概念再度热炒，赛力斯一马当先，风云再起。

赛力斯在 2021 年的股价走势情况，如图 2-8 所示。

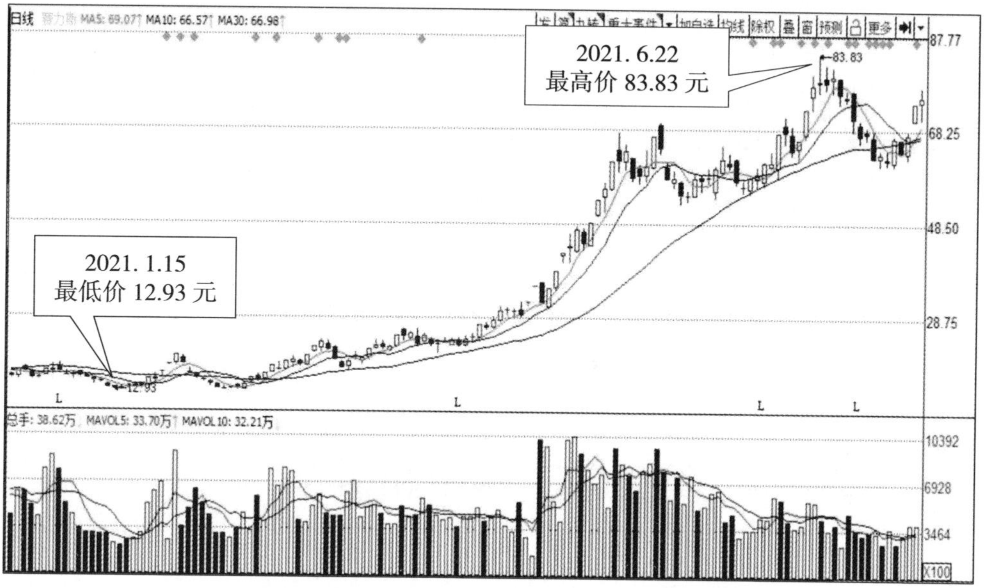

图 2-8　赛力斯（601127）日 K 线走势图

从图 2-8 中可以看出，在华为汽车概念热炒的刺激下，赛力斯的股价在 2021 年的上半年从最低价 12.93 元，一路振荡上升至 83.83 元，股价翻了 7 倍有余。由此可见，市场对华为汽车概念的偏爱。

在股价上攻过程中，众多游资参与了该股的炒作，几乎所有知名的游资都曾出现在该股的龙虎榜上。

比如 4 月 27 日的龙虎榜就有多路游资的身影，如图 2-9 所示。

从图 2-9 中可以看出，在 2021 年 4 月 27 日的龙虎榜上，可以看到北京中关村、方新侠、招商深东南、西湖国贸、作手新一等诸多游资。从交易金额还可以看出，各路游资的交易金额都比较大，动辄达到五六千万元，甚至上亿元。

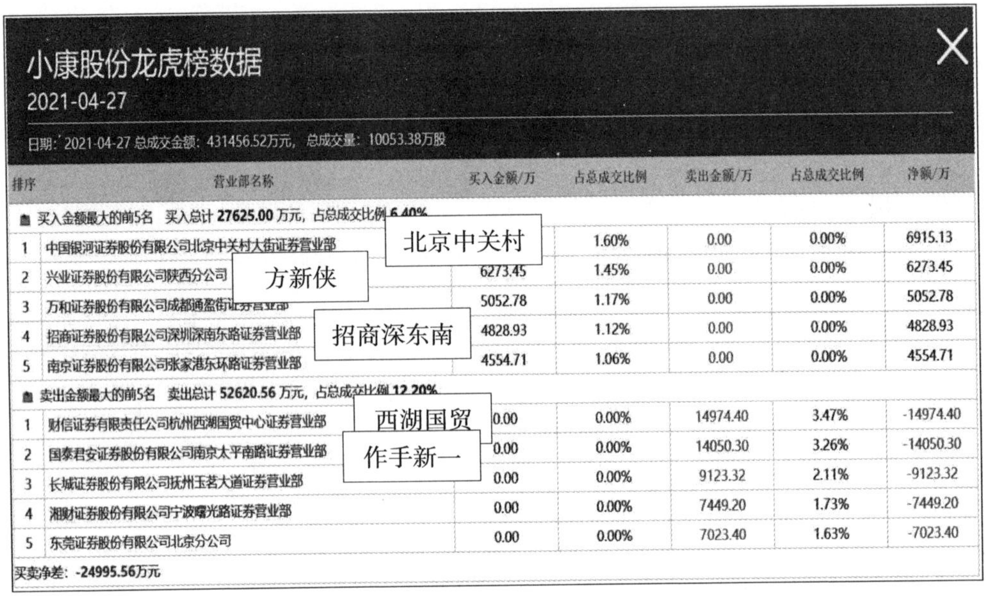

小康股份龙虎榜数据

2021-04-27

日期：2021-04-27 总成交金额：431456.52万元，总成交量：10053.38万股

排序	营业部名称	买入金额/万	占总成交比例	卖出金额/万	占总成交比例	净额/万
买入金额最大的前5名 买入总计 **27625.00** 万元，占总成交比例 **6.40%**						
1	中国银河证券股份有限公司北京中关村大街证券营业部	[illegible]	1.60%	0.00	0.00%	6915.13
2	兴业证券股份有限公司陕西分公司	6273.45	1.45%	0.00	0.00%	6273.45
3	万和证券股份有限公司成都通盈街证券营业部	5052.78	1.17%	0.00	0.00%	5052.78
4	招商证券股份有限公司深圳深南东路证券营业部	4828.93	1.12%	0.00	0.00%	4828.93
5	南京证券股份有限公司张家港东环路证券营业部	4554.71	1.06%	0.00	0.00%	4554.71
卖出金额最大的前5名 卖出总计 **52620.56** 万元，占总成交比例 **12.20%**						
1	财信证券有限责任公司杭州西湖国贸中心证券营业部	0.00	0.00%	14974.40	3.47%	-14974.40
2	国泰君安证券股份有限公司南京太平南路证券营业部	0.00	0.00%	14050.30	3.26%	-14050.30
3	长城证券股份有限公司抚州玉茗大道证券营业部	0.00	0.00%	9123.32	2.11%	-9123.32
4	湘财证券股份有限公司宁波曙光路证券营业部	0.00	0.00%	7449.20	1.73%	-7449.20
5	东莞证券股份有限公司北京分公司	0.00	0.00%	7023.40	1.63%	-7023.40

买卖净差：**-24995.56**万元

图 2–9　小康股份（赛力斯 601127）龙虎榜数据（2021.4.27）

第三节　碳中和概念

碳中和是一个庞大的工程，涉及的产业和环节非常多，非常庞杂。从大的方向上来说，只要有助于“节能减排”的企业，都可以归类进入“碳中和”概念范畴。从具体的分类来看，“碳中和”可以细分为以下几个领域，如图 2–10 所示。

概括起来说，碳中和产业链中最核心的环节就是图 2–10 中的四个板块。

板块一：能源替代

随着全球经济的发展、人口的增加，能源消耗的增加是不可避免的。因而，用低碳的新能源取代传统的高碳能源，是未来的主要趋势。因此，以太阳能、风能、水力发电、核电等为代表的新能源，势必成为未来一段时间内的重点

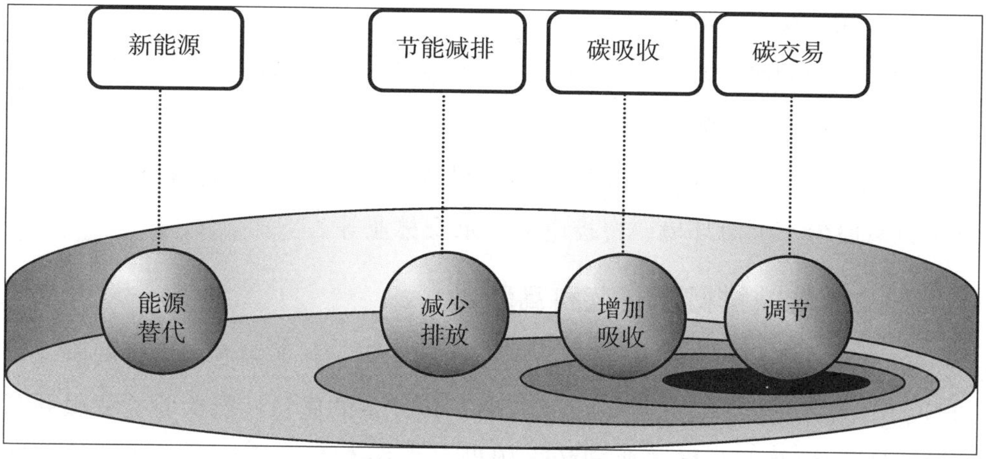

图 2-10　碳中和产业链

发展方向。

相关产业内的企业以及这些企业上游的设备生产商都将成为受益方，该领域内的上市公司包括但不限于隆基绿能、金风科技、太阳能、天合光能、华能水电、中国广核、三峡能源、阳光电源等。

板块二：节能减排

全世界从传统能源转向新资源不会在一夜之间实现。在一段时间内，传统能源仍处于主导地位。为了降低碳排放，就必须加大对传统能源消耗产业的改造力度，降低碳排放。

越是传统能源的消耗大户，越可能成为节能减排的重点对象。传统的电力、钢铁、水泥、化工、机械等产业，越需要节能减排，受益最为明显的是为这些企业提供节能减排设备以及技术支持的环保类企业。

比较有代表性的企业包括海螺水泥、华菱钢铁、包钢股份、河钢股份、中信重工、龙源技术、万华化学、东方电气、徐工机械、中国中车、中材节能、同兴环保、盾安环境、名家汇、雪迪龙等。

板块三：碳吸收

发展森林碳汇、碳捕获、碳存储及减少碳的排放，是碳中和的一个战略方向。林业将是碳吸收的主要受益板块，受益标的包括启迪环境、洛阳纸业、青山纸业、泉阳泉、永安林业、美利云、福建金森、远达环保、平潭发展、中材节能等。

板块四：碳交易

将二氧化碳排放权作为一种商品，形成碳排放交易市场，有助于各家企业有意识地降低碳排放量。

碳交易受益标的包括但不限于蓝晓科技、三峡能源、华自科技、凯美特气、杭氧股份、上海环境、晋控电力、永安林业等。

一、节能减排概念：蓝科高新

蓝科高新是国机集团旗下的一家以石油石化、新能源专用设备的研发、设计、生产、安装、技术服务以及石油石化设备的质量性能检验检测服务等为主营业务的企业，属于典型的专用设备生产企业。该公司生产的热交换器等相关产品具有节能降耗的功能，氢能装置中的二氧化碳回收技术可以做到零排放。在碳中和大背景下，该公司具有了典型的节能减排概念和碳中和概念。

蓝科高新的股价走势情况，如图 2-11 所示。

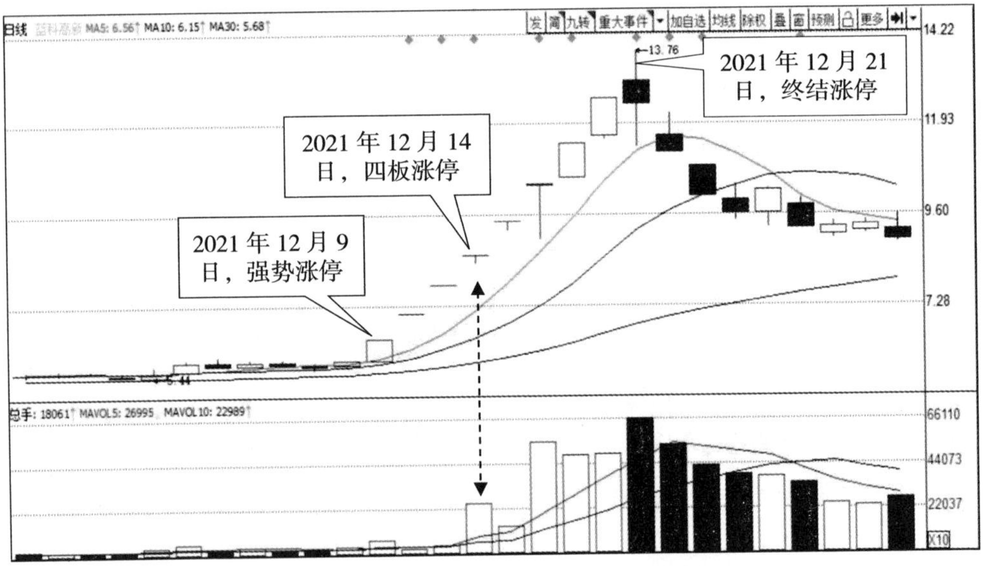

图 2-11　蓝科高新（601798）日 K 线走势图

从图 2-11 中可以看出，受碳中和概念利好的刺激，蓝科高新的股价自 2021 年 12 月 9 日掀起了一波快速上升走势。该股股价曾一度拉出 8 个涨停板，一时风光无二。期间有一些知名游资参与其中，比如飞云江路（华鑫证券杭州飞云江路）、陈小群（中国银河证券大连黄河路）、炒股养家（华鑫证券上海茅台路）等。

从整体上来看，知名游资参与的热情并不高，各路游资投入的金额也不大。究其原因，在于股票本身的流通盘过小。蓝科高新的总股本为 3.55 亿元，启动前每股股价不足 6 元。也就是说，该股的总市值不足 20 亿元，而且排名靠前的几个大股东持股将近 65%，市面上真正能够流通的股票数量并不多。很多游资非常担心入手后，因流通股过低，很难出货。这是该股很难吸引大量游资入场的原因所在。

二、绿色电力概念：顺控发展

顺控发展是佛山顺德国资委旗下的企业，主营业务为自来水制售和垃圾焚烧发电，并拥有顺德区内特许经营权。其垃圾焚烧发电业务占营业收入比重的三分之一左右，属于典型的绿色电力概念股票。

该公司自 2021 年 3 月 8 日上市伊始就受到了众多资金的追捧，股价一路走高。该股的日 K 线走势情况，如图 2-12 所示。

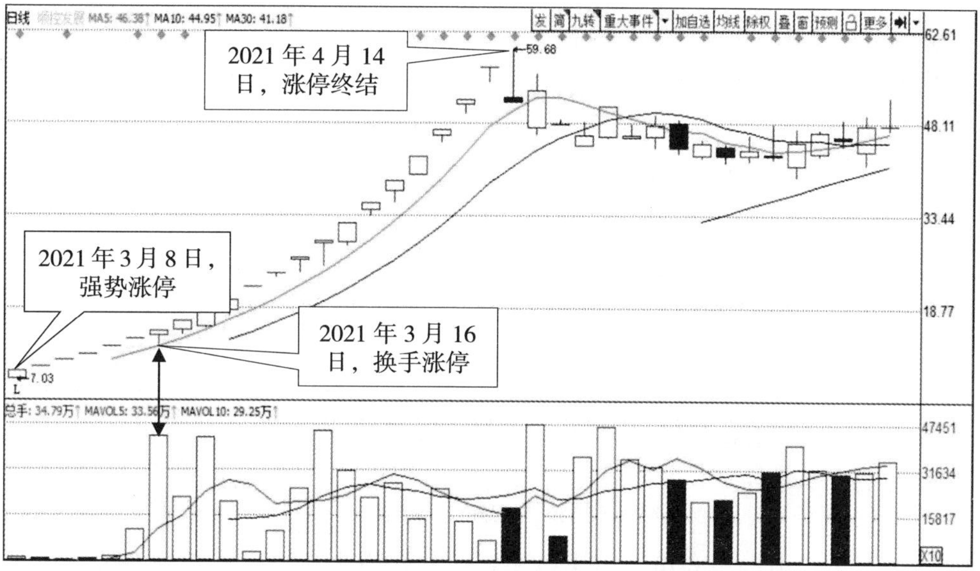

图 2-12　顺控发展（003039）日 K 线走势图

从图 2-12 中可以看出，顺控发展的股价自 2021 年 3 月 8 日上市后，借着新股与碳中和概念的东风，股价出现连续 22 个涨停板的奇观。在该股股价涨停过程中，多路游资都参与其中，收获了该股涨停的红利。

表 2-5 列出了部分游资的交易记录，仅供参考。

表 2-5　游资交易顺控发展的龙虎榜数据

游资（营业部）	交易时间	买入金额（万元）	卖出金额（万元）
东亚前海上海分公司证券	2021.3.10	278.57	——
	2021.3.15	——	407.94
西湖国贸（财信证券杭州西湖国贸中心）	2021.3.15	957.42	——
	2021.3.16	——	1035.14
	2021.3.30	1593.54	100.38
	2021.4.2	——	1591.13
苏南帮（华泰证券南京江宁天元东路）	2021.3.17	932.54	3.06（忽略）
	2021.3.26	1450.32	231.47
	2021.4.1	1152.94	1536.37
	2021.4.2	21.64	1348.92
	2021.4.6	1213.44	3150.61
	2021.4.21	85.37	2201.8
宁波桑田路	2021.3.24	1335.43	78.10
	2021.3.25	21.62	1537.35
益田路	2021.3.24	1770.73	59.76
	2021.3.25	1645.54	85.85
	2021.3.26	1099.81	420.52
	2021.3.29		
	2021.4.14	130.07	4960.64
交易猿（华泰证券天津东丽开发区二纬路）	2021.3.30	2868.68	40.84
	2021.3.31	——	290
	2021.4.1	1982.77	1929.07
	2021.4.15	81	4472.06

从表 2-5 中可以看出，由于该股涨停持续时间较长，参与的游资或多或少都有不错的斩获。4 月 14 日最后一个涨停之前持仓时间越长，收益越大。

三、碳吸收概念：福建金森

碳吸收领域更多的与林业、造纸板块有关。福建金森就是其中比较有代表性的一只。

福建金森拥有森林面积近 80 万亩，该公司利用部分自有林地开发林业碳汇并获得一定收益。该公司的全资子公司福建金森碳汇科技有限公司对外承揽清洁发展机制（CDM）的服务与咨询、中国自愿核排（CCER）项目开发等业务。从业务上来看，福建金森属于典型的碳吸收概念股。

福建金森的日 K 线走势，如图 2-13 所示。

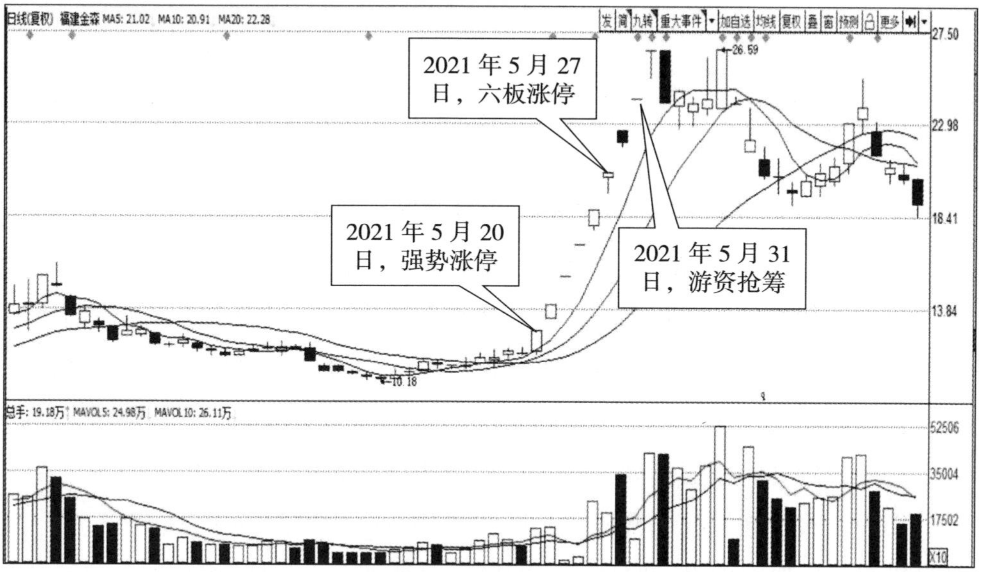

图 2-13　福建金森（002679）日 K 线走势图

从图 2-13 中可以看出，福建金森的股价在 2021 年 5 月中旬前的一段时间内，一直处于振荡下行走势，股价大部分时间位于 11 元左右。

2021 年 5 月中旬，碳中和、碳吸收概念成为市场热炒的概念。福建金森因自身概念与之相符，且盘子较小，成为资金重点攻击的目标。2021 年 5 月 20 日，该股股价突然发力上攻，并强势涨停。此后，该股股价连续拉出多个涨停板，成为碳中和、碳吸收概念的龙头股。

在福建金森上涨初期，并没有太多的知名游资介入，5 月 27 日以后，才陆续有多路知名游资介入。比如，在 5 月 31 日的龙虎榜上，出现了很多知名游资的身影，如图 2-14 所示。

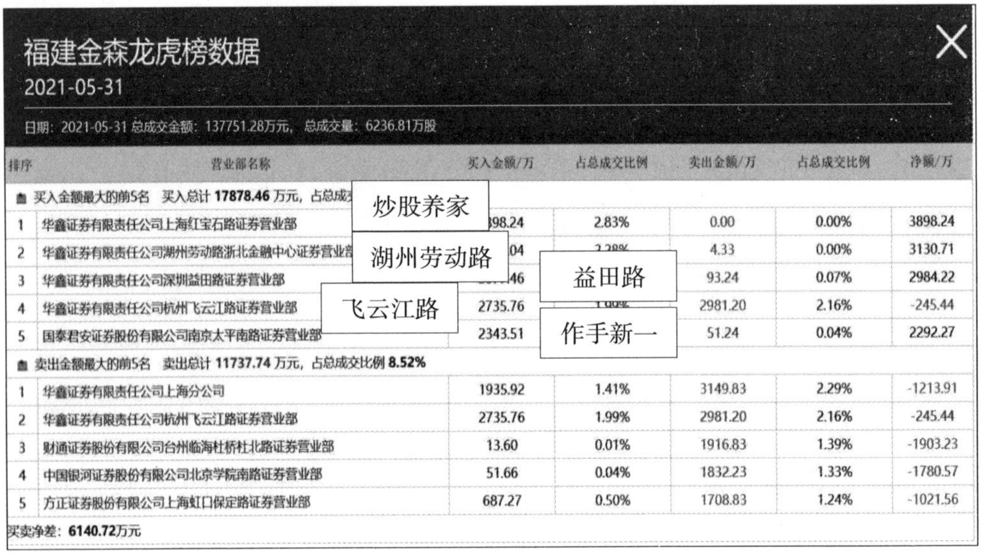

福建金森龙虎榜数据
2021-05-31

日期：2021-05-31 总成交金额：137751.28万元，总成交量：6236.81万股

排序	营业部名称	买入金额/万	占总成交比例	卖出金额/万	占总成交比例	净额/万
买入金额最大的前5名　买入总计 **17878.46** 万元，占总成[illegible]						
1	华鑫证券有限责任公司上海红宝石路证券营业部	[illegible]	2.83%	0.00	0.00%	3898.24
2	华鑫证券有限责任公司湖州劳动路浙北金融中心证券营业部	[illegible]	[illegible]	4.33	0.00%	3130.71
3	华鑫证券有限责任公司深圳益田路证券营业部	[illegible]	[illegible]	93.24	0.07%	2984.22
4	华鑫证券有限责任公司杭州飞云江路证券营业部	2735.76	[illegible]	2981.20	2.16%	-245.44
5	国泰君安证券股份有限公司南京太平南路证券营业部	2343.51	[illegible]	51.24	0.04%	2292.27
卖出金额最大的前5名　卖出总计 **11737.74** 万元，占总成交比例 **8.52%**						
1	华鑫证券有限责任公司上海分公司	1935.92	1.41%	3149.83	2.29%	-1213.91
2	华鑫证券有限责任公司杭州飞云江路证券营业部	2735.76	1.99%	2981.20	2.16%	-245.44
3	财通证券股份有限公司台州临海杜桥杜北路证券营业部	13.60	0.01%	1916.83	1.39%	-1903.23
4	中国银河证券股份有限公司北京学院南路证券营业部	51.66	0.04%	1832.23	1.33%	-1780.57
5	方正证券股份有限公司上海虹口保定路证券营业部	687.27	0.50%	1708.83	1.24%	-1021.56

买卖净差：**6140.72**万元

图 2-14　福建金森龙虎榜数据（2021.5.31）

从图 2-14 中可以看出，2021 年 5 月 31 日，炒股养家、湖州劳动路、益田路、飞云江路、作手新一等知名游资悉数登场。一方面可以看出这些游资对该股股价走势的认可；另一方面也可以看出，该股当时已经聚集了市场足够的关注度和热度。

这些游资之所以选择高位介入，主要基于以下几个原因。

第一，股价连续拉出涨停板后，市场热点已经聚焦到这只股票上了。此时只要游资再加一把火，股价涨停的概率要远远大于其他股票。

第二，虽然股票连板进入高位，风险也会增大，但对于多数游资来说，他们考虑的不是股价到底能走多远，而是明天自己能不能出来。通常来说，只要当日成功封上涨停板，次日出货成功的概率还是很高的。

第三，众多知名游资介入前，股价已经走出了 6 个涨停板以上，说明该股已经成为事实上的龙头股。只要是龙头股，股价即使下跌也很少出现倒 V 形的反转直接跌停，除非股价是以一字板形式涨上来的。

总之，介入这类高位板股票，未来出货和盈利的概率都要大于其他股票，这是游资喜欢炒作这类股票的原因所在。

四、碳交易概念：华银电力

华银电力的主营业务为火力发电业务，同时经营水电、风电、太阳能业务以及电力销售业务。该公司还是深圳碳排放权交易所第六大股东，因此，该股也就具备了碳中和概念中的碳交易概念和绿色电力概念。

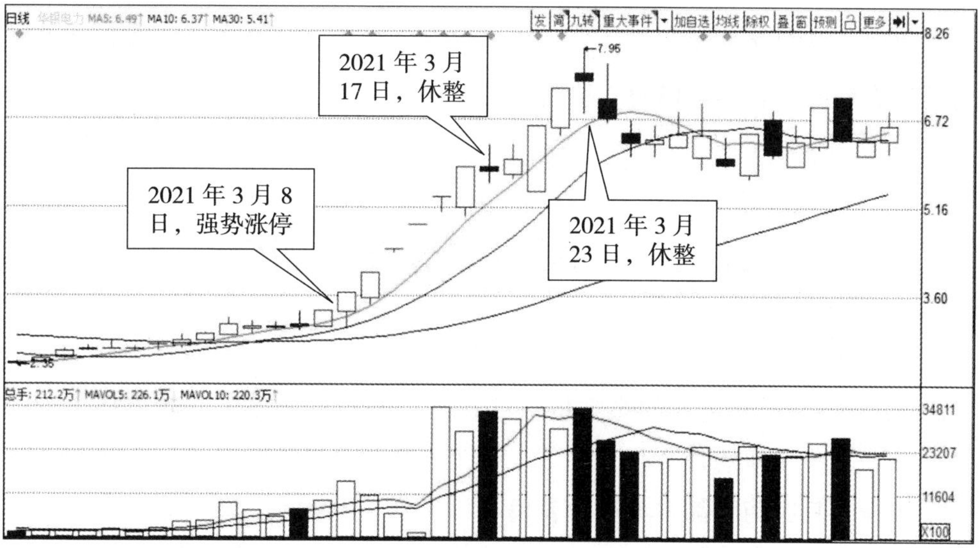

图 2-15 华银电力（600744）日 K 线走势图

如图 2-15 所示，华银电力的股价自 2021 年 3 月 8 日开启了急速上攻模式，以涨停报收，此后连续拉出 7 个涨停板。在股价上攻过程中，多路游资入场交易，其交易记录如表 2-6 所示。

表 2-6 游资交易华银电力的龙虎榜数据

游资（营业部）	交易时间	买入金额（万元）	卖出金额（万元）
财通上塘路	2021.3.8	3097.57	——
	2021.3.15	——	3263.53
小鳄鱼（东方证券上海浦东新区源深路）	2021.3.10	3854.20	——
	2021.3.15	——	5158.34
宁波桑田路	2021.3.15	2281.49	——
	2021.3.16	——	2324.39
猪肉荣（华泰证券深圳益田路荣超商务中心）	2021.3.16	2515.38	——
	2021.3.17	——	2560.39

从表 2-6 中可以看出，尽管参与华银电力的游资非常多，但从整体上来看，这些游资的交易都以超短线交易为主，比如宁波桑田路和猪肉荣都是“今日进，明日出”的交易策略，只有小鳄鱼和财通上塘路持仓时间稍长一点，属于股价上攻早期，股价还不算太高，加之股价出现一波一字板拉升，资金没有出来的必要。

总之，在具体交易过程中，多数游资还是以超短线交易为主，只有在形势特别有利时，才会选择耐心持股几个交易日。

第四节　新冠概念牛气冲天

2021 年，新冠疫情的影响依然存在。在概念炒作方面，新冠病毒检测概念和新冠疫苗概念成为炒作主线。受疫情影响，整个医药板块迎来了久违的上攻，多只医药股都有不错的表现。

一、新冠疫苗的遐想：未名医药

疫苗是战胜病毒最好的武器。当新冠疫情出现后，各国很多大型医药企业都投入了大量资金进行新冠疫苗的研究。能够率先推出疫苗的企业，必然会独享一段时间的市场。在这场新冠疫苗研发比赛中，北京生物、武汉生物制品研究所、北京科兴无疑走在了行业的前列。由于北京科兴公司并未上市，但上市公司中的未名医药却是北京科兴生物的重要股东之一，股权占比达到了 26.91%，意味着北京科兴公司产生的利润会有一部分计入未名医药的名下。正因如此，未名医药成为新冠疫苗概念的炒作龙头。

如图 2-16 所示，未名医药经过一段时间的横盘整理后，于 2021 年 4 月 23 日以一字板的形式上攻。此后的几个交易日，该股股价连续拉出 6 个涨停板，由此而见，该股走势之强。随着该股股价的不断涨停，市场上的新冠疫苗概念不断发酵，又有其他股票随之起涨，不过未名医药依然是这波行情中当仁不让的“大龙头”。

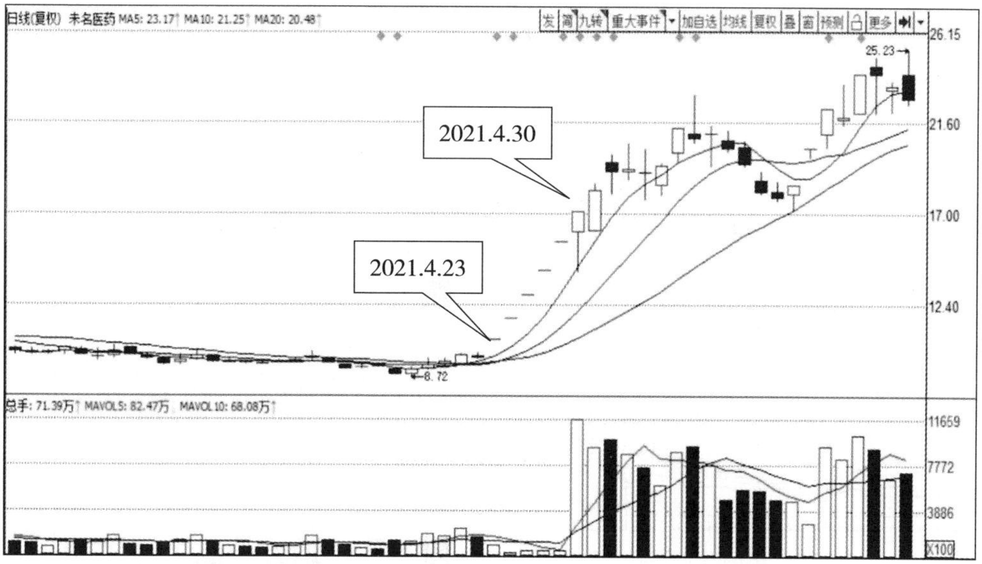

图 2–16　未名医药（002581）日 K 线走势图

在未名医药的这波上攻过程中，涨幅最大的就是 4 月 23 日至 30 日的连续涨停阶段，但多数游资和普通散户一样，很难有机会介入。4 月 30 日以后，市场给投资者机会时，往往也伴随着巨大的风险。在未名医药这波上攻过程中，飞云江路的操作可谓是非常经典。

根据龙虎榜数据，华鑫证券杭州飞云江路在 4 月 26 日（可能 4 月 23 日就入场了）成功上车，买入金额为 1093 万元。此后，该股股价连续一字涨停，飞云江路坐收渔利。4 月 30 日，未名医药的股价出现大幅振荡，尽管最终实现了回封，但飞云江路从投资安全的角度考虑，及时清仓了未名医药，卖出金额达到 1505.23 万元。也就是说，在几个交易日内，飞云江路实现了 37.7% 的收益。

二、病毒检测超级大牛股：九安医疗

自新冠疫情出现后，各大医疗器械公司相继推出各类病毒检测工具，其中抗原家用自测试剂盒类产品在国外受到了较高的关注和欢迎。很多医疗器械生产企业的产品相继获得欧美国家药监管理机构的批准，随之大量供货欧美国家。因此，这些企业的业绩迎来了跨越式的发展，有些企业一个季度挣的钱甚至超过了过去 10 年的利润。正因如此，抗原检测概念也成为市场上炒作的热点概念。九安医疗就是其中最具代表性的一只，如图 2-17 所示。

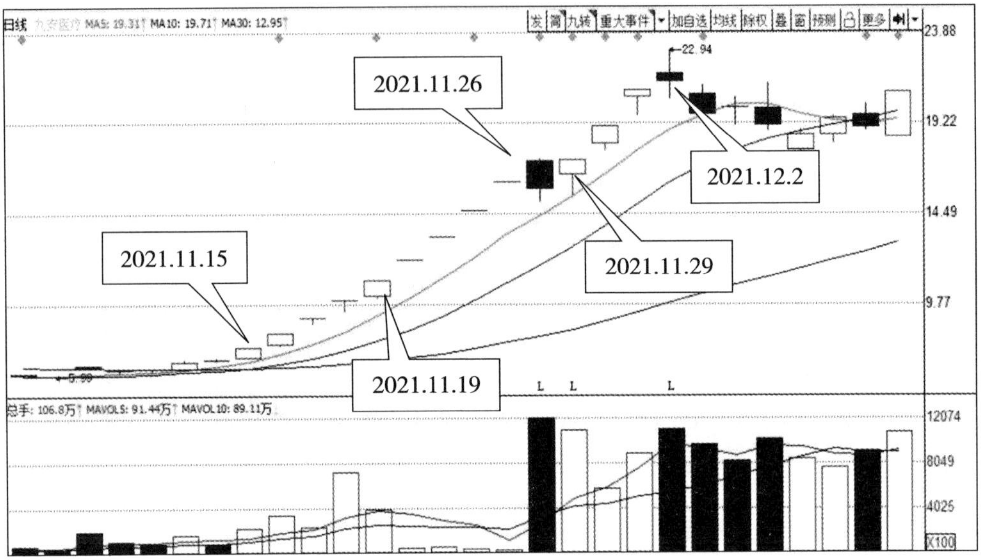

图 2-17　九安医疗（002432）日 K 线走势图

从图 2-17 中可以看出，九安医疗的股价在 2021 年 11 月之前一直处于下行趋势。11 月 8 日，该股股价跳空高开低走，收出一根放量上升的假阴线。此后，该股股价又经历了几个交易日的横向盘整后，自 11 月 15 日开始连续出现涨停板。该股拉出涨停板时，市场已经获悉该公司的抗原检测试剂盒产品开始在美国市场销售。可以明显地看出，很多炒作资金是从 11 月 8 日开始介入该股的。

该股与其他被炒作股票有一个明显的区别，就是这只股票后来的业绩非常漂亮，这就支撑了市场对其后面持续的炒作，该股股价翻了十几倍之多。

在九安医疗的股价大幅上攻过程中，市场上的知名游资都曾入场“分一杯羹”。表 2-7 为游资大佬赵老哥常用的两个营业部的交易数据。

从表 2-7 中可以看出，赵老哥在交易九安医疗的过程中，使用了两家营业部的席位。持仓时间要比通常的超短线交易更长，这与股价上攻势头较强，市场情绪较佳有直接关系。从整个交易过程来看，赵老哥的交易过程非常简

表 2-7　赵老哥两个营业部交易九安医疗的龙虎榜数据

营业部	交易时间	买入金额（万元）	卖出金额（万元）
华泰证券浙江分公司	2021.11.16	1464.03	——
	2021.11.19	——	1759.54
浙商证券绍兴解放北路	2021.11.16	1411.85	——
	2021.11.29	237.3	1947.12

单和干脆。赵老哥通过华泰证券浙江分公司席位交易过程中，在九安医疗股价上攻的时候，第一次没有涨停开盘就卖出了；另外一家营业部则一直持仓至29日才卖出。两家营业部的交易反映出赵老哥在平衡收益与风险方面的努力，在取得一定收益后，先卖出了一半股票，让另一半继续扩大战果。

第五节　其他热炒概念

2021年能够持续性炒作并贯穿全年的主线题材并不多，很多持续一个月到几个月的新兴题材炒作，却呈现出百花齐放的状态。2021年，华为鸿蒙概念、元宇宙概念、工业母机概念横空出世，医美概念迎来了爆发年，芯片半导体概念、光伏新能源概念强势依旧，这些概念为游资提供了广阔的炒作空间。

一、华为鸿蒙概念横空出世：润和软件

华为鸿蒙系统是一款全新的面向全场景的分布式操作系统。华为鸿蒙系统创造了一个超级虚拟终端互联的世界，将人、设备、场景有机地联系在一起，将消费者在全场景生活中接触的多种智能终端实现极速发现、极速连接、硬件互助、资源共享，用合适的设备提供场景体验。2019年8月9日，华为公司在东莞举行华为开发者大会，正式发布操作系统鸿蒙OS。2021年4月22日，华为鸿蒙HarmonyOS应用开发在线体验网站上线。

随着美国在高科技领域对中国打压的强化，国产软件行业在面对美国的

围堵中迫切需要突围，华为鸿蒙应运而生。2021 年，很多华为鸿蒙概念股都获得了大量资金的追捧，润和软件就是其中一只。

润和软件是以向国内外客户提供新一代信息技术为核心的企业，其主营业务为产品、解决方案和服务，属于典型的软件 IT 服务企业。

润和软件是华为鸿蒙系统的深度参与者，还是 OpenHarmony（开放鸿蒙）的发起者之一，也是华为鸿蒙生态的共建者之一。可以这样说，润和软件是最为纯正的华为鸿蒙概念股。

该股基本面尚可，盘子不大，是受到资金青睐的原因之一。2021 年 5 月，受华为鸿蒙概念的影响，润和软件曾经出现了几波上攻的浪潮，如图 2-18 所示。

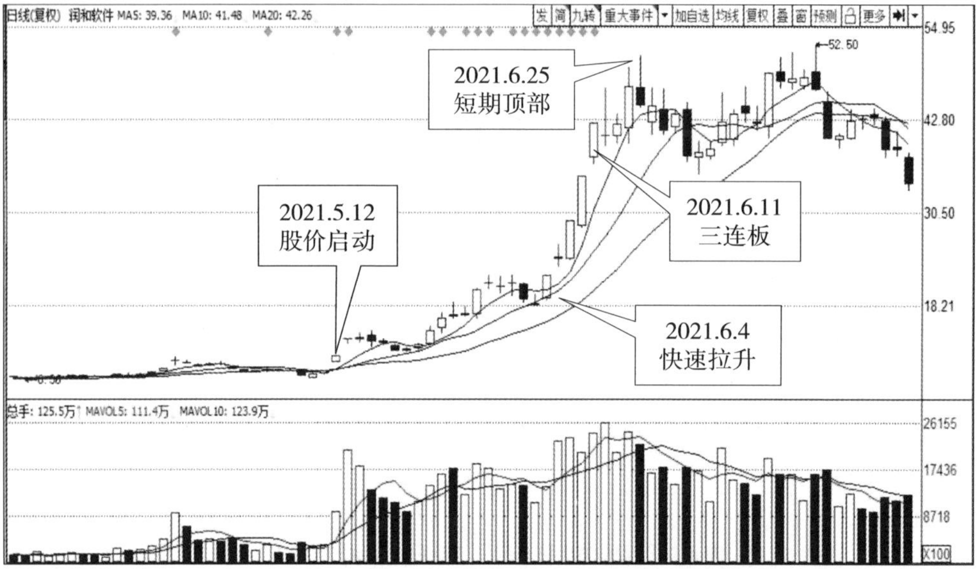

图 2-18　润和软件（300339）日 K 线走势图

从图 2-18 中可以看出，自 2021 年 5 月初，鸿蒙概念横空出世后，作为鸿蒙概念龙头股的润和软件就出现了一波大涨走势。

2021 年 5 月 12 日，该股股价在 10 元下方启动上升。2021 年 6 月 25 日，该股股价一度突破 50 元。由此可见，该股被游资炒作力度之强。在股价上攻过程中，不仅有游资资金的参与，机构资金以及其他外部资金也参与了润和软件的炒作。

6 月 10 日，润和软件的龙虎榜数据，如图 2-19 所示。

润和软件龙虎榜数据

2021-06-10

日期：2021-06-10 总成交金额：1802794.30万元，总成交量：65916.94万股

排序	营业部名称	买入金额/万	占总成交比例	卖出金额/万	占总成交比例	净额/万
买入金额最大的前5名　买入总计 **82417.40** 万元，占总成交比例 **4.57%**						
1	国泰君安证券股份有限公司上海江苏路证券营业部　章盟主	17476.10	0.97%	6223.67	0.35%	11252.43
2	招商证券交易单元(353800)	15573.00	0.86%	18060.70	1.00%	-2487.70
3	机构专用	13931.90	0.77%	17634.10	0.98%	-3702.20
4	深股通专用	13241.40	0.73%	39556.10	2.19%	-26314.70
5	申港证券股份有限公司深圳分公司	12968.60	0.72%	1.02	0.00%	12967.58
卖出金额最大的前5名　卖出总计 **106586.70** 万元，占总成交比例 **5.91%**						
1	深股通专用	13241.40	0.73%	39556.10	2.19%	-26314.70
2	招商证券交易单元(353800)	15573.00	0.86%	18060.70	1.00%	-2487.70
3	机构专用	13931.90	0.77%	17634.10	0.98%	-3702.20
4	南京证券股份有限公司南京大钟亭证券营业部　小鳄鱼	9137.07	0.51%	13165.00	0.73%	-4027.93
5	华泰证券股份有限公司南通如东人民路证券营业部	89.33	0.00%	11946.10	0.66%	-11856.77
买卖净差：**-24169.31**万元						

图 2-19　润和软件龙虎榜数据（2021.6.10）

从图 2-19 中可以看出，润和软件龙虎榜上的营业部交易金额都比较高，买卖金额都超过了亿元，很多资金实力相对较小的游资就没有机会在龙虎榜上露脸了。从交易额前五名的营业部来看，既有章盟主、小鳄鱼这样的头部游资，又有外资（深股通专用）和机构资金。润和软件股价的上攻可以看成是多方资金合力拉升的结果。

二、元宇宙的春天：湖北广电

“元宇宙”一词由前缀“Meta”（意为超越）和词干“Verse”（宇宙的后缀）组成。该术语通常用于描述互联网未来迭代的概念，由链接到可被感知的虚拟世界的持续共享的三维虚拟空间组成。最近两年，腾讯、字节跳动、脸书等互联网公司纷纷加码元宇宙，VR、AR、AI 等作为元宇宙的技术基础迎来高速增长期。

最早涉猎元宇宙的以网络游戏、文化传媒类企业居多。目前，元宇宙概念内的上市公司包括中青宝、汤姆猫、智度股份、湖北广电、中科金财、引力传媒等。

湖北广电旗下的威睿科技是一家以研发、整合应用 VR/AR 技术和服务为主营业务的企业，因此，湖北广电也成为典型的元宇宙概念股。

湖北广电的股价走势情况，如图 2-20 所示。

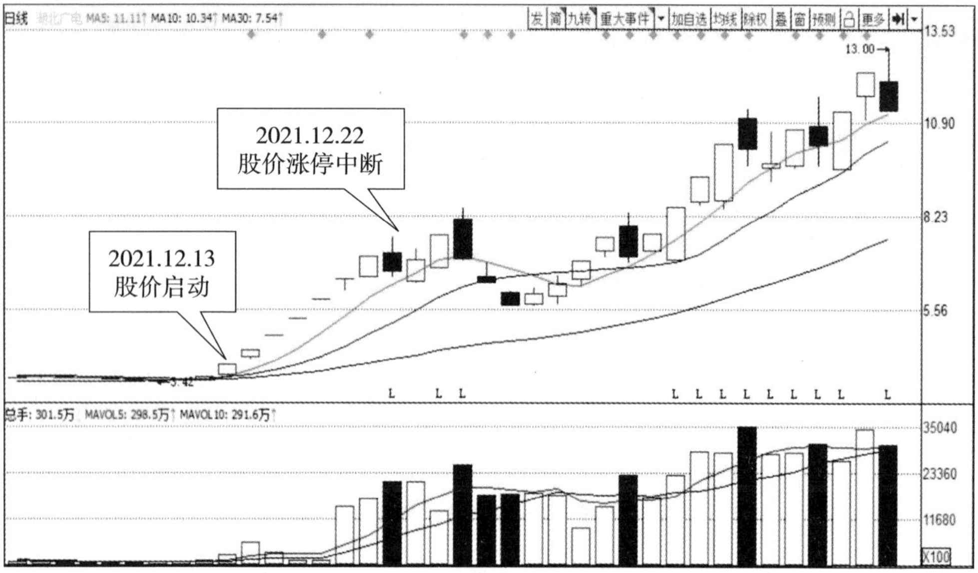

图 2-20　湖北广电（000665）日 K 线走势图

从图 2-20 中可以看出，湖北广电的股价自 2021 年 12 月 13 日开始，掀起了一波快速上攻狂潮。在第一波上攻过程中，该股股价连续走出了 8 连板涨停，强势尽显。由于该股盘子较小，加上大股东以及关联方手中握有的筹码较多，很多游资没有参与该股的操作，即使参与的游资，也只是买入了较少的筹码，反倒是量化打板基金华鑫证券上海分公司表现得较为积极。

湖北广电 12 月 14 日龙虎榜的数据，如图 2-21 所示。

从图 2-21 中可以看出，在龙虎榜上高知名度的游资只有华泰证券深圳益田路荣超商务中心一家，交易金额仅有 544 万元，而量化打板出手就比较阔绰，达到了 5147 万元。正因为量化打板资金的大额投入，反而让其他游资不愿意入场了。相对于盘子较小的股票来说，单独一只资金买入的股票量过高，就会对股价产生较大的影响，稍有不慎就可能将股价打到跌停板，因此，很多游资也会绕开这类股票。

湖北广电龙虎榜数据

2021-12-14

日期：2021-12-14 总成交金额：36097.97万元，总成交量：8794.60万股

量化打板

猪肉荣

排序	营业部名称	买入金额/万	占总成交比例	卖出金额/万	占总成交比例	净额/万
买入金额最大的前5名　买入总计 **8633.42** 万元，占总成交比例 **23.92%**						
1	华鑫证券有限责任公司上海分公司	5147.84	14.26%	3600.63	9.97%	1547.21
2	安信证券股份有限公司娄底乐坪大道证券营业部	822.94	2.28%	0.00	0.00%	822.94
3	华鑫证券有限责任公司上海陆家嘴证券营业部	627.22	1.74%	7.42	0.02%	619.80
4	长城国瑞证券有限公司晋江东华街证券营业部	578.75	1.60%	435.56	1.21%	143.19
5	华泰证券股份有限公司深圳益田路荣超商务中心证券营业部	544.72	1.51%	0.83	0.00%	543.89
卖出金额最大的前5名　卖出总计 **6251.85** 万元，占总成交比例 **17.32%**						
1	华鑫证券有限责任公司上海分公司	5147.84	14.26%	3600.63	9.97%	1547.21
2	海通证券股份有限公司深圳分公司华富路证券营业部	511.98	1.42%	623.53	1.73%	-111.56
3	国泰君安证券股份有限公司深圳滨海大道创投大厦证券营业部	1.48	0.00%	593.53	1.64%	-592.04
4	光大证券股份有限公司宁波北仑新碶证券营业部	0.17	0.00%	544.74	1.51%	-544.57
5	华泰证券股份有限公司镇江分公司	398.31	1.10%	445.61	1.23%	-47.30

买卖净差：**2381.57**万元

图 2-21　湖北广电龙虎榜数据（2021.12.14）

三、工业母机概念：华东数控

工业母机指的是机床，是将金属毛坯等材质加工成机器零部件的机器，是制作机器的机器，因此机床是制造业的基石，在制造业和国民经济发展中具有举足轻重的地位。

数控机床更是高端制造的“工业母机”，是智能制造发展的基础。目前，智能装备制造迎来了制造业转型升级发展的新阶段。

高端工业母机具有高精度、高复杂性、高效、高动态的特点，是制造业价值链和产业链的核心环节。

随着中美竞争的加剧，高端制造领域特别是工业母机行业，有望受到更多的政策支持，进入高速发展周期。

工业母机概念股包括吴志机电、华辰装备、青海华鼎、华东数控、华东重机、上机数控、宇晶股份等。

华东数控是一家以数控机床产品、普通机床产品、机床配件产品为主营业务的企业，更是一家典型的研发、生产和销售数控机床、普通机床及其关键功能部件为主营业务的高新技术企业。因此，华东数控自身就是一家典型的工业母机概念股。

华东数控的股价走势情况，如图 2-22 所示。

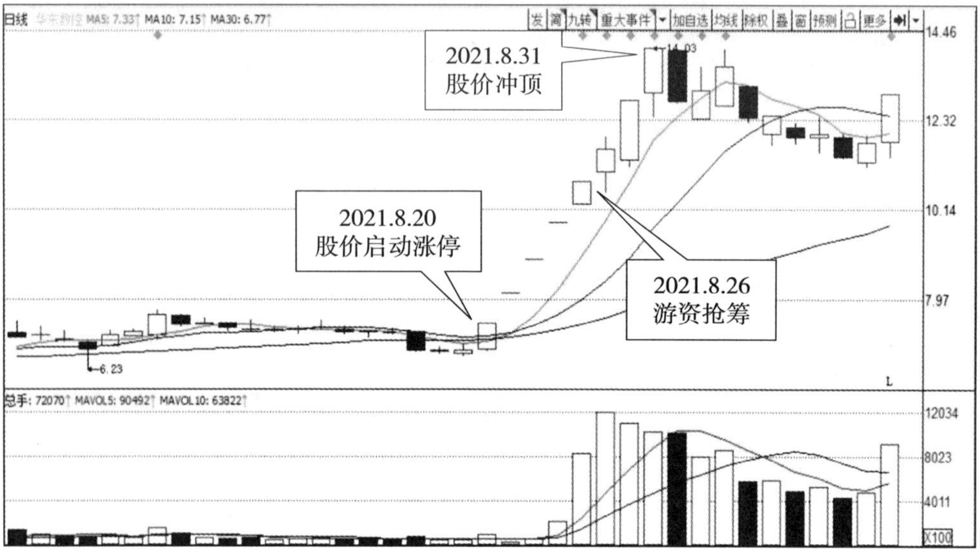

图 2-22　华东数控（002248）日 K 线走势图

从图 2-22 中可以看出，受工业母机概念大火的刺激，华东数控的股价于 2021 年 8 月 20 日开启了一波强势涨停之路，此后的 8 个交易日里收出了 7 个涨停板。在华东数控上升过程中，多路游资参与了该股的炒作。不过，该股从第二个涨停开始，连续拉出 3 个一字板，让很多想要入场的资金找不到入场的机会。8 月 26 日是华东数控最为关键的一个交易日。当日，该股股价并未涨停开盘，之前入场的资金有兑现利润的需求，很多场外的游资也在耐心观望该股其后的走势。通常来说，若股价当日能够成功封住涨停板，那么还可以再看高一线；反之，若股价未能实现涨停，鉴于之前股价是以一字板模式上攻的，那么回落的概率就会增大。

华东数控在 8 月 26 日的分时走势图，如图 2-23 所示。

最终 8 月 26 日当天，该股股价高开后，经过一波振荡，在 10：15 左右完成了封板操作。股价临近封板时，多路游资入场抢筹，其中就包括比较有名的北京中关村和作手新一常用的营业部。两路游资的交易记录，如表 2-8 所示。

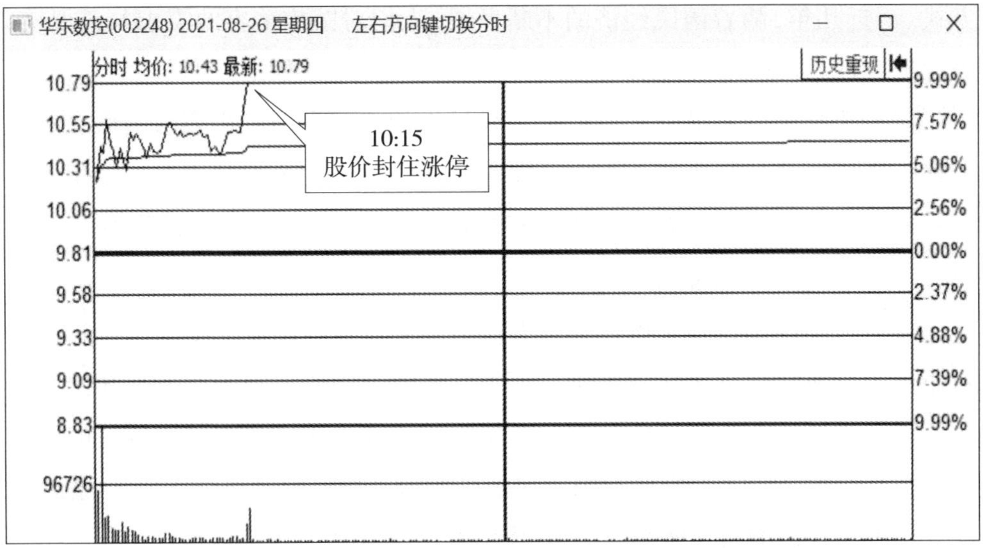

图 2-23　华东数控（002248）分时走势图（2021.8.26）

表 2-8　华东数控龙虎榜数据

营业部	交易时间	买入金额（万元）	卖出金额（万元）
北京中关村（中国银河证券北京中关村大街营业部）	2021.8.26	4744.51	2.62
	2021.8.27	41.19	5469.41
作手新一（国泰君安南京太平南路营业部）	2021.8.26	3061.68	45.66
	2021.8.27	55.27	3498.55

结合华东数控的走势图可以看出，北京中关村和作手新一都是在 26 日华东数控出现大量换手时入场的。次日即 27 日，该股冲高回落，未能封住涨停板，两家营业部同时采取了清仓策略，二者的盈利幅度都超过了 10 个点，是非常成功的交易。二者进行的都是典型的超短线交易，在操盘过程中没有丝毫的犹豫，发现行情可能不利时，都选择了坚决出货。尽管可能会错过后面的涨幅，却保住了之前的盈利，是较为成功的交易，毕竟谁也没有“后视眼”。

四、医美的爆发：从金发拉比到融钰集团

医疗美容是指运用药物、手术、医疗器械以及其他具有创伤性或者不可逆性的医学技术方法，对人的容貌和人体各部位形态进行修复与再塑的美容

方式。最近几年，随着国民经济的不断发展，人们对医疗美容的需求与日俱增，医疗美容行业也迎来了发展的春天。

医美概念股，是最近几年游资短线炒作的热门方向，很多医美概念股都出现了暴涨行情。经典的医美概念股包括朗姿股份、金发拉比、融钰集团、澳洋健康、长江健康、水羊股份、新华制药、创新医疗、华东医药等。

1. 跨界医美行业的金发拉比

金发拉比原本是一家以高端母婴消费品的设计、研发、生产及销售为主营业务的企业。从企业性质来说，属于典型的母婴用品行业企业。2021 年 4 月 2 日，公告披露金发拉比以人民币现金的方式受让怀化问美所持有的医疗美容企业广东韩妃医院投资有限公司部分股份，使其跨界进入了医美行业。

金发拉比的股价走势情况，如图 2-24 所示。

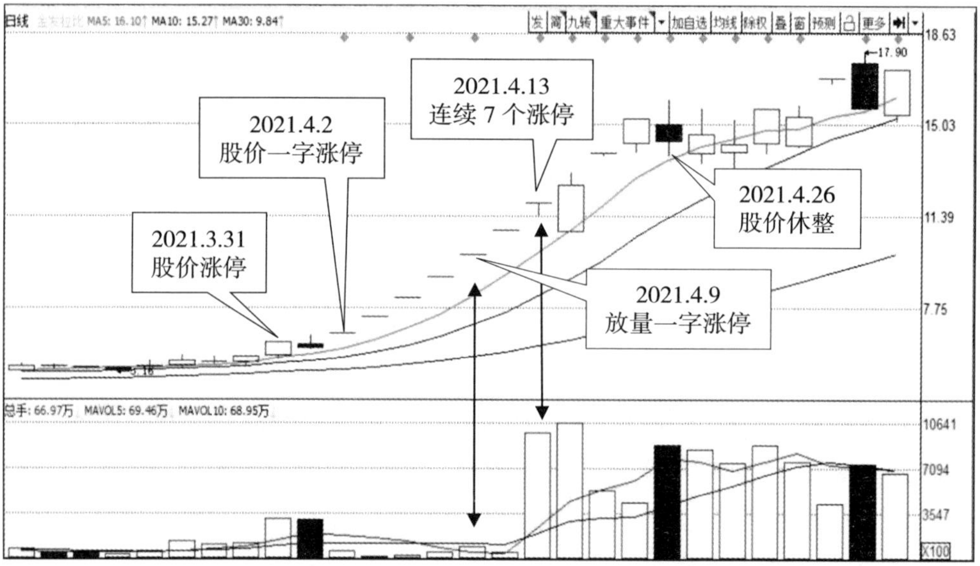

图 2-24 金发拉比（002762）日 K 线走势图

从图 2-24 中可以看出，4 月 2 日，金发拉比发布介入医美行业的公告后，股价应声出现了一字涨停。其实，该股股价在 3 月 31 日已经先走出了一个涨停板，且成交量出现明显的放大，说明有些资金已经先一步入场。

此后，该股股价一直以一字板形式直线上攻。4 月 9 日，该股股价尽管还是一字板报收，但成交量却放大了很多，说明有部分资金出逃，同时也有一些其他资金入场。4 月 13 日，该股股价走出了第七个连续涨停，却宣布了一字板的终结。在此期间，西湖国贸、桑田路等游资都参与了该股的炒作。

表 2-9 金发拉比龙虎榜数据

营业部	交易时间	买入金额（万元）	卖出金额（万元）
西湖国贸（财信证券杭州西湖国贸中心）	2021.4.9	1918.45	——
	2021.4.12	357.77	
	2021.4.13		3891.06
宁波桑田路（国盛证券宁波桑田路）	2021.4.12	2631.64	——
	2021.4.13	644.77	2192.86
	2021.4.15	1858.44	101.72
	2021.4.16	1237.43	990.1
	2021.4.26	60.7	1499.98
猪肉荣（华泰证券深圳益田路荣超商务中心）	2021.4.13	1794.01	30.89
	2021.4.14	1320.65	1719.16
	2021.4.15	72.80	1573.33

从表 2-9 中的交易记录来看，西湖国贸入场时间较早，收益也是最为可观的。宁波桑田路入场时间稍晚，交易时间持续较长，进行了较多的滚动交易，交易结果可能也是最差的。

2. 口腔医疗行业的皓宸医疗

皓宸医疗（之前叫融钰集团）是一家主要从事口腔医疗服务以及永磁开关及高低压开关成套设备产品的研发、生产和销售的企业。其下属公司广东德伦医疗集团有限公司是一家以口腔医疗服务连锁经营为核心，专注于口腔疾病的诊断、治疗以及口腔保健、修复服务等口腔医疗服务的企业。因此，该公司具有典型的医美概念。

皓宸医疗的股价走势情况，如图 2-25 所示。

从图 2-25 中可以看出，皓宸医疗的股价自 2021 年 5 月 14 日开始启动了一波涨停攻势，连续走出 8 个涨停板。

5 月 24 日，皓宸医疗的股价形成了放量 T 字板。当日正是很多游资入场抢筹的时间。

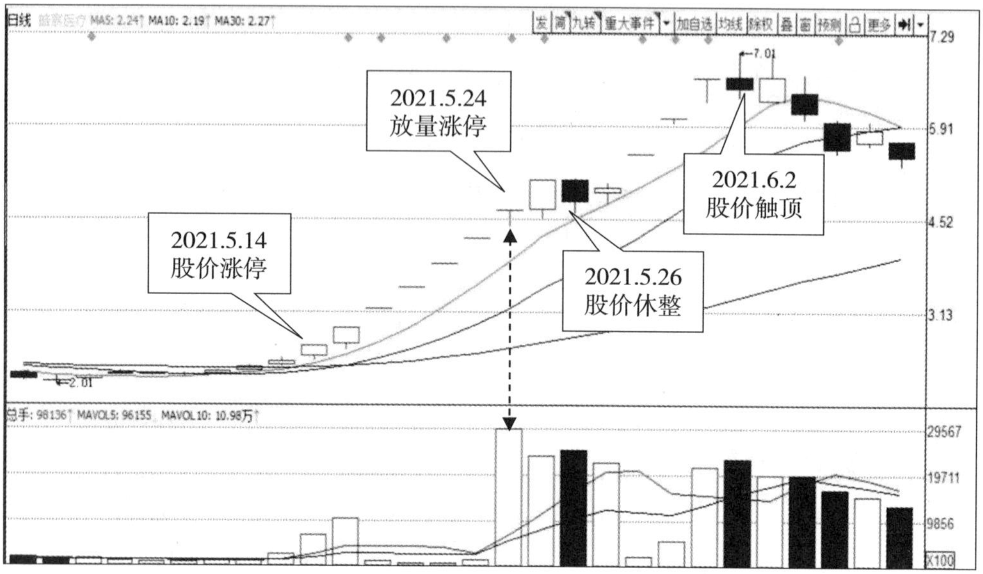

图 2-25 皓宸医疗（002622）日 K 线走势图

从龙虎榜数据来看，葵花宝典（国泰君安成都北一路）入场的时间非常早，于 5 月 14 日就入场了，几乎是股价涨停的第一时间。可惜的是，他并未拿住股票，在 17 日股价大幅振荡时就出手了，盈利幅度相对有限。

宁波桑田路和西湖国贸都是在 5 月 24 日股票放量前后入场的。宁波桑田路的盈利幅度尚可。西湖国贸最后一笔卖出数据在龙虎榜上没有记录，可能在 26 日卖出了，应该会有一定的盈利。

表 2-10 皓宸医疗龙虎榜数据

营业部	交易时间	买入金额（万元）	卖出金额（万元）
葵花宝典（国泰君安成都北一环路）	2021.5.14	1023.75	——
	2021.5.17	——	1082.65
宁波桑田路（国盛证券宁波桑田路）	2021.5.24	3425.82	5.76
	2021.5.25	692.7	1210
	2021.5.31	251.03	2580.63
西湖国贸（财信证券杭州西湖国贸中心）	2021.5.21	706.77	——
	2021.5.24	4228.67	767.3
	2021.5.25	4.61	1490.59

从表 2-10 中可以看出，超短线交易、滚动操作是游资最主要的操作策略。除非行情特别好，否则游资绝不愿意多持股一个交易日。

五、三胎概念：锦泓集团

由于我国人口老龄化日趋严重，进入 2021 年，放开三胎的呼声越来越强烈。中共中央政治局于 2021 年 5 月 31 日召开会议，会议指出，进一步优化生育政策，实施一对夫妻可以生育三个子女的政策及配套支持措施，有利于改善我国人口结构、落实积极应对人口老龄化国家战略、保持我国人力资源禀赋优势。

2021 年 8 月 20 日，全国人大常委会会议表决通过了关于修改人口与计划生育法的决定，修改后的人口计生法规定，国家提倡适龄婚育、优生优育，一对夫妻可以生育三个子女。

2021 年，三胎概念一度成为资金热炒的重要概念，很多三胎概念股都出现了大幅上涨，比如锦泓集团、长江健康、共同药业、珠江股份、美邦服饰、荣信文化等。通常来说，能够生产、销售与婴幼儿相关的产品或服务的企业都可能被划入三胎概念的范畴。

锦泓集团是一家以中高档服装的设计研发、生产制造、品牌营销及终端销售为主营业务的企业。该公司目前旗下品牌 VGRASS、TEENIE WEENIE 女装、TEENIE WEENIE 男装、TEENIE WEENIE 童装均在天猫开设官方旗舰店，并在微信提供公众号服务。因此，该股具有典型的三胎概念。

锦泓集团的股价走势情况，如图 2-26 所示。

从图 2-26 中可以看出，在放开三胎利好政策出台前的 4 月 20 日，锦泓集团的股价就进入了连续涨停区间。说明在三胎政策出台前，市场上就有先知先觉的资金感知到了政策的方向，并开始炒作三胎概念股票。

锦泓集团的股价自 4 月 20 日开启涨停模式，一口气连续拉出 11 个涨停板，风光无限。与之不相匹配的是，参与炒作该只股票的知名游资并不多，且各路游资交易的金额也不高。

锦鸿集团 4 月 29 日的龙虎榜数据，如图 2-27 所示。

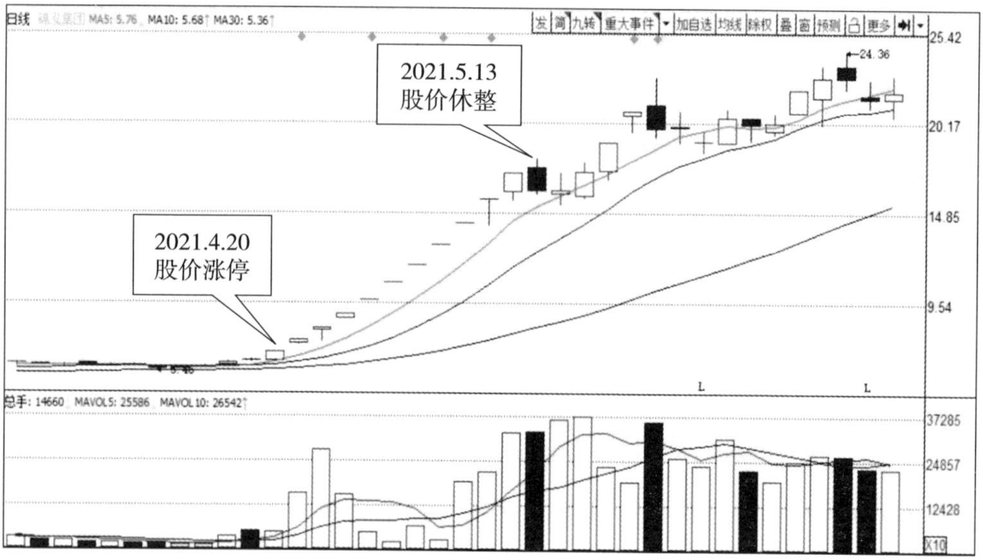

图 2–26 锦泓集团（603518）日 K 线走势图

锦泓集团龙虎榜数据

2021-04-29

日期：2021-04-29 总成交金额：12502.80万元，总成交量：1059.56万股

排序	营业部名称	买入金额/万	占总成交比例	卖出金额/万	占总成交比例	净额/万
买入金额最大的前5名 买入总计 **6172.83** 万元，占总成交比例 **49.37%**						
1	东亚前海证券有限责任公司浙江分公司	1412.29	11.30%	0.00	0.00%	1412.29
2	五矿证券有限公司山东分公司	1254.44	10.03%	0.00	0.00%	1254.44
3	财信证券有限责任公司杭州西湖国贸中心证券营业部（西湖国贸）	1172.30	9.38%	0.00	0.00%	1172.30
4	华泰证券股份有限公司深圳益田路荣超商务中心证券营业部（猪肉荣）	1168.89	9.35%	0.00	0.00%	1168.89
5	湘财证券股份有限公司宁波曙光路证券营业部	1164.91	9.32%	0.00	0.00%	1164.91
卖出金额最大的前5名 卖出总计 **1927.83** 万元，占总成交比例 **15.42%**						
1	中泰证券股份有限公司深圳后海大道证券营业部	0.00	0.00%	498.21	3.98%	-498.21
2	华泰证券股份有限公司北京学院南路证券营业部	0.00	0.00%	476.26	3.81%	-476.26
3	中国银河证券股份有限公司福州冶山路证券营业部	0.00	0.00%	469.20	3.75%	-469.20
4	申万宏源证券有限公司上海静安区余姚路证券营业部	0.00	0.00%	258.27	2.07%	-258.27
5	海通证券股份有限公司深圳分公司华富路证券营业部	0.00	0.00%	225.88	1.81%	-225.88

买卖净差：**4245.00**万元

图 2–27 锦泓集团龙虎榜数据（2021.4.29）

从图 2–27 中可以看出，2021 年 4 月 29 日锦泓集团的龙虎榜上，只有财信杭州西湖国贸中心营业部和华泰深圳益田路荣超商务中心属于非常活跃的游资。说明即使该股股价出现了非常迅猛的上涨势头，很多知名游资也没有入场。究其原因可能包括但不限于以下两点。

第一，该股的盘子过小，总市值不超过 20 亿元，游资大量入场抢筹，容易出现股票“出手难”的情况。

第二，该股不仅大股东持股较多，还有一些公募基金持仓，让很多游资不愿意入场操作这类股票。

六、芯片半导体：庚星股份

近几年内，芯片半导体概念仍是资金热炒的一个重要方向，可能每隔一段时间就会掀起一波芯片半导体的炒作热潮。2021 年，芯片半导体的炒作主要围绕集成电路概念、第三代半导体等概念。东方银星、宇顺电子、大豪科技、申通地铁、新莱应材等都是资金追捧的焦点股票。

很多股票的暴涨，仅仅是与芯片半导体沾边而已。庚星股份（东方银星）就是其中的一只。

庚星股份，当时还叫东方银星，是一家以焦炭及煤炭等煤化工产品的大宗商品贸易业务为主营业务的企业。因其对武汉敏声进行了一笔 3000 万元的股权投资，而武汉敏声属于典型的集成电路行业内的企业。因此，庚星股份就具备了集成电路概念，市场借此掀起了一波炒作热潮。

庚星股份的股价走势情况，如图 2-28 所示。

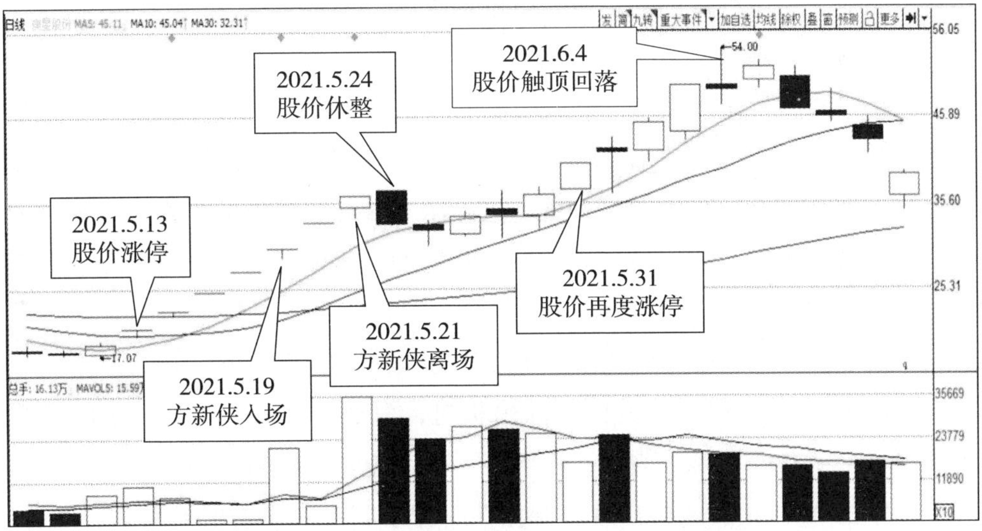

图 2-28 庚星股份（600753）日 K 线走势图

从图 2-28 中可以看出，庚星股份的股价自 2021 年 5 月 13 日开启了强势上攻模式，该股股价连续拉出 7 个涨停板，直至 5 月 24 日，该股股价才终结涨停。尽管该股股价自 5 月 13 日启动，一路上涨至 6 月 4 日才终结这波趋势，但对于大多数游资来说，他们的目标仅仅是获得一小波收益，而非拿到整波的利润，正所谓“弱水三千只取一瓢”。

以方新侠常用的兴业证券陕西分公司营业部为例，该营业部在 5 月 19 日买入了 5257.55 万元，5 月 21 日卖出了 6030.03 万元。也就是说，方新侠只持仓了两个交易日，就实现了将近 15 个点的收益，收益可谓相当丰厚。若将其放到整个股价走势的大背景来看，理论上可以有更好的收益，但以游资的操作只需一段收益就可以了。毕竟更高的收益，就要面对更大的风险，只取自己认为最容易获得的那部分收益即可，不能过于贪婪。

七、新能源概念：游资接力新天绿能

光伏新能源概念是最近几年频繁炒作的一个概念。2021 年不时地会掀起一波又一波的光伏新能源炒作行情，比较代表性股票包括亿利洁能、百川股份、爱康科技、株冶集团、新天绿能等。

新天绿能是一家专门从事风电场及光伏电站的规划、开发、运营及电力销售的企业，属于纯正的光伏新能源概念股。

新天绿能的股价走势情况，如图 2-29 所示。

从图 2-29 中可以看出，新天绿能的股价自 2021 年 3 月 19 日开始出现连板涨停的态势。此后，该股股价一路上攻，直至 3 月 31 日触及短线高点后才出现回调。在这波上攻过程中，多路游资参与了该股的操作，最为典型的要数宁波桑田路、作手新一和章盟主常用的三家营业部。三路游资形成接力拉升股价的态势。

3 月 19 日，该股股价初始涨停时，宁波桑田路率先入场。

3 月 24 日，该股走出第四个涨停板时，成交量放大，宁波桑田路获利了结出局，盈利近 30%。当日，作手新一入场抢筹了 6080 万元。

3 月 29 日，该股股价出现大幅振荡，作手新一清仓卖出了 7340 万元，盈利幅度超过 20%。当日，章盟主继续接力买入股票 2060 万元。

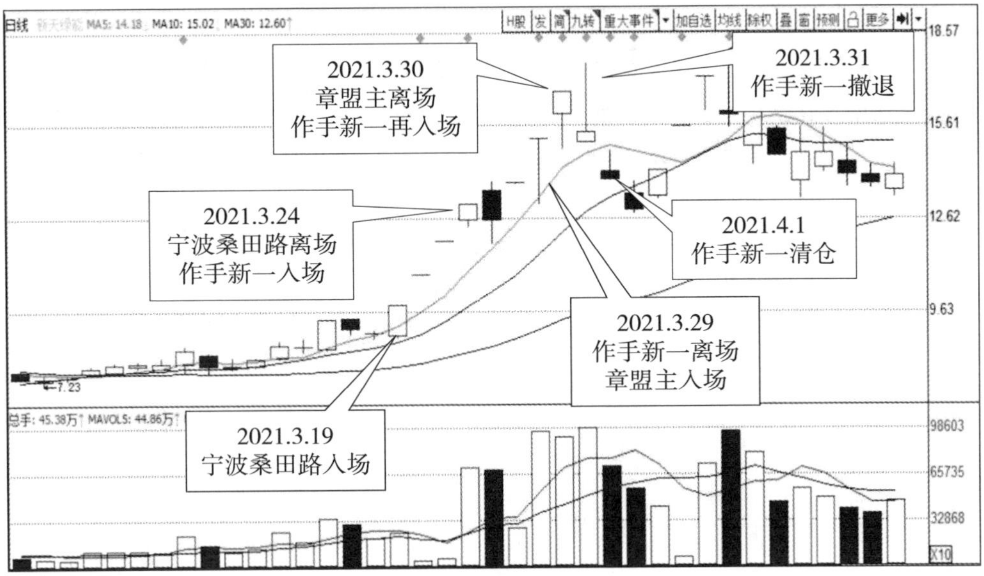

图 2-29 新天绿能（600956）日 K 线走势图

3 月 30 日，章盟主清仓卖出了 2169 万元，盈利幅度在 5 个点以上。同日，作手新一返场买入了 3354 万元。

3 月 31 日，新天绿能股价触顶回落，作手新一卖出了部分股票，卖出金额为 1915 万元。4 月 1 日，作手新一清仓了该股。

从整个交易过程来看，三家营业部的交易过程就如同事先商量好了一样，呈现出明显的接力特征。从实际情况来看，反映出几家营业部在看待新天绿能股价走势方向上存在明显的分歧。作手新一两度入场交易，获利较为丰厚。宁波桑田路因为入场时间较早，收益幅度最高。

表 2-11 新天绿能龙虎榜数据

营业部	交易时间	买入金额（万元）	卖出金额（万元）
宁波桑田路（国盛证券宁波桑田路）	2021.3.19	2433.4	——
	2021.3.24	——	3169.02
作手新一（国泰君安南京太平南路）	2021.3.24	6080.65	——
	2021.3.29	——	7340.68
	2021.3.30	3354.47	——
	2021.3.31	——	1915.42
	2021.4.1	——	2450.93

（续表）

营业部	交易时间	买入金额（万元）	卖出金额（万元）
章盟主（国泰君安上海江苏路）	2021.3.29	2060.46	——
	2021.3.30	——	2169.49

第三章 2022 年游资炒作路线

2022年注定是一个不平凡的年份。新冠疫情的阴影仍在，俄乌冲突的发生，减缓了全球经济复苏的步伐，房地产行业的低迷，也对国内经济形成了一定的冲击。总之，在内外双重不利因素的影响下，A股市场遭遇了巨大的挑战。从股票板块走势上来看，仍不乏闪光的亮点，数字经济的崛起带动了数字货币、新零售以及算力板块的走高；新型城镇化和装配式建筑的推进，让基建地产板块走出了一波强势反攻；从地摊经济到乡村振兴汇集了市场资金的焦点。

第一节　大盘走势与热点综述

2022年之前，A股市场实现了久违的三连涨，但这波上升势头在2022年戛然而止。回顾整个2022年，三大股指全面回调，上证综指跌幅15.13%，深证成指跌幅25.85%，创业板指跌幅29.37%。

2022年，共有428只个股登陆A股，数量同比下降逾18%。登陆A股的428只新股合计首发募集资金约为5800亿元，中国移动以486.95亿元的首发募资额位列第一。2022年，A股IPO上市企业共428家，按照2022年全年249个工作日算，平均每天有近2家公司IPO上市，上交所IPO位居世界第一，深交所IPO位居世界第二。

2022年，共有50家公司退市。退市家数占过去31年退市总家数（88家）的57%。

2022年，个股表现一般，剔除年内上市的新股后，两市“翻倍股”仅有49只，两市有多达3532只股票下跌，2只股票平盘，1105只股票上涨，下跌个股占比达76%。从具体的股票涨幅来看，呈现出明显的不均衡状态，其具体分布如图3-1所示。

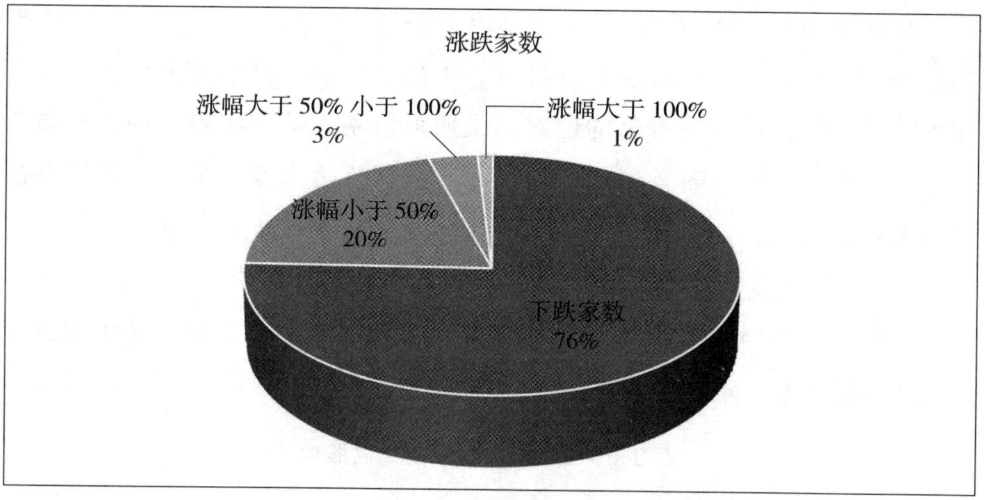

图 3-1　2022 年 A 股市场涨跌股票数量分布

一、飙涨的个股与游资

2022 年大盘走势较弱，但在个股层面上，仍有部分股票在利好消息、概念炒作的影响下，实现了股价的暴涨。

1. 翻倍股分布

从具体的概念板块方面来看，多个板块内走出了翻倍个股，其中排名前五位的板块，如图 3-2 所示。

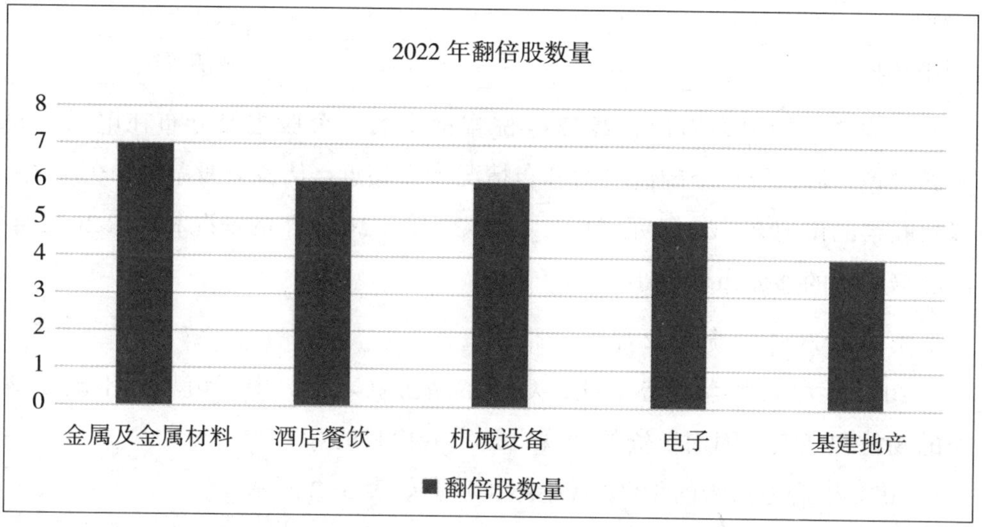

图 3-2　2022 年翻倍股分布情况

从图 3-2 中可以看出，各个板块或概念的翻倍股数量要远远少于 2021 年和 2020 年，金属及金属材料成为翻倍股的主要来源板块，医药生物板块退出了翻倍股前五名的位置，说明疫情不像前两年对市场影响那么大。与此同时，酒店餐饮行业的崛起，与消费恢复和预制菜概念炒作存在一定关系。

2. 涨幅前 10 名个股

2022 年，涨幅超过 3 倍的个股较少，超过 2 倍的也不多。全年涨幅前十名的股票名单，如表 3-1 所示。

表 3-1　2022 年涨幅前十名股票

股票名称	涨幅（%）	市值（亿元）	所属行业
绿康生化	381%	83	动物保健
西安饮食	329%	99.3	酒店餐饮
宝明科技	313%	102.12	光学电子
人人乐	274%	82.54	零售
传艺科技	266%	132.77	消费电子
通润装备	233%	74.32	通用设备
园城黄金	222%	34	综合
中路股份	214%	88.19	摩托车
盈方微	212%	59.6	其他电子
君亭酒店	208%	136	酒店餐饮

从表 3-1 中可以看出，2022 年涨幅前十名的个股主要分布在电子、酒店餐饮等领域，与整个翻倍股的分布情况大致相近。从各只股票的市值来看，多数股票的市值在 100 亿元以内，与 2020 年、2021 年的情况相比，2022 年翻 2 倍股票的整体市值更小。

3. 最活跃的游资营业部

2022 年尽管大盘走势不佳，对于各路游资来说，由于市场并不缺乏炒作的题材和亮点，因而游资的表现也是十分抢眼的。

2022 年最为活跃的 10 家营业部及游资如表 3-2 所示。

表 3-2 2022 年交易最活跃的 10 大营业部

序号	营业部名称	常用该营业部游资
1	西藏东方财富证券股份有限公司拉萨东环路第二证券营业部	被认为属于散户大本营。东方财富网开户常用的营业部，是雪球大 V 常常推荐的营业部，也有一些游资混迹其中
2	西藏东方财富证券股份有限公司拉萨东环路第一证券营业部	
3	中国国际金融股份有限公司上海分公司	无
4	西藏东方财富证券股份有限公司拉萨团结路第一证券营业部	同拉萨东环路第二营业部
5	西藏东方财富证券股份有限公司拉萨团结路第二证券营业部	
6	华泰证券营业总部	量化基金
7	华鑫证券有限责任公司上海分公司	量化打板资金
8	招商证券交易单元	未知
9	国泰君安上海分公司	葛卫东
10	财通证券杭州上塘路营业部	上塘路

表 3-2 中列出的是 2022 年最活跃的 10 大营业部。量化基金和散户大本营占据了活跃度排名榜的多数席位。只有葛卫东和上塘路属于典型的知名游资。溧阳路、赵老哥和桑田路等知名游资的排名都在 10 名开外。

二、影响股票市场的热点事件

总体来看，2022 年注定是一个与众不同的年份。新冠疫情的影响还没有消散，俄乌冲突的发生，让国际经济形势难言乐观。多重利好与利空消息的叠加，共同促成了 A 股在 2022 年的振荡下跌之路。2022 年同样发生了很多意义特别重大的事件，下面列举了其中比较有代表性的事件，仅供读者参考。

1. 最大的黑天鹅事件：俄乌冲突

2022 年 1 月 26 日，“诺曼底模式”四方会谈在巴黎举行，四方代表就缓和乌克兰危机等问题展开磋商。2 月 21 日，俄罗斯总统普京签署命令，承认乌克兰东部的“顿涅茨克人民共和国”和“卢甘斯克人民共和国”，随后命令俄罗斯部队在这两个“共和国”维护和平。

2 月 24 日，俄罗斯总统普京做出决定，在顿巴斯地区进行特别军事行动。同日，乌克兰总统泽连斯基表示，乌克兰全境进入战时状态。

此后，俄乌冲突越演越烈，直接造成了双方数十万人死亡，财产损失更是难以计量。

2. A 股市场经历了两波筑底

在多因素的共同作用下，A 股在 2022 年出现两次探底回升。

第一次探底始于年初，沪指从 1 月初的 3651.89 点高位下跌至 4 月 27 日的 2863.65 点。耗时 3 个半月，其他主要指数全线下跌，深成指累计跌幅近 28%，创业板累计跌幅逾 35%。

第二次探底发生在年中，沪指从 7 月 5 日开启跌势，直至 10 月 31 日跌至 2893 点，其他主要股指再度全线下跌。如图 3-3 所示。

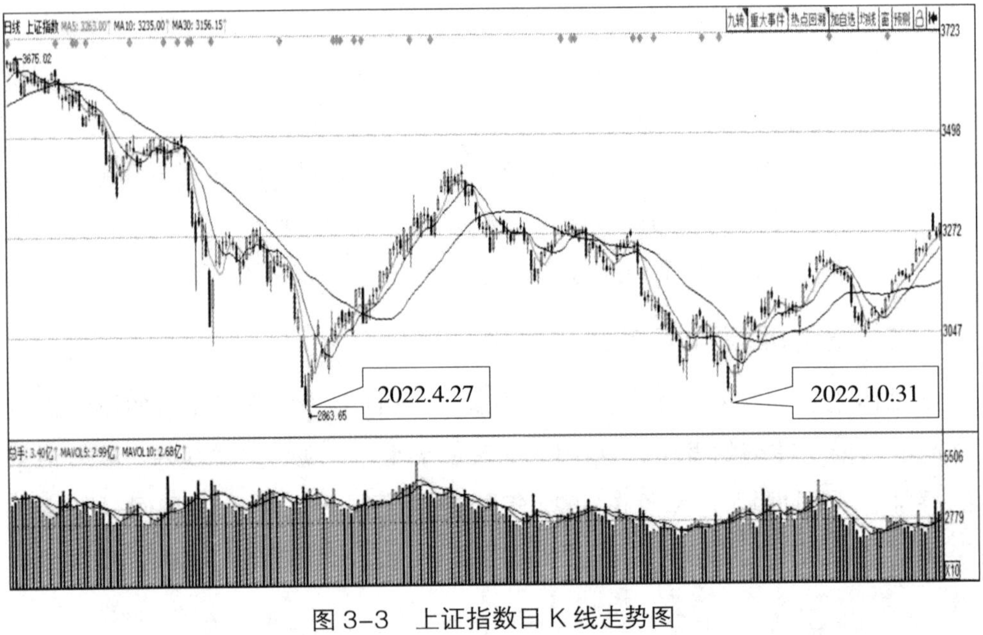

图 3–3　上证指数日 K 线走势图

从图 3-3 中可以看出，2022 年，A 股指数呈振荡下跌态势。其中，在 4 月 27 日和 10 月 31 日，大盘指数两度触及低点，且两个低点全部跌破 3000 点。由此可见，2022 年股市调整力度之大。

3. 信创赛道全面崛起

信创，即信息技术应用创新产业，属于“新基建”的一部分。自 2006 年国务院提出将核心电子器件、高端通用芯片及基础软件产品等列为 16 个重大科技专项以来，信创产业开始生根发芽。

2019 年之后，相关政策数量呈现爆发式增长，信创产业的发展正式迎来“黄金三年”。2022 年 9 月底，国家发文全面指导国资信创产业发展和进度，要求到 2027 年央企国企 100% 完成信创替代，替换范围涵盖芯片、基础软件、操作系统、中间件等领域。

由此开始，信创概念成为 2022 年炒作热潮的主流题材之一。多只信创概念股出现大幅上涨态势，特别是大龙头英飞拓的股价翻了两倍有余。

4. 能源价格走高，“煤超风”再现

受俄乌冲突的影响，煤炭、原油、天然气等能源价格全面上行。煤炭板块成为 2022 年 A 股所有板块中“最闪亮的星”，煤炭板块的涨幅在所有行业中位居首位。

5. 宁王市值跌破万亿

宁德时代一度成为新能源概念火爆的“代名词”。在新能源赛道最火爆的几年，宁德时代的市值一度突破 1.6 万亿元。到了 2022 年，宁德时代的辉煌不再，随着股价的持续走低，总市值也是跌破了万亿元，来到了 9487 亿元。这是宁德时代自 2021 年 5 月登顶万亿后，市值首次跌破万亿。

6. “中字头”概念大爆发

11 月 21 日，在 2022 金融街论坛年会上，证监会主席对中国资本市场的建设和发展发表讲话，特别指出“探索建立具有中国特色的估值体系，促进市场资源配置功能更好发挥”。

受该利好消息的影响，11 月 21 日当周，中字头概念股在大盘回调之际全线上攻，连续上演涨停潮的戏码。其中，中国重汽、中国医药、中国电影、中国联通、中国软件、中国海诚、中国高科、中国太保等全面大幅上涨，成为维护大盘的中坚力量。

三、2022 年主要概念炒作时间线

2022 年，尽管整个大盘出现了较大的跌幅，但不妨碍个股的精彩表现。对于游资而言，2022 年尽管整体出现了下跌，但期间也有几波较大的振荡，这种振荡走势才是游资的最爱。与前两年相比，光伏新能源和新能源汽车等概念，虽然时有表现，但总体不如之前强势。倒是一些新兴概念，诸如数字货币、东数西算、预制菜等概念表现出极强的吸引市场热度的能力。另外，地产基建在新型城镇化和装配式建筑的加持下，出现了长时间的炒作，晋升为全年持续性最强的炒作题材。

2022 年全年的主要概念炒作时间分布图，如图 3-4 所示。

从图 3-4 中可以看出，2022 年主要炒作的概念包括这样几类。

1. 地产基建概念

受房地产市场调控影响，叠加近年疫情对经济的冲击，房地产市场出现明显不景气的情况。因此，最近几年地产基建行业的股票，在多数时间呈现出明显的下行趋势。2022 年，因新型城镇化和装配式建筑、绿色建筑概念的兴起，市场上掀起了久违的地产基建概念炒作浪潮。

2. 数字经济概念

数字经济概念是一个伴随着科技发展而兴起的概念。2022 年年初，新零售与数字货币率先引爆了对数字经济的炒作浪潮，而后，数据中心、东数西算工程、信创等概念频繁地爆出各类超级大牛股、大龙头。

3. 与疫情相关的概念

由于新冠疫情的影响并未完全消散，病毒防控概念会偶尔掀起一波炒作浪潮。在 2022 年，新冠防治概念仍是不容忽视的一个热门概念。

4. 预制菜概念

预制菜并不是什么新的发明，却在 2022 年受到大量的关注，晋升为热点炒作概念，市场也因此出现多轮预制菜炒作概念。

5. 从地摊经济到乡村振兴

受疫情影响，无论是国内还是国际经济都出现一定的困难。因此，寻找新的经济增长点，大力发展经济，成为 2022 年的主要任务。从地摊经济到

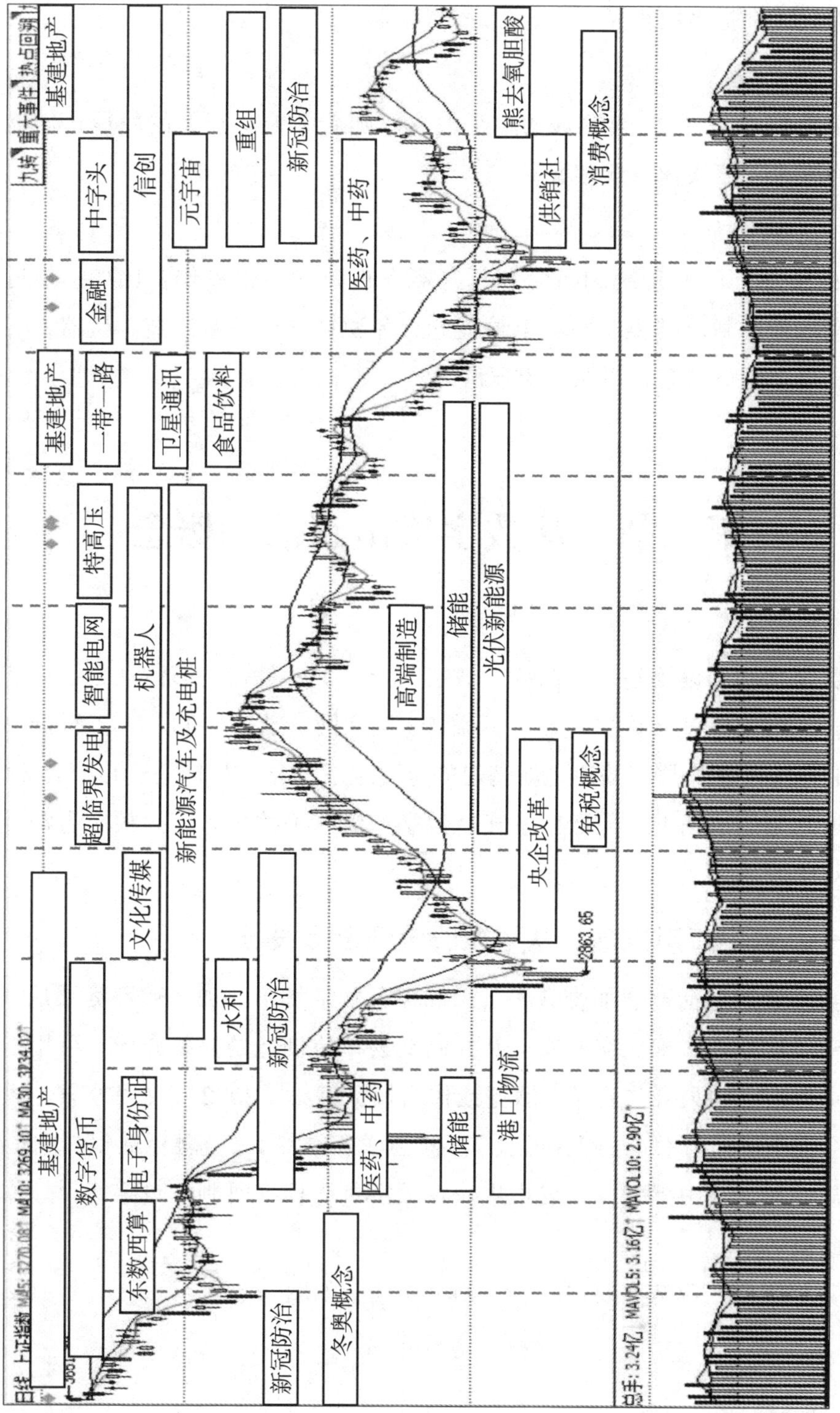

图 3-4　2022 年全年主要概念炒作时间分布图

乡村振兴等都被多次提及。

6. 储能概念

储能概念是2022年热炒的一个概念。随着新能源行业的发展，储能行业也迎来了一波快速发展浪潮。

7. 其他概念

2022年，一些传统的概念和新兴概念被游资大幅炒作。比如，最近几年常常炒作的新能源汽车与充电桩概念、免税概念、高端制造、机器人、特高压、央企改革概念，以及冬奥概念等。

第二节　从数字货币到信创概念

数字化基础设施建设（简称“数字基建”），是指能够体现数字经济特征的新一代信息基础设施建设，涵盖5G互联网、数据中心、人工智能、工业互联网等领域。数字基建是新基建的重要组成部分，并且是核心组成部分。在最近几年的市场上，与数字基建、数字经济有关的概念，频频成为资金热炒的对象。

一、数字货币概念：从翠微股份到恒宝股份

数字货币包括普通加密数字货币和央行数字货币。加密数字货币是一种使用密码学原理来确保交易安全及控制交易单位创造的交易介质，可用于兑换法定货币，购买某些商品、服务或作为投资工具。2022年2月9日，人民银行会同市场监管总局、银保监会、证监会联合印发了《金融标准化“十四五”发展规划》，其中提到，稳妥推进法定数字货币标准研制。数字货币炒作浪潮就此被引爆。

数字货币产业链主要包括以下四个层面，如图3-5所示。

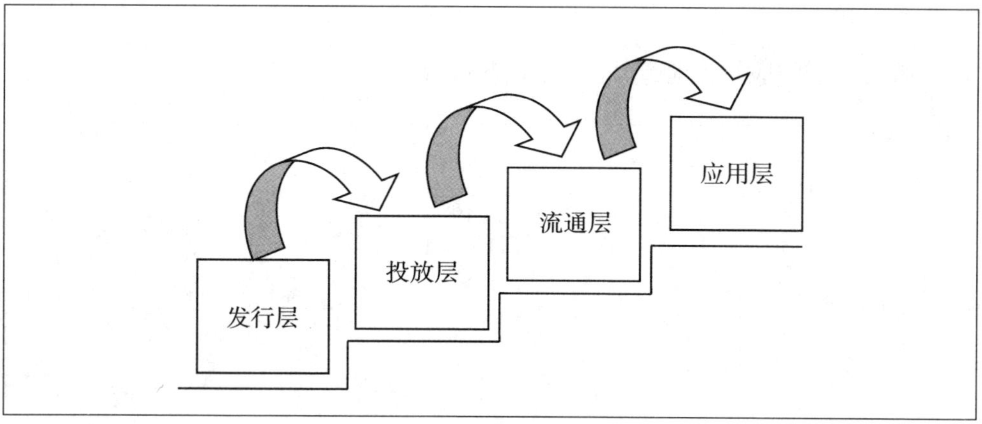

图 3–5　数字货币产业链

1. 发行层

主要涉及数字货币系统、银行 IT 系统、数字加密以及网络安全等维度，参与企业包括华为、国民技术、长亮科技、神州信息、高伟达、数字认证、格尔软件、卫士通、启明星辰、绿盟科技等。

2. 投放层

主要涉及数字货币钱包，参与企业包括广电运通、飞天诚信、朗科科技、四方精创等。

3. 流通层

主要涉及第三方支付、POS 机、ATM 机等，参与企业相对较多，常见的包括支付宝、腾讯金融、银联、新大陆、新国都、光电运通、聚龙股份、拉卡拉等。

4. 应用层

主要涉及大额现金支付端、货币数字化等。本质上，应用层涵盖了各类数字货币的应用场景。

下面看一下翠微股份的案例。

翠微股份是主要从事商业零售业务的企业。在 2022 年年初的一波行情中，成为数字移动支付的大龙头。

2022 年年初，“移动支付”概念成为市场热点，翠微股份自然成为攻击对象。翠微股份的股价在 2022 年初期经过一波拉升，深圳金田路也介入了该股。

翠微股份的股价走势情况，如图 3-6 所示。

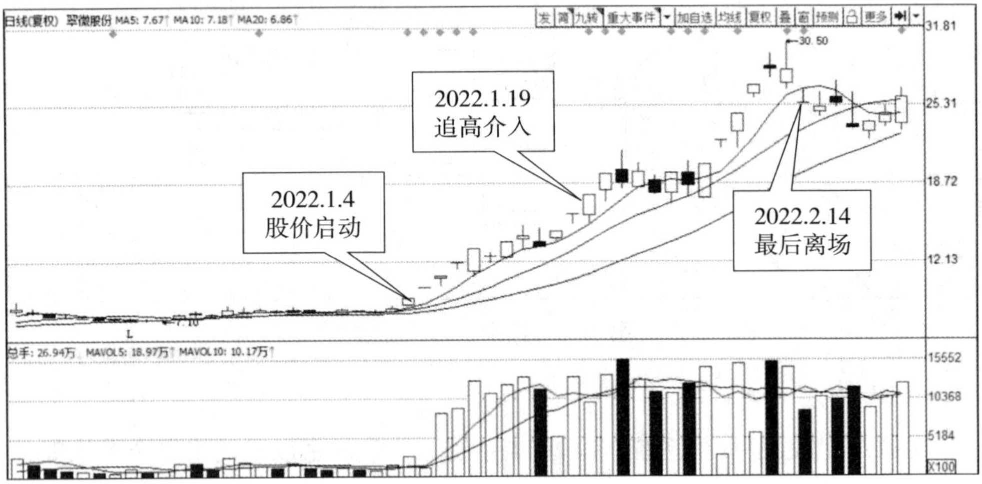

图 3-6　翠微股份（603123）日 K 线走势图

翠微股份的股价自 2022 年 1 月 4 日启动上升。此时，很多游资还没有在第一时间捕捉到这个大龙头。

1 月 19 日，该股股价经过休整再度涨停。自当日开始，光大证券深圳金田路强势介入该股，并形成一套滚动式交易，其交易记录如表 3-3 所示。

表 3-3　深圳金田路交易翠微股份的龙虎榜数据

日期	买入金额（万元）	卖出金额（万元）
2022.1.19	6918.19	0
2022.1.20	7201.69	7373.53
2022.1.21	0	7475.45
2022.1.26	3974.17	0
2022.1.27	0	3625.58
2022.2.14	0	5078.6

对照光大证券股份有限公司深圳金田路营业部的交易记录以及翠微股份的股价走势，可以发现以下几点。

第一，深圳金田路的交易十分简单直接，多数是“今日买，明日卖”的模式，在该只股票交易过程中，显得十分有效。

第二，从实际交易过程来看，1 月 19 日买入的股票，在 20 日卖出获利就超过了 400 万元；20 日买入的股票，在 21 日卖出又获利 200 多万元。

第三，1 月 26 日的买入相对比较保守，只有 3974 万元，在 27 日赔了 350 万元直接卖出。

第四，2 月 14 日卖出的 5000 多万元股票，在龙虎榜上没有追踪到其买入记录。通过已经上榜的营业部和未登陆龙虎榜的日期来看，只有 9 日和 10 日存在买入的可能，无论是哪个交易日买入的，最终都可能出现亏损。

总之，高位买入股票，不仅散户可能会被套牢，就是游资也存在很大的亏损可能。从这点上来看，市场上出现一个大龙头（连下十几个涨停板）是多么的不容易。

再来看一下恒宝股份的案例。恒宝股份是继翠微股份之后，继续抗起数字货币大旗的龙头股票。

恒宝股份是一家从事信息通信技术（ICT）运营管理领域的软件开发、技术服务、系统集成以及第三方软硬件销售业务的企业。

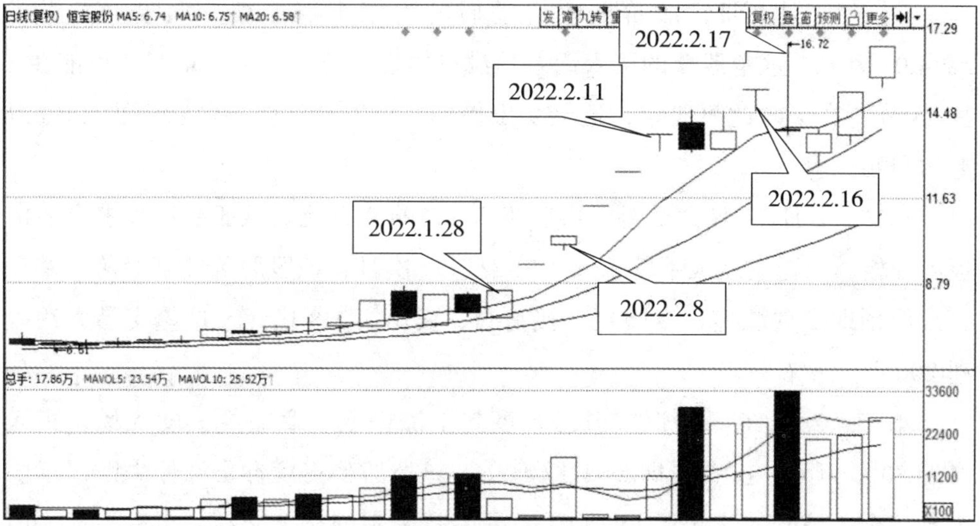

图 3-7　恒宝股份（002104）日 K 线走势图

如图 3-7 所示，2022 年 1 月 28 日，恒宝股份的股价以涨停板终结了持续五个交易日的横向振荡。

此后因春节休市，直至 2 月 7 日才重新开盘。2 月 7 日，该股股价直接一字板封盘。2 月 8 日，该股高开高走再度封板。其后，该股股价一路强势上攻，直至 2 月 11 日后，股价才出现调整。

其后，该股股价经过调整又出现一波上升走势。股价在这波大幅上攻过程中，国泰君安上海江苏路营业部曾多次参与炒作。

其具体交易记录，如表 3-4 所示。

表 3-4　章盟主交易恒宝股份的龙虎榜数据

日期	买入金额（万元）	卖出金额（万元）
2022.2.8	34.8	2294.07
2022.2.11	17794.9	31.1
2022.2.14	17.95	18000.5
2022.2.16	6996.62	16.04
2022.2.17	99.74	6978.98

对照国泰君安上海江苏路营业部的交易记录以及恒宝股份的股价走势，可以发现以下几点。

第一，2 月 8 日，股价上攻启动后的第三个涨停板，章盟主卖出了 2294.07 万元。这笔股票的买入记录并没有体现在龙虎榜上。章盟主可能在 1 月 28 日左右买入此只股票，这笔卖出操作，可以让章盟主收获至少 20% 以上的利润。

第二，2 月 11 日，章盟主再度买入 17794.9 万元。该股在连续多个一字板后开板，章盟主就大手笔杀入 1.78 亿元。次日，该股股价冲高回落，并没有按照预期实现涨停，章盟主直接清仓，卖出了 1.8 亿元。这笔交易大约盈利 200 万元左右。

第三，2 月 16 日，恒宝股份再度封上涨停板，章盟主三度入场，买入将近 7000 万元。次日（即 2 月 17 日），该股股价再度冲击涨停失败，章盟主直接全部清仓，卖出了 6978.98 万元。章盟主的整个交易，小有亏损，但是不大。

通过章盟主交易恒宝股份的实盘记录，可以看出这样几点。

第一，游资并不是每笔交易都能盈利。尽管恒宝股份连续上攻多日，股价上涨幅度相当大，但很多游资并没有全额享受这波利润。作为国内顶级游资，章盟主的三次交易不过是一赢、一亏与一平。

第二，游资之所以能够在市场上长久立足并保持盈利，与其严格遵守交易纪律有直接关系。通过章盟主的几次交易可以看出，其交易风格极为凶悍，多采用一次性进场与出场的方式，绝不拖泥带水，发现行情不利坚决出清，宁可有亏损，没有像散户一样等待行情向着有利于自己的方向发展。

二、东数西算概念：从直真科技到依米康

“东数西算”中的“数”指的是数据（大数据），“算”指的是算力，即对数据的处理能力、计算能力。算力，如同农业时代的水利、工业时代的电力，已成为数字经济发展的核心能力之一。

2022 年 2 月，国家发展改革委等部门联合印发文件，同意在京津冀、长三角、粤港澳大湾区、成渝、内蒙古、贵州、甘肃、宁夏启动建设国家算力枢纽节点，并规划了 10 个国家数据中心集群。至此，全国一体化大数据中心体系完成总体布局设计，“东数西算”工程正式全面启动。

东数西算产业链涵盖的企业较多，涉及算力基础设施、数据中心、数据服务以及数据应用等诸多类别，整个产业链的构造大致可分为以下几个模块，如图 3-8 所示。

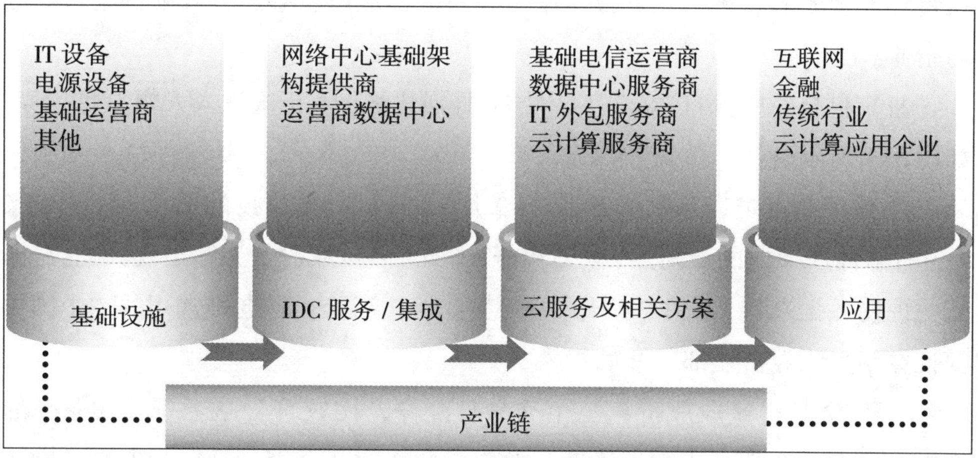

图 3-8　东数西算产业链示意图

1. 基础设施层面

该层面涉及 IT 设备（含服务器、路由器、交换器、光模块等）、电源设备、

基础运营商等企业，比较有代表性的企业包括华为、浪潮信息、新华三、新易盛、中际旭创、光迅科技、施耐德、科华恒盛、科士达、艾默生、电信、移动、联通等企业。

2. IDC 服务 / 集成层面

该层面涉及第三方数据中心基础结构提供商、运营商数据中心等，比较典型的企业包括万国数据、世纪互联、宝信软件、光环新网、奥飞数据、网宿科技、鹏博士、依米康、直真科技等。

3. 云服务及相关方案提供商层面

该层面涉及基础电信运营商、数据中心服务商、IT 外包服务商、云计算服务商等，包括阿里云、电信、移动、联通、云网科技、赛为智能、金山云、腾讯云、京东云、光环新网、云网互联等。

4. 应用层面

东数西算的应用场景非常宽泛，很多行业都能应用，比较典型的包括金融业、传统行业、云计算应用行业等，诸如阿里巴巴、抖音、富士康、字节跳动、中国石油等。

来看一下直真科技的案例。直真科技是一家从事信息通信技术（ICT）运营管理领域的软件开发、技术服务、系统集成以及第三方软硬件销售业务的企业。

直真科技的股价自 2022 年 2 月 18 日强势涨停，正式进入大幅上攻趋势，如图 3-9 所示。

从图 3-9 中可以看出，2022 年 2 月 18 日，直真科技的股价向上突破 2 月 9 日涨停所形成的最高点，并强势涨停。此后，该股股价连续出现大幅拉升。从龙虎榜数据来看，2 月 22 日开始强势登榜。当天，赵老哥常用的“中国银河证券绍兴证券营业部”开始买入。

2 月 22 日，该股股价第三个交易日涨停，比较符合赵老哥寻找龙头的标准，即在三个涨停板附近确认大龙头。此后的几个交易日，赵老哥开始频繁交易，其具体交易记录如表 3-5 所示。

对比赵老哥的交易记录以及直真科技的股价走势，可以发现以下几点。

第一，2 月 28 日，股价上攻最后一个涨停板前，赵老哥买入的金额并不

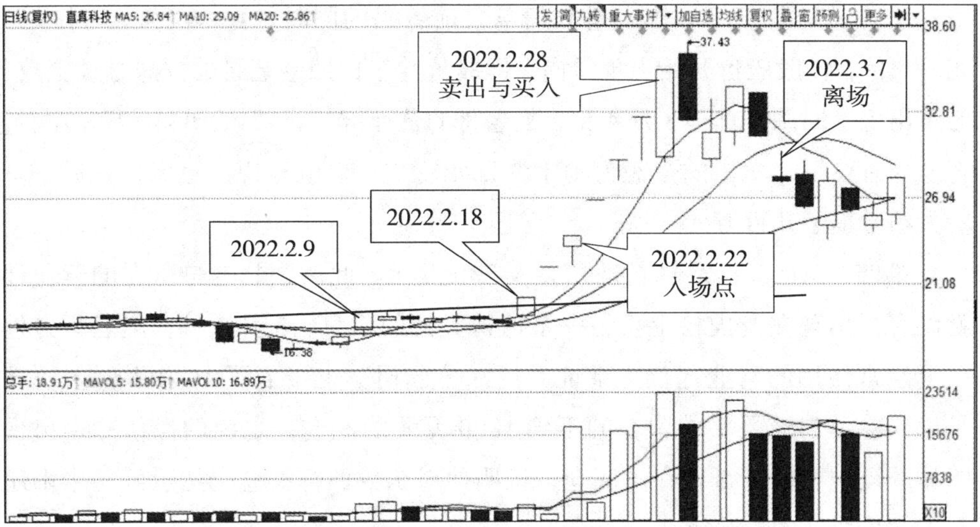

图 3-9　直真科技（003007）日 K 线走势图

表 3-5　赵老哥交易直真科技的龙虎榜数据

日期	买入金额（万元）	卖出金额（万元）
2022.2.22	1162.73	15.06
2022.2.23	一字板，没有大额的买卖交易	
2022.2.24	1494.95	224.56
2022.2.25	赵老哥所用营业部未上榜	
2022.2.28	4089.68	3033.41
2022.3.1	2254.25	959.54
2022.3.2	436.08	2304.66
2022.3.3	1886.99	3625.92
2022.3.4	1794.4	2316.04
2022.3.7	736.71	925.35

算高，2 月 22 日和 2 月 24 日两个交易日只买入 2650 万元左右，2 月 24 日还卖出 2000 多万元。

第二，2 月 28 日是一个关键时间点。当日，赵老哥卖出了 3000 多万元，几乎将手中可以卖出的筹码全部卖出。由于当日买入的不可以卖出，可以得出这样一个结论，即 2 月 28 日前的筹码，赵老哥大约盈利在 500 万元左右。

第三，2月28日，赵老哥在清空之前筹码的同时，大幅买入了4089万元。此后，该股股价开始出现转向，即股价并未按照赵老哥的预想继续上攻，而是出现了回调。直至3月4日，赵老哥的营业部累计买入10459万元左右，直至3月7日，卖出的金额为10129万元左右。也就是说，赵老哥在后一阶段大约亏损了几百万元。

第四，3月7日，赵老哥又买入730万元。此后，赵老哥所在的营业部就没有再出现在龙虎榜上。另一个值得关注的信息，3月7日，赵老哥另外一个经常使用的营业部“华泰证券浙江分公司”也买入了1047万元。也就是说，除了赵老哥手中留存的不到1800万元的底仓，之前的操作并未出现明显的盈利。赵老哥留存了底仓，说明他对东数西算概念仍然看好，未来还有进一步拉升的想法。

从赵老哥的操作记录可以看出，他是在股价触顶之后加仓买入，才造成之前的盈利被吞噬，从中也可以看出强势股操作之难。

再来看一下依米康的案例。依米康是属于计算机行业的企业。依米康的股价在2022年2月出现一波短线拉升走势。佛山系在这波拉升过程中获利颇丰，拉升动作如同短线操作的教科书。如图3-10所示。

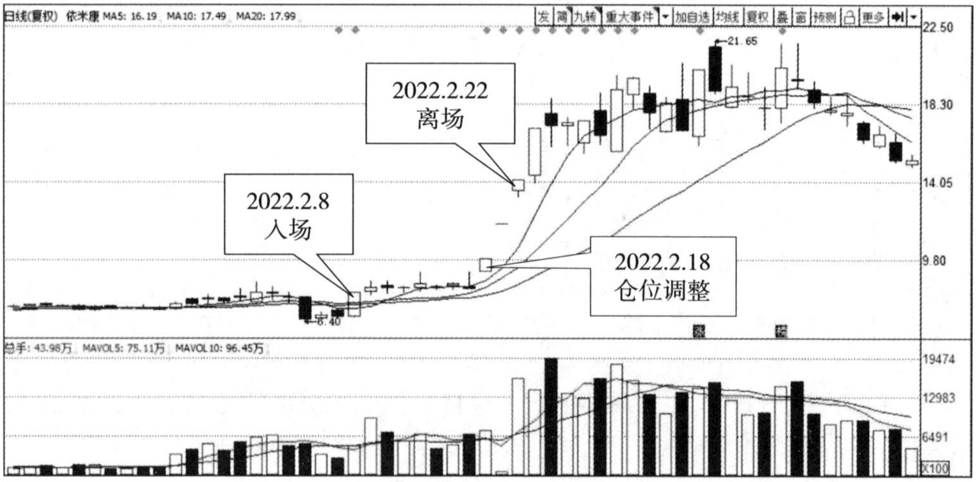

图3-10 依米康（300249）日K线走势图

从图3-10中可以看出，2022年2月以前，依米康的股价一直呈横向盘整走势。1月27日，该股股价突然出现大幅下跌。此后，该股低位横盘两个交易日后，2 月 8 日佛山系游资强势介入。其交易记录如表 3-6 所示。

表 3-6　佛山系交易依米康的龙虎榜数据

日期	买入金额（万元）	卖出金额（万元）
2022.2.8	10163.8	0
2022.2.18	6193	12192.5
2022.2.21	一字板，未交易	
2022.2.22	3.07	8900.57

对比光大证券股份有限公司佛山绿景路营业部的交易记录以及依米康的股价走势，可以发现以下几点。

第一，从佛山系的操作来看，对依米康股价起涨的提前预判和埋伏，是整个操作获利的基础和前提。2 月 8 日，佛山系率先对依米康进行强势拉升，当日直接买入 1 亿元以上，凭借一己之力将股价拉升至涨停板，可见佛山系的操作之强悍。

第二，2 月 8 日之后，该股股价经历了七个交易日的横向振荡，佛山系的资金保持了相当的定力，没有进行大幅拉升或打压。

第三，2 月 18 日，在外围环境利好的影响下，佛山系将该股股价轻松送至涨停板位置，且将之前投入的资金获利兑现。佛山系当天买入 6000 多万元，卖出的金额达到了 1.2 亿元以上。说明该营业部之前入场的资金取得了较为丰厚的获利。

第四，2 月 22 日，依米康连续第三个涨停板出现，佛山系的资金全线撤出，卖出金额达到 8900 万元，获利丰厚。尽管该股拉出了第四个涨停板，但整体涨幅已经偏小。由于佛山系资金介入较早，所以赚了个盆满钵满。

在这波操作过程中，佛山系在依米康的盈利金额超过了 4700 万元，是一个极为漂亮的数据，也是佛山系操盘最典型的一个案例。

三、信创概念：从英飞拓到竞业达

信创是国家基于国产芯片和操作系统的 PC、服务器、网络设备、存储设备、数据库、中间件等基础设施的技术创新。

整个信创产业链涵盖以下几个主要构成部分，如图 3-11 所示。

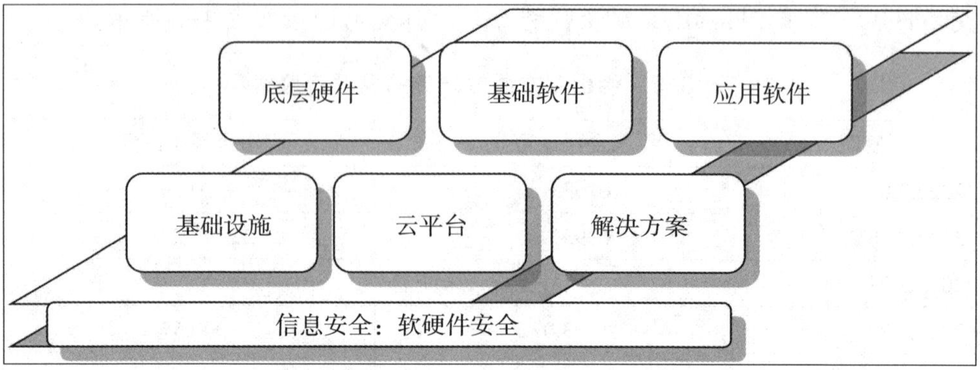

图 3-11　信创产业链构成

1. 底层硬件与基础设施

涵盖芯片、服务器和存储等领域，涉及企业包括龙芯中科、海光信息、浪潮信息、新华三等。

2. 基础软件及云平台

涵盖操作系统、数据库以及中间件等，涉及企业包括中国软件、诚迈科技、海量数据、达梦数据库、人大金库、神州通用、阿里云、华为云、腾讯云、中兴、浪潮、东方通、宝兰德、普元信息等。

3. 应用软件及解决方案

包括一些应用办公软件和办公平台等，涉及企业如福昕软件、万兴科技、致远互联等。

4. 信息安全

信息安全产品可分为硬件、软件和服务三大类，目前以硬件、软件类产品为主导，涉及企业包括启明星辰、深信服、天融信、卫士通、绿盟科技、安恒信息、中孚信息和迪普科技等。

在市场炒作过程中，真正被资金爆炒的并非这些产业链上的中坚企业，而是一些与信创概念沾边的企业。

来看一下英飞拓的案例。英飞拓是一家以人物互联为核心的智慧城市整体解决方案提供、建设和运营服务商。在信创概念炒作之际，该股股价掀起了几波炒作浪潮。该股股价在 2022 年 10 月的走势情况，如图 3-12 所示。

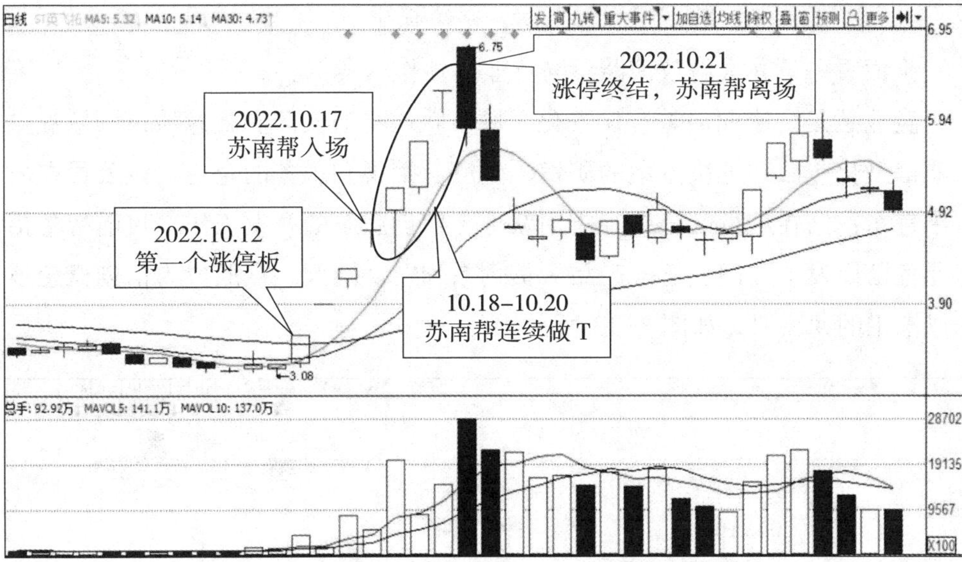

图 3–12 英飞拓（002528）日 K 线走势图

从图 3–12 中可以看出，在信创概念大幅热炒的背景下，市场上的资金在探寻真正的大龙头品种。

英飞拓的股价自 10 月 12 日启动连续涨停走势，很多知名游资并没有第一时间介入。10 月 17 日，知名游资苏南帮常用的东莞证券浙江分公司强势介入该股。

10 月 18 日，苏南帮卖出了先前买入的 572.79 万元后，又买入了 1215.78 万元。

10 月 19 日，苏南帮再做一个 T，买入了 981.55 万元，卖出了 548.98 万元。

10 月 20 日，苏南帮三度做 T，买入 959.79 万元，卖出了 1577.93 万元。

10 月 21 日，苏南帮将手中的筹码全部清空。

从苏南帮的整个交易过程可以看出以下几点。

第一，游资并不追求第一时间入场，而是在股票情绪起来后，甚至可以确定为龙头品种时才入场。尽管可能错过一些收益，但安全性很高。

第二，为了确保资金的安全，在交易过程中，以做短线、做 T 的滚动交易为主。

第三，跟着市场的情绪走。情绪在，股价能够继续封板，就坚持持仓；

反之，当股票人气发散，无力封板时，坚决撤出。

下面看一下光大解放南路参与竞业达炒作的案例。

竞业达是一家面向教育信息化、城市轨道交通安防和智慧城市领域提供行业信息化产品和解决方案的研发、生产、销售和服务的企业。该公司在公告中宣布：已在进行部分系统应用软件（信创版）的开发工作，目前智慧招考业务已研发了“网上巡查产品 - 信创系列”。因此，该股成为信创概念炒作风潮中的龙头股，如图 3-13 所示。

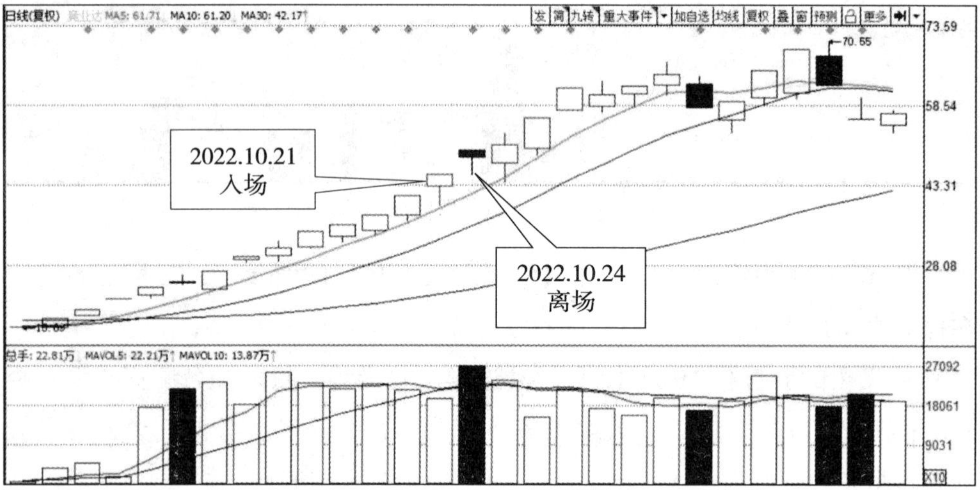

图 3-13　竞业达（003005）日 K 线走势图

从图 3-13 中可以看出，自 2022 年 9 月底开始，市场上掀起一波炒作信创概念的热炒，竞业达的股价一路走高。不过，光大证券解放南路并不是第一时间入场的游资。10 月 21 日，该股股价经过一波振荡再度封上涨停板前，光大解放南路才入场，如图 3-14 所示。

从图 3-14 中可以看出，光大证券宁波解放南路在 2022 年 10 月 21 日股价冲击涨停板当日买入了 2426 万元的股票。此时已经是该股第二波拉升后的第三个涨停板了，相对于9月底启动时的股价，此时股价已经翻了一倍有余。很多散户看到风险不敢入场，而游资则是反其道而为之，只要股价能够涨停就敢于入场。对于游资来说，只要次日股价能够创出新高就可以了，至于股价上行能否持续，并不重要。

该股次日的走势情况，如图 3-15 所示。

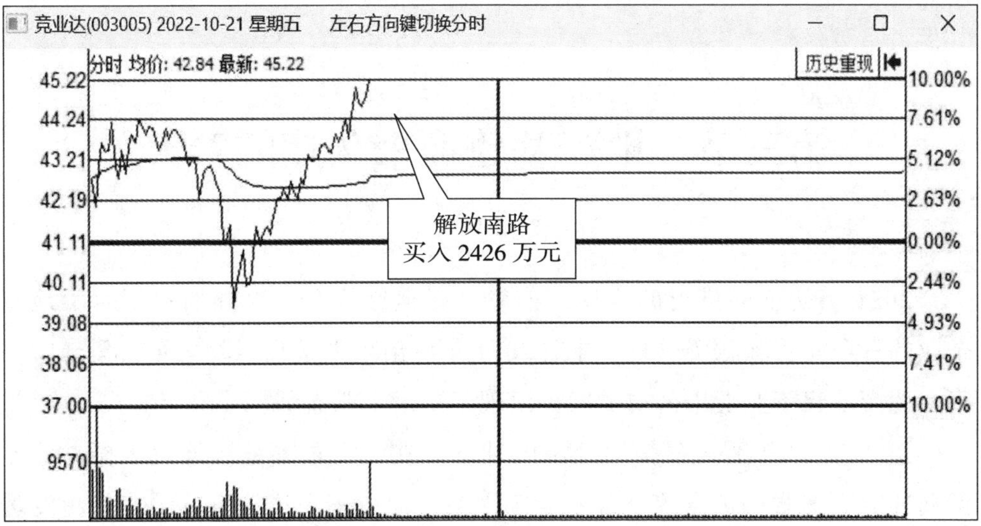

图 3-14　竞业达（003005）分时走势图（2022.10.21）

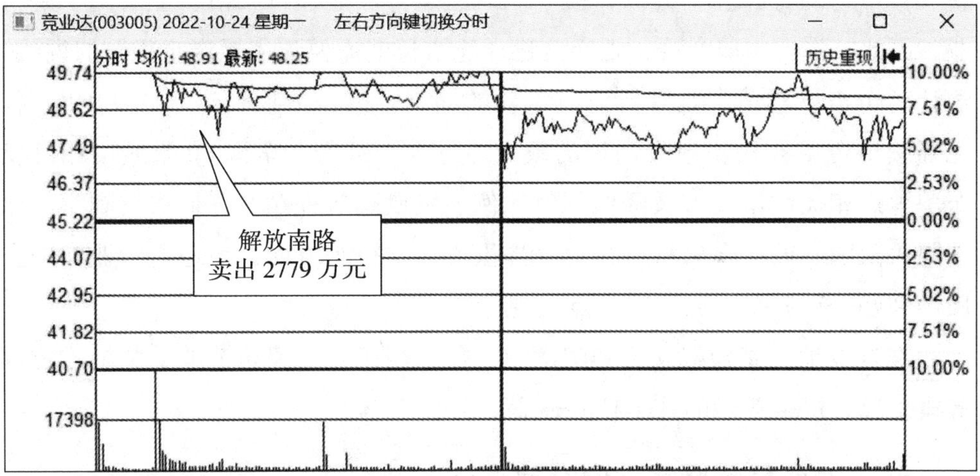

图 3-15　竞业达（003005）分时走势图（2022.10.24）

从图 3-15 中可以看出，2022 年 10 月 24 日，竞业达的股价以涨停开盘后，盘中大量抛盘涌出，光大证券宁波解放南路趁机出逃，卖出 2779 万元。也就是说，光大证券宁波解放南路在两个交易日内实现了 350 万元的利润。

其后，该股股价还有一段时间的涨幅，但对这些游资来说，只要能够把握一小波的利润就是胜利。这就是打板思维的精华所在，即不求尽可能多的收益，只要能够拿到最容易拿的一小部分利润即可，剩下的交给时间和复利就可以了。

第三节　地产基建迎来久违的春天

2021 年初全面推行的房地产监管“三道红线”，大幅加强了对房地产企业的资金监管和融资管理，导致 2021 年后出现大批高风险房企密集暴雷。很多地产基建行业上市公司的股价出现了持续下跌态势。

进入 2022 年后，疫情对经济的冲击仍在，需求萎缩、外贸不振，叠加俄乌冲突、美联储加息等外部不确定因素，使得国民经济复苏的步伐越发缓慢，稳经济成为 2022 年的主旋律。早已陷入超跌困境的地产基建板块，重新获得市场的青睐。一方面，由于地产基建行业能够带动诸多上游与下游行业，因此，常有“地产稳，则经济稳；稳增长就需要让房地产企稳”的说法。这让整个市场对地产基建行业有了新的期待。另一方面，进入 2022 年，各地陆续出台了放松房地产调控的政策。进入 3 月份，全国 60 余城市相继发布房地产相关政策，涉及降低首付比例、发放购房补贴、降低房贷利率、取消限售限购、鼓励金融机构为房企提供资金支持等方面，房地产行业迎来实质性利好，行业基本面回暖拐点出现。

在这波地产基建概念反弹浪潮中，新型城镇化、建筑节能、装配式建筑等概念成为资金热炒的几个核心概念。

一、地产复苏概念：中交地产

随着各类房地产松绑政策的出台，房地产需求端也出现了回暖迹象，让市场资金看到房地产股票新的上升希望。于是，一批典型的房地产企业的股价开启了一波大幅上升走势，比较有代表性的包括中交地产、中国武夷、新华联等。

中交地产是一家从事房地产开发与销售业务的企业，在 2022 年 3 月到 4 月的地产基建行情中成为上攻的大龙头。

中交地产的股价自 2022 年 3 月底强势涨停，正式进入大幅上攻趋势，如图 3-16 所示。

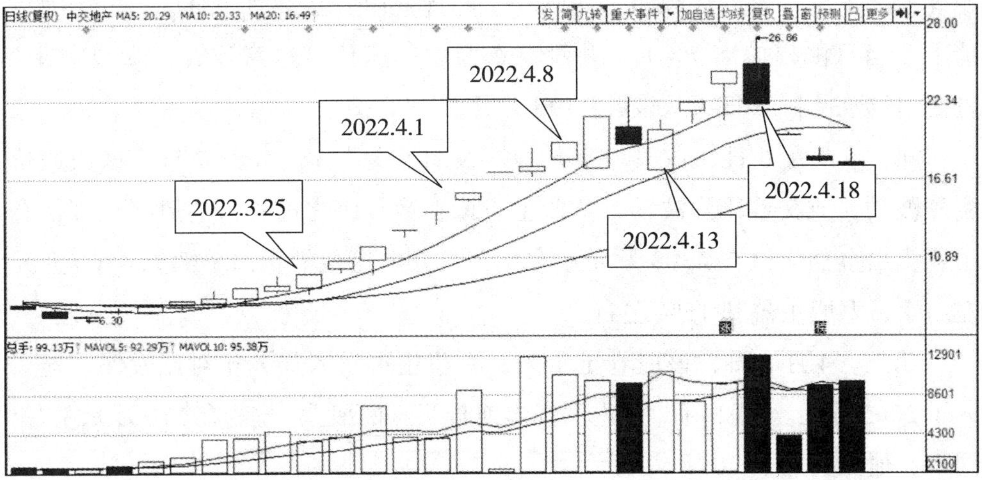

图 3-16　中交地产（000736）日 K 线走势图

从图 3-16 中可以看出，2022 年 3 月 25 日，中交地产的股价在前一日振荡的基础上，三个交易日内二度涨停。

此后，该股股价掀起了一波快速上攻之路，股价连续拉出涨停板。章盟主经常使用的国泰君安上海江苏路营业部频繁地出现在龙虎榜上，使得我们可以对其操作进行跟踪。其具体交易记录如表 3-7 所示。

表 3-7　章盟主交易中交地产的龙虎榜数据

日期	买入金额（万元）	卖出金额（万元）
2022.4.1 以前	3795.65	21.42
2022.4.7	60（估算数值）	4300（估算数据）
2022.4.8	2065.95	70.29
2022.4.11	2051.57	2237.36
2022.4.12	3935.54	229.85
2022.4.13	672.03	32.6
2022.4.14	4943.49	782
2022.4.15	75.48	5613.69

对比国泰君安上海江苏路营业部的交易记录以及中交地产的股价走势，可以发现以下几点。

第一，4 月 1 日，章盟主经常使用的国泰君安上海江苏路营业部出现在龙虎榜上（三日累计涨幅超过 20%）。与此同时，在 4 月 1 日的另一个龙虎榜上（当日涨幅偏离 7%），并没有章盟主的席位。这意味着，章盟主在 3 月 31 日或 3 月 30 日买入该股 3795 万元。

第二，4 月 6 日，该股一字封板，没有交易记录。4 月 7 日，该股股价剧烈波动，成交量剧烈波动，章盟主应该在当日将之前买入的股票全部清仓了，卖出金额应该在 4300 万元左右（当日龙虎榜最低卖出金额为 4500 万元左右），章盟主盈利 15% 左右。

第三，4 月 8 日，该股卷土重来，章盟主再次入局，相对比较保守地买入了 2065 万元。4 月 11 日，章盟主卖出前日买入的股票，盈利在 170 万元左右。同日，他又买入了 2051.57 万元。

第四，4 月 12 日和 13 日，该股股价出现剧烈振荡，章盟主保持了较佳的定力，没有进行大幅减仓，还在 12 日加仓了 3935 万元，13 日加仓 672 万元。4 月 14 日，该股又一次强势涨停，章盟主再度买入 4943 万元，只卖出了 782 万元，显示其对股价后面的走势保持了较强的信心。

第五，自 4 月 15 日起，章盟主开始了卖出操作，于当日卖出 5613.69 万元。自 4 月 18 日开始，章盟主的席位未出现在龙虎榜。章盟主应该是在 4 月 18 日抛出了剩余的一部分筹码后（应该不会超过 5200 万元，龙虎榜卖出最后一名为 5279 万元），手中应该还有一部分留存。

从交易记录来看，章盟主前期的交易都是比较顺利和成功的，盈利也非常高。4 月 18 日卖出的筹码达到了最佳获利水平。总体上来看，这是一次比较成功的交易，特别是 4 月 12 日与 13 日，该股股价出现大幅回调时，章盟主并未进行减仓卖出，这是一种胆气和资金实力的体现，并非普通散户能够做到的。

二、新型城镇化：浙江建投

2022 年，中共中央办公厅、国务院办公厅印发了《关于推进以县城为重要载体的城镇化建设的意见》，并发出通知，要求各地区各部门结合实际认真贯彻落实。县城是我国城镇体系的重要组成部分，是城乡融合发展的关键支撑，对促进新型城镇化建设、构建新型工农城乡关系具有重要意义。

由此，新型城镇化概念成为 2022 年市场热炒的一个概念。

浙江建投是一家以建筑施工业务、建筑产业链相关的工程设计咨询、产业投资业务、工业制造业务、建筑专业服务的企业。

浙江建投的股价自 2022 年 2 月 7 日强势涨停，正式进入大幅上攻趋势，如图 3-17 所示。

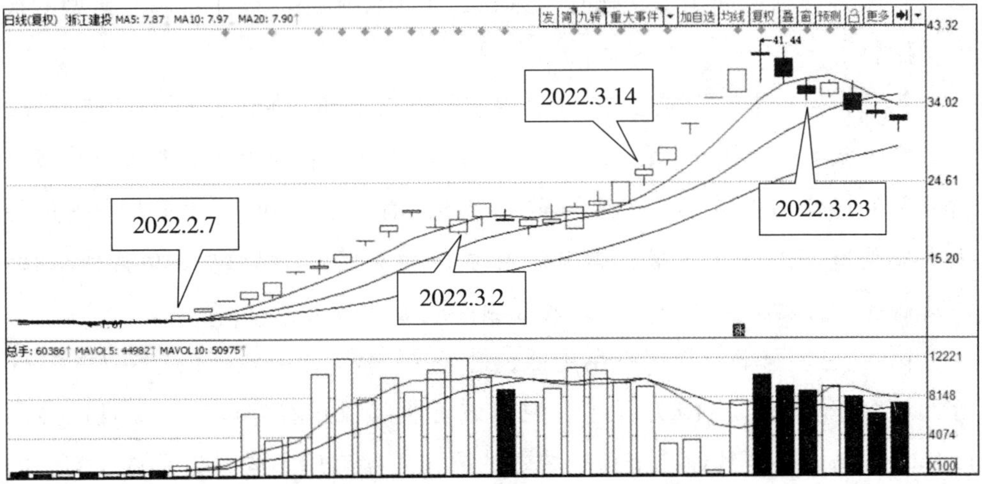

图 3-17　浙江建投（002761）日 K 线走势图

从图 3-17 中可以看出，在房地产行业复苏和新型城镇化概念的加持下，2022 年 2 月 7 日，浙江建投的股价以涨停的方式迎接春节后的第一个交易日。此后，该股股价连续拉出多个涨停板，龙头风采尽显。

2022 年 3 月初，浙江建投的股价出现振荡调整，中信证券上海溧阳路就是在此阶段介入该股的。该股随后发动新一波的上涨，在 3 月 20 日前后进入顶部区域。从操作记录来看，上海溧阳路在 3 月 23 日全部清仓了该股，获利颇丰。其具体交易记录如表 3-8 所示。

对比中信证券上海溧阳路的交易记录以及浙江建投的股价走势，可以发现以下几点。

第一，在浙江建投第一波上攻走势中，上海溧阳路并没有参与，而是在股价进入调整阶段后才入场的。这说明即使是顶级游资，也不能确保第一时间发现牛股或强势股。就是说，所谓的牛股或龙头股是市场的选择，而

表 3-8　上海溧阳路交易浙江建投的龙虎榜数据

日期	买入金额（万元）	卖出金额（万元）
2022.3.2	4385.94	9.36
2022.3.4	2160.86	1319.42
2022.3.14	538.01	4493.97
2022.3.23	192	15925.4

非某一家游资刻意而为。从操作上来讲，上海溧阳路的操作，属于典型的接力操作。

第二，在 3 月 2 日的龙虎榜上，溧阳路首次出现，强势买入了 4385 万元，成本价应该不会超过 21 元。3 月 3 日，该营业部没有登上龙虎榜，意味着该营业部的操作力度较小，买入与卖出金额没有超过 2100 万元（龙虎榜最低买入金额为 2192 万元，最低卖出金额为 2030 万元）。结合后面的操作来看，该营业部当日卖出金额较少，买入金额接近 2000 万元。

第二，3 月 4 日，该股振荡走低，封于跌停板。该营业部仍是买入（2160 万元）多于卖出（1319 万元）。说明该营业部强烈看好该股，并且已经深度建仓布局。这与其他几个顶级游资的操作思路有所不同，也是资金实力的体现。

第三，3 月 14 日，该营业部直接卖出了 4493 万元。当日是 13 日涨停基础上再度冲击涨停失败的时刻，该营业部卖出了手中大部分筹码（获利较好）。从后面的龙虎榜数据来看，应该还有相当一部分的底仓。

第四，该营业部从 3 月 14 日到 3 月 23 日之间都没有出现在龙虎榜，这就意味着，该营业部并未进行大额的买卖交易。不过在 3 月 23 日，该营业部又一次性卖出了 1.59 亿元，这说明在 3 月 14 日到 23 日之间，该营业部还是买入了一部分筹码的，而 23 日的卖出则属于典型的清仓操作。从该股的走势来看，该营业部的操作应该获利颇为丰厚。3 月 23 日清仓点的掌控也比较到位。

三、建筑节能：北玻股份

建筑节能是指在建筑材料生产、房屋建筑和构筑物施工及使用过程中，满足同等需要或达到相同目的的条件下，尽可能降低能耗。

2022 年 4 月 1 日，我国正式实施国家“双碳”目标制定的全文强制标准《建筑节能与可再生能源利用通用规范》(GB55015-2021)。自标准发布以来，各省市逐步开展建筑领域碳排放的研究工作，并通过发文对碳排放计算和指标提出明确要求。

进入 2022 年后，建筑节能概念成为市场资金热炒的概念之一。

建筑节能概念股包括中材节能、海螺新材、金智科技、双星新材、浙江建投、安徽建工、北玻股份、建艺集团、红宝丽、冀东装备、全筑股份、亚士创能等。

北玻股份是世界级玻璃深加工设备龙头企业，其核心产品包括玻璃钢化设备、低辐射镀膜玻璃设备、深加工玻璃等。

该公司深加工玻璃产品主要包括钢化玻璃、中空玻璃、夹层玻璃、低辐射镀膜玻璃以及由钢化玻璃或夹层玻璃组合加工而成的其他复合玻璃产品，拥有美观、安全、节能等优点，主要应用于建筑门窗、玻璃幕墙等领域，可以有效降低建筑物能耗，符合国家节能减排的发展目标。

2022 年 3 月，赵老哥参与了北玻股份这只牛股的拉升。该股的走势情况，如图 3-18 所示。

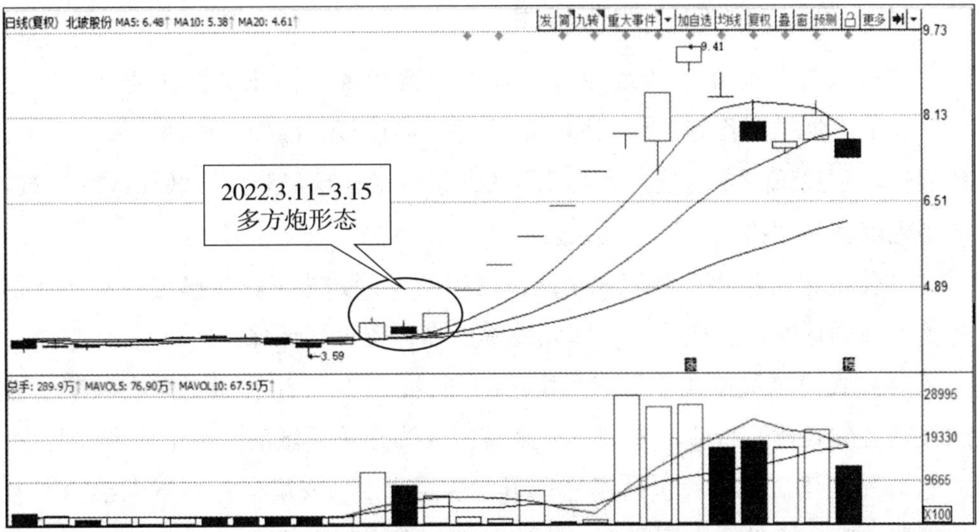

图 3-18　北玻股份（002613）日 K 线走势图

从图 3-18 中可以看出，3 月初，北玻股份的股价经过一段时间的横向振荡后开始走高。在游资拉升前，北玻股份出现了经典的洗盘形态（多方炮），此后该股股价一路上升。在拉升阶段，股价分时线是呈直线上升封住涨停板的，基本不给其他投资者机会。这是很多游资都会采用的拉升方法，赵老哥更是深谙此道，如图 3-19 所示。

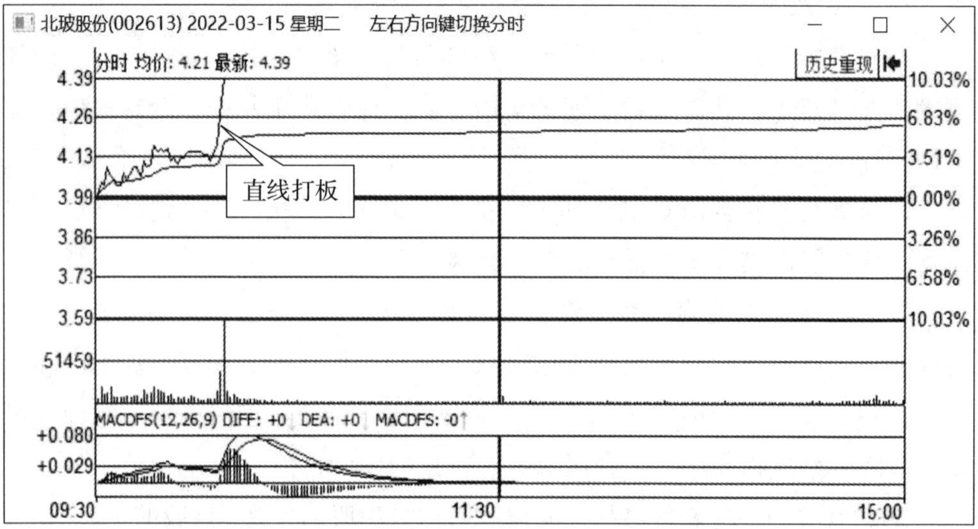

图 3-19　北玻股份（002613）分时走势图（2022.3.15）

四、装配式建筑：建艺集团

装配式建筑是指把传统建造方式中的大量现场作业工作转移到工厂进行，在工厂加工制作好建筑用构件和配件（如楼板、墙板、楼梯、阳台等），然后运输到建筑施工现场，通过可靠的连接方式在现场装配安装而成的建筑。通俗理解就是“拼积木”式建筑。

与传统建筑相比，装配式建筑从前端的设计到施工、装修等各个环节，都更加强调标准化、模块化，因此效率更高，也更加环保。

装配式建筑最近几年得到了快速的发展，国家也出台了一系列政策、措施鼓励装配式建筑行业的发展，未来有望成为建筑领域的一大潮流和趋势。

装配式建筑概念股包括建艺集团、浙江建投、安徽建工、方大集团、漳州发展、瑞和股份、宝鹰股份、北玻股份、中旗新材等。

建艺集团属于典型的装修装饰行业内企业。该公司在互动平台表示：公司投资的装配式建筑生产项目位于平远县广州南沙（平远）产业转移工业园，由公司全资子公司分期实施。因此，该公司就拥有了一个典型的“装配式建筑”概念的标签。

在装配式建筑概念热炒的刺激下，建艺集团的股价也出现了大幅上攻走势，如图 3-20 所示。

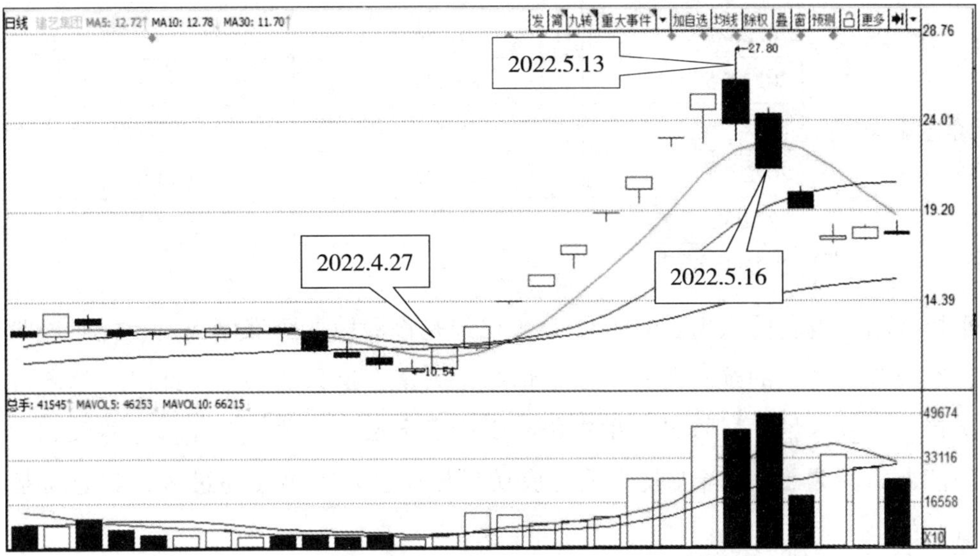

图 3-20 建艺集团（002789）日 K 线走势图

从图 3-20 中可以看出，建艺集团的股价自 2022 年 4 月 27 日收出第一个涨停板后，连续拉出 9 个涨停板。在此过程中，多路游资入场参与交易，其中赵老哥常用的中国银河证券绍兴营业部和申港广东分的操作比较有代表性。

两家营业部的龙虎榜数据，如表 3-9 所示。

从表 3-9 中可以看出，赵老哥常用的中国银河证券绍兴营业部的交易记录主要集中在前半段和后半段，即 4 月 28 日和 29 日股价启动阶段。5 月 11 日，赵老哥又重新入场，直至 5 月 13 日，股价已经开始下跌，手中还有一部分筹码没有出清。赵老哥第一次入场的时候，正是该股启动初期的第二个涨停板位置，这符合游资的一般操作规律，即在股价呈现强势、连续涨停时，

表 3-9　建艺集团龙虎榜数据

营业部	交易日期	买入金额（万元）	卖出金额（万元）
中国银河证券绍兴营业部	2022.4.28	1266.51	——
	2022.4.29	——	1401.43
	2022.5.11	1936.82	33.3
	2022.5.12	1394.83	2168.4
	2022.5.13	381.86	1301.2
申港证券广东分公司	2022.4.29	1073.56	——
	2022.5.5	865.24	——
	2022.5.6	——	883.49
	2022.5.11	4215.97	2498.63
	2022.5.12	1415	1048.25
	2022.5.16	——	3936.56

小幅入场，盈利后撤出。5 月 11 日，已经是该股第八个涨停板了，此时该股已经成为市场上的绝对龙头，市场情绪也聚集在这只股票上。此时，赵老哥选择了二度入场，尽管最后手中仍有少量资金没有出清，但操作上并没有大的问题，只是 13 日当天股价没有成功封板而已。整个交易过程，赵老哥是盈利的。

再看申港广东分的交易，则与赵老哥稍有不同。申港广东分入场的时间较晚，在该股已经锁定第三个涨停板时才入场。此后，经过一系列的做 T 交易，逐渐滚动加仓，前期获利较为丰厚。遗憾的是 5 月 13 日该股封板未果时，申港广东分没有清仓离场，而是等了一天，在 5 月 16 日才清仓，让利润白白损失了一部分。

第四节　储能概念全线爆发

储能指通过介质或设备把能量存储起来，在需要时再释放的过程。储能虽然不是新兴的技术，但从产业角度来说在我国却是刚刚出现，正处在起步阶段。

按照能量储存方式，储能可分为物理储能、化学储能、电磁储能三类，其中物理储能主要包括抽水蓄能、压缩空气储能、飞轮储能等，化学储能设备主要包括铅酸电池、锂离子电池、钠硫电池、液流电池等，电磁储能主要包括超级电容器储能、超导储能。

从整体储能产业链来看，大致可以分为三个层面，如图 3-21 所示。

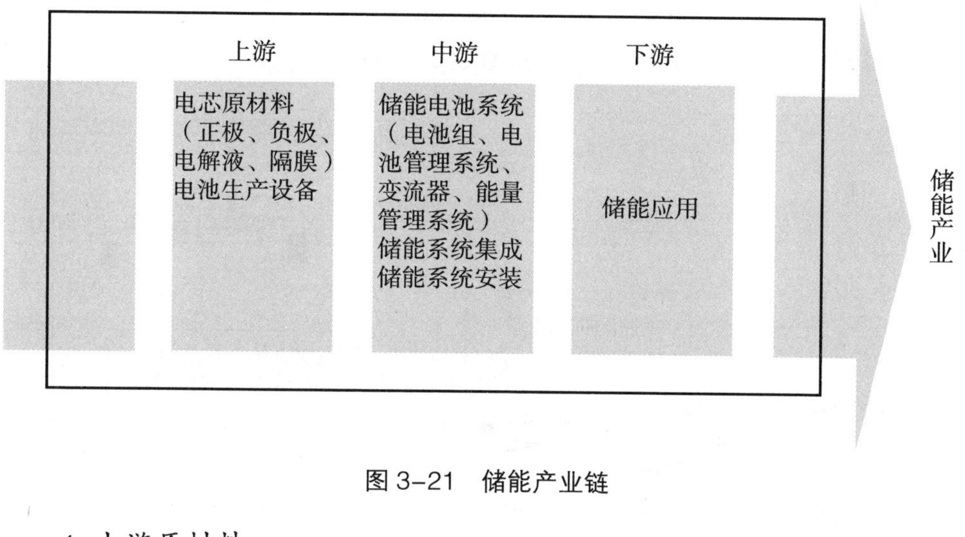

图 3-21　储能产业链

1. 上游原材料

产业链上游以原材料和电池生产为主，涉及企业包括杉杉股份、容百科技、当升科技、中科电气等。

2. 中游系统集成

产业链中游以电池系统集成、储能系统集成和安装为主，主要涉及企业包括宁德时代、亿纬锂能、阳光电源、南都电源、科士达等。

3. 储能应用

产业链下游以储能应用为主，包括运营维护、并网检测等，涉及企业包括南网科技、宝光股份、万里扬、电科院、林洋能源等。

一、储能概念股：春兴重工

春兴重工是一家以精密轻金属结构件、移动通信射频器件、消费电子产品塑胶结构件以及冲压钣金件的研发和制造业务、汽车零部件领域的精密铝合金结构件、电子元器件分销为主营业务的企业。该公司持有苏州阳丰科技有限公司 51% 的股权。苏州阳丰科技有限公司是主要从事光伏汇流设备、中低压成套设备及储能的研发、生产和销售的企业，其业务涉及光伏系统的设计、建设和运营管理，与国内领先的储能设备供应商合作推进离网储能项目的开发，目前超过 10MWh、200 多套离网储能项目安装运行在泰国、缅甸等东南亚国家。

因此，春兴重工就成为典型的储能概念股，在 2022 年掀起了一波炒作浪潮。春兴重工的股价走势情况，如图 3–22 所示。

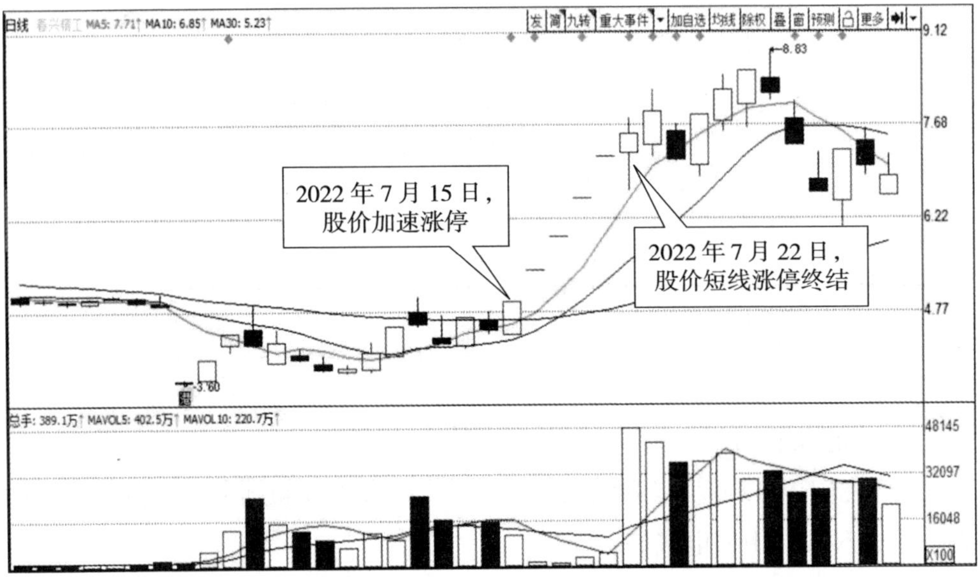

图 3–22　春兴重工（002547）日 K 线走势图

从图 3-22 中可以看出，春兴重工的股价在 6 月短线触底后，出现了振荡反弹走势，股价多次收出涨停板。7 月 15 日，该股股价在经过涨停调整后，再度涨停。此后股价正式进入快速上攻期，一度连续拉出 5 个涨停板。

在这波上攻狂潮中，西湖国贸和低位挖掘两家游资完成了成功的交易。

表 3-10　春兴重工龙虎榜数据

日期	营业部	买入金额（万元）	卖出金额（万元）
2022.7.15	财通证券西湖国贸中心营业部（西湖国贸）	1039.3	——
	国泰君安宜昌珍珠路营业部（低位挖掘）	1960.97	——
2022.7.22	财通证券西湖国贸中心营业部（西湖国贸）	——	2351.55
	国泰君安宜昌珍珠路营业部（低位挖掘）	35.94	3018.57

从交易记录来看，低位挖掘和西湖国贸摸准了股价波动的脉搏，在股价大幅上攻的伊始（7 月 15 日）入场，然后一路耐心持仓，直至 7 月 22 日，该股股价无力封板时，坚决清仓卖出。从买入与卖出数据来看，在股价上攻期间，西湖国贸进行了一定的补仓，否则无法让自己的资金在 5 个交易日翻了一倍还多。由于该股股价是一字板上攻的，因而，能够成功补仓需要一定的运气。

二、钠电池概念股：传艺科技

传艺科技是一家以各类印制电路板的设计、研发、制造和销售为主营业务的企业。2022 年 6 月 22 日晚间，传艺科技公告称，根据经营发展需要，公司拟通过全资子公司智纬电子同海盈汇鑫企业、自然人杨磊、自然人杨崇义共同合作，设立孙公司传艺钠电科技。传艺钠电科技的经营范围为钠离子及锂离子电池正极材料、负极材料、电解液等原材料的研发、生产、销售等。

因此，传艺科技摇身一变成为钠电池概念股。传艺科技的股价走势情况，如图 3-23 所示。

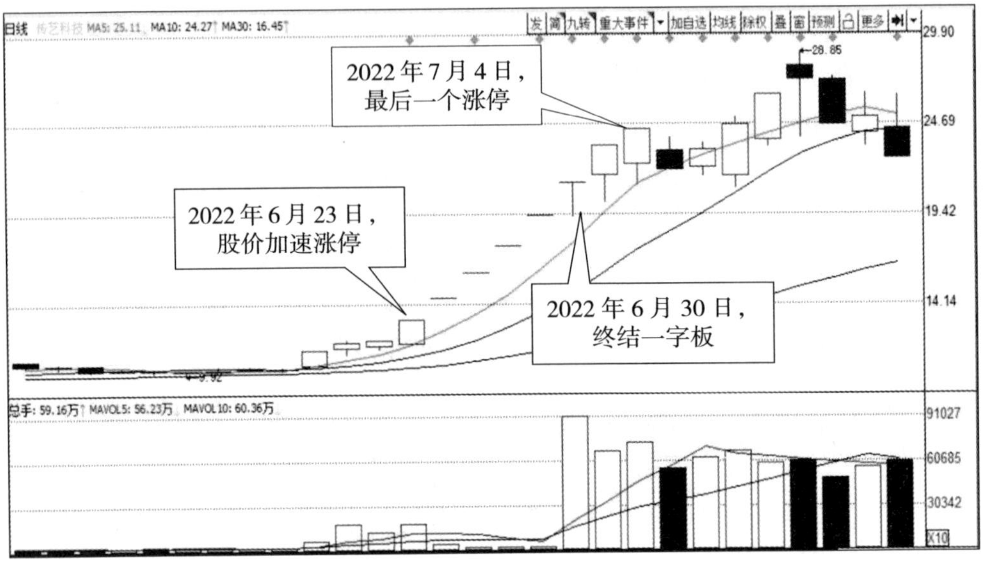

图 3-23　传艺科技（002866）日 K 线走势图

从图 3-23 中可以看出，传艺科技的股价自 6 月 23 日拉出涨停板后，又连续走出了 4 个一字板，很多资金想要入场都没有机会。

6 月 30 日，知名游资粉葛常用的东亚前海证券深圳分公司强势买入了 3250 万元。7 月 1 日，粉葛卖出了 2950 万元。单从交易金额来看，粉葛的交易出现了亏损。尽管 7 月 1 日股价实现了涨停，但在盘中有一个明显的大幅振荡过程，这是粉葛交易亏损的原因。可以看出，即使是知名游资，在交易过程中也会出现“卖飞了”的情况，股票涨停了，自己还能亏损，不只散户会出现这种情况，知名游资也会出现这种情况。

在交易过程中，不要过分地看重每次交易的成败，只要交易符合自己的交易规则，且胜率相对较高就可以。

三、钒电池概念股：钒钛股份

钒钛股份，原名攀钢钒钛，是一家以钒产品、钛渣、钛白粉的生产、销售、技术研发和应用开发为主营业务的企业。因该公司对关联方四川攀研技术有限公司所属钒电池电解液试验线进行托管经营，使得该公司具有钒电池概念。在储能概念、钒电池概念热炒过程中，钒钛股份的股价掀起了一波炒作浪潮，如图 3-24 所示。

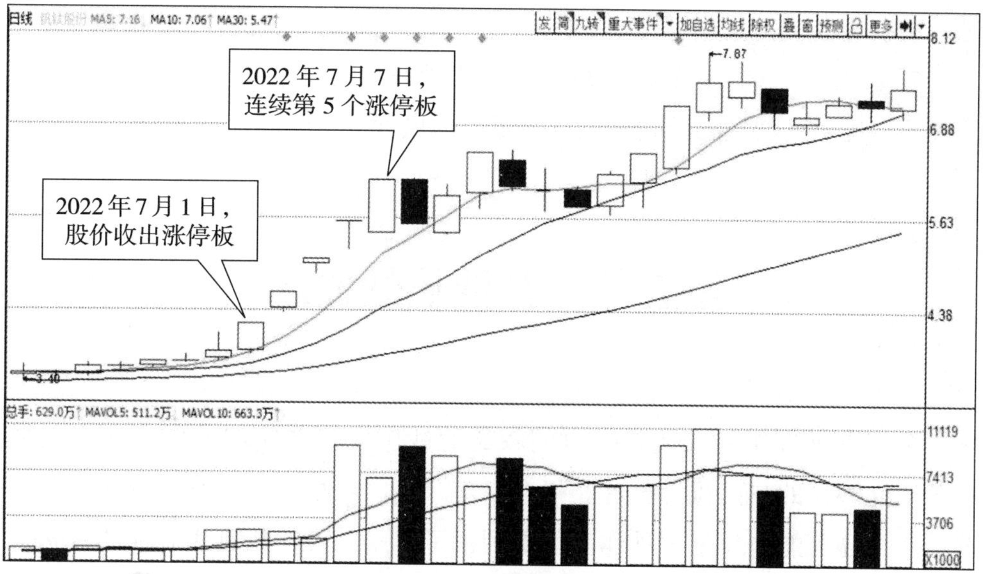

图 3-24　钒钛股份（000629）日 K 线走势图

从图 3-24 中可以看出，在 2022 年年中时段，储能概念成为市场资金炒作的主要题材。作为钒电池龙头股的钒钛股份（攀钢钒钛）很容易成为市场资金追捧的热点。该股股价自 7 月 1 日收出第一个涨停后，连续收出 5 个涨停板。

众多游资在钒钛股份这波上升浪潮中一展身手。由于钒钛股份的盘子相对大一点（400 多亿元的水平），因而，很多资金实力较强的游资交易金额也都比较高。

以章盟主常用的国泰君安上海江苏路营业部为例进行分析，如表 3-11 所示。

表 3-11　国泰君安上海江苏路营业部交易钒钛股份的龙虎榜数据

日期	买入金额（万元）	卖出金额（万元）
2022.7.5	7995.2	10.74
2022.7.6	10800.3	9099.74
2022.7.7	1301.25	10975.1

从表 3-11 中可以看出，章盟主入场的时间是在该股走出第 3 个涨停板的 7 月 5 日，入场的资金量非常大，将近 8000 万元，说明章盟主看好该股后市的走势。7 月 6 日，国泰君安上海江苏路做了一个 T，买卖金额都在 1

亿元左右的水平。

7月7日，章盟主卖出了先前买入的股票，也少量买入了1300多万元的股票，说明其已经感受到该股后市可能的风险。

第五节　其他热炒概念

除了前面介绍的几类持续时间较长的炒作概念之外，2022年还产生很多阶段性炒作的热门概念。这些概念在前几年已经炒作过，有些概念在今后若干年内还可能被反复地炒作。下面列举了其中几种比较有代表性的概念，供读者参考。

一、预制菜概念：得利斯一飞冲天

预制菜是运用现代标准化流水作业，对菜品原料进行前期准备工作，简化制作步骤，经过卫生、科学的包装，再通过加热或蒸炒等方式，就可以直接食用的便捷菜品。

据艾媒咨询调查，2021年中国预制菜市场规模为3459亿元，同比增长19.8%，到2025年，中国预制菜市场规模或将突破8000亿元。

2022年，预制菜概念股横空出世。该概念包括的上市公司，如得利斯、中水渔业、欧亚集团、千味央厨、金陵饭店、惠发食品等。

得利斯是一家以生猪屠宰、肉制品深加工、速冻调理产品加工、牛肉系列产品精细加工为主营业务的企业。得利斯牌低温肉制品，连续多年获得全国市场同类产品销量的第一名。

该股的股价走势情况，如图3–25所示。

从图3–25中可以看出，2022年1月中旬以前，得利斯受到的关注较少，股价一直在低位徘徊。

2022年1月12日，预制菜概念受利好消息的刺激掀起了涨停潮。多只预制菜概念股强势涨停，得利斯直接一字封板，强势尽显。

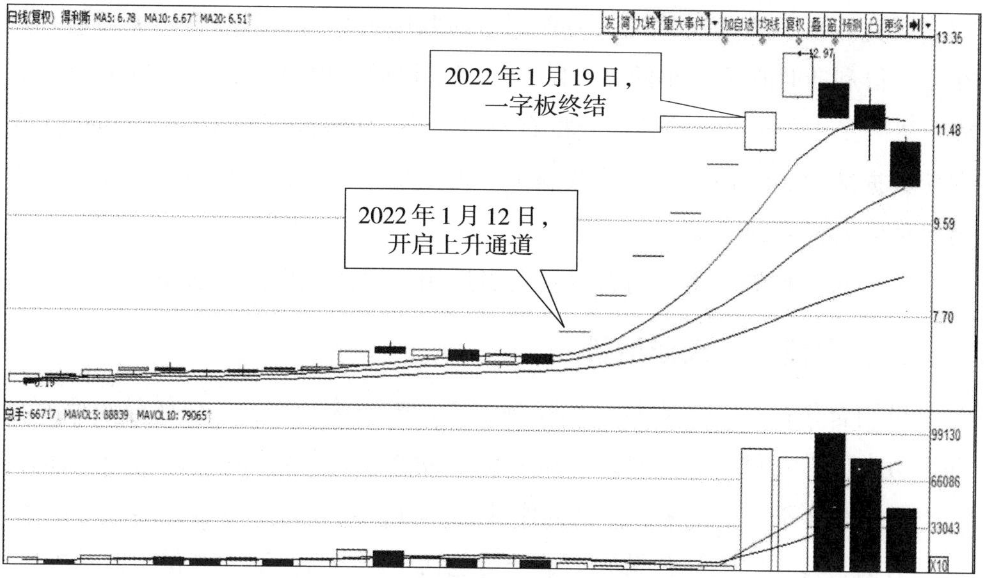

图 3-25　得利斯（002330）日 K 线走势图

此后的几个交易日，得利斯连续拉出涨停板。该股股价在几个交易日内涨幅超过 90%。由此可见，市场资金对预制菜概念的追捧程度。

从该股股价的走势可以看出，在 1 月 19 日之前，该股股价全部以一字板涨停形式上攻。这就意味着，投资者要么在启动伊始就能入场，要么就要等到 19 日才会有入场机会。考虑到该股 1 月 12 日起涨时为一字板，因此，在 1 月 19 日一字板终结时，还有很多资金想要入场。此时入场的资金势必会面临较大的风险，若能保持快进快出的交易风格，还可以实现盈利，否则就可能被套在高位。

下面来看一下炒新一族（华泰证券上海普陀区江宁路）交易得利斯的记录，如表 3-12 所示。

表 3-12　炒新一族交易得利斯的龙虎榜数据

日期	买入金额（万元）	卖出金额（万元）
2022.1.19	1662.52	11.40
2022.1.20	712.33	1812.13
2022.1.21	1916.8	679.72
2022.1.27	37.86	3129.26

对比炒新一族的交易记录与得利斯的股价走势图，可以看出，炒新一族在交易得利斯时吃了不小的亏。1月20日，该股涨停触顶后，自21日开始，股价进入了下行通道，炒新一族没有及时清仓，应该还进行了一定的加仓（龙虎榜数据缺少24日到26日的数据）。无论加仓多少，从股价走势来看，都会出现较大幅度的亏损。

不要对抗趋势，不仅对普通投资者适用，对游资也同样适用。

二、供销社：天鹅股份

供销合作社是一个农村合作经济组织，曾简称合作社、供销社，已有近百年历史。随着供销合作社综合改革的不断深化，其将加快成为服务农民生产生活的综合平台。未来，供销合作社在乡村振兴等方面将起到更大的作用。

目前，具有供销社背景的上市公司包括中农联合、浙农股份、天禾股份、新力金融、天鹅股份、辉隆股份、供销大集等。

天鹅股份是山东供销社旗下，国内棉花加工机械制造行业的龙头，是业内唯一的上市公司。该公司具有典型的供销社概念。

2022年，在供销社概念热炒的背景下，天鹅股份曾掀起了两波上攻浪潮。第二波上攻浪潮，如图3-26所示。

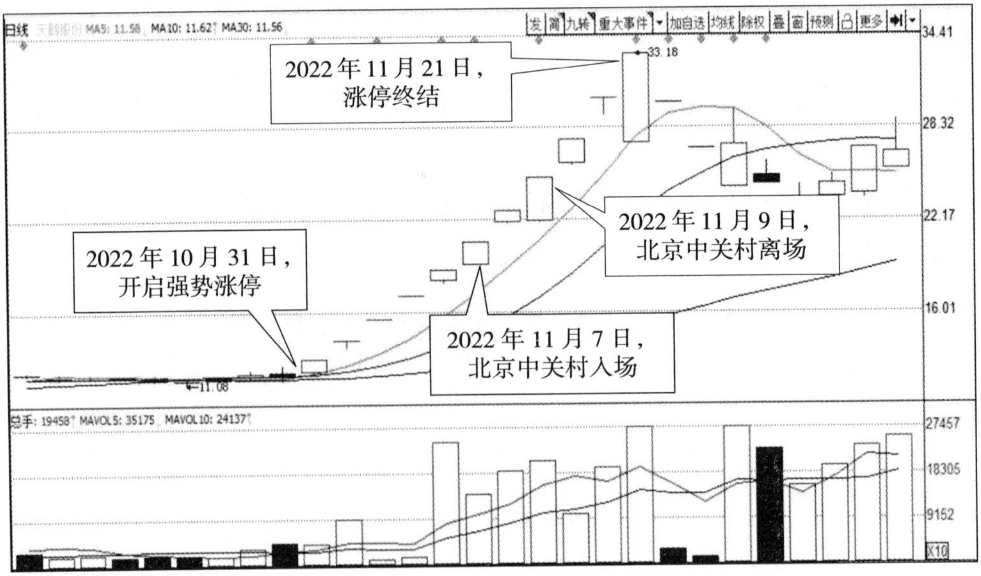

图3-26　天鹅股份（603029）日K线走势图

从图 3-26 中可以看出，在供销社概念的刺激下，天鹅股份的股价自 10 月 31 日开始连续发动涨停走势，该股曾一口气连续拉出 11 个涨停板，龙头风采尽显。

尽管该股在一波上攻过程中收出 11 个涨停板，但无论是普通投资者还是游资，都无法捕捉多个涨停板，能够把握一到两个涨停板就算比较成功了，何况该股前期的几个涨停板还是一字板。

下面以知名游资北京中关村（中国银河证券北京中关村大街营业部）为例进行分析，如表 3-13 所示。

表 3-13 北京中关村交易天鹅股份的龙虎榜数据

日期	买入金额（万元）	卖出金额（万元）
2022.11.7	964.16	——
2022.11.9	——	1136.06

观察龙虎榜数据可以发现，尽管天鹅股份连续拉出了 11 个涨停板，但北京中关村只在 11 月 7 日入场了 964 万元，并在 11 月 9 日全部卖出，盈利幅度为 17.8%。从其入场时间可以看出，北京中关村是在股价结束一字板之后又连续涨停时入场的，相对而言，此时入场要安全一些。11 月 9 日，该股股价出现大幅振荡，中关村没有继续持仓，选择落袋为安，毕竟 17.8% 的盈利也是相当不错的数字。

三、机器人：巨轮智能

机器人是一种能够半自主或全自主工作的智能机器。机器人具有感知、决策、执行等基本特征，可以辅助甚至替代人类完成危险、繁重、复杂的工作，提高工作效率与质量，服务人类生活，扩大或延伸人的活动及能力范围。

随着科技的不断进步，人工成本的上升，很多工业企业都开始尝试用机器人替代人工来完成一些工作。同时，机器人行业的发展，也是一个国家科技水平的体现。

巨轮智能是国内汽车子午线轮胎活络模具的龙头企业，其核心业务包括轮胎专用制造设备的研发、生产和销售。

巨轮智能的股价走势情况，如图 3-27 所示。

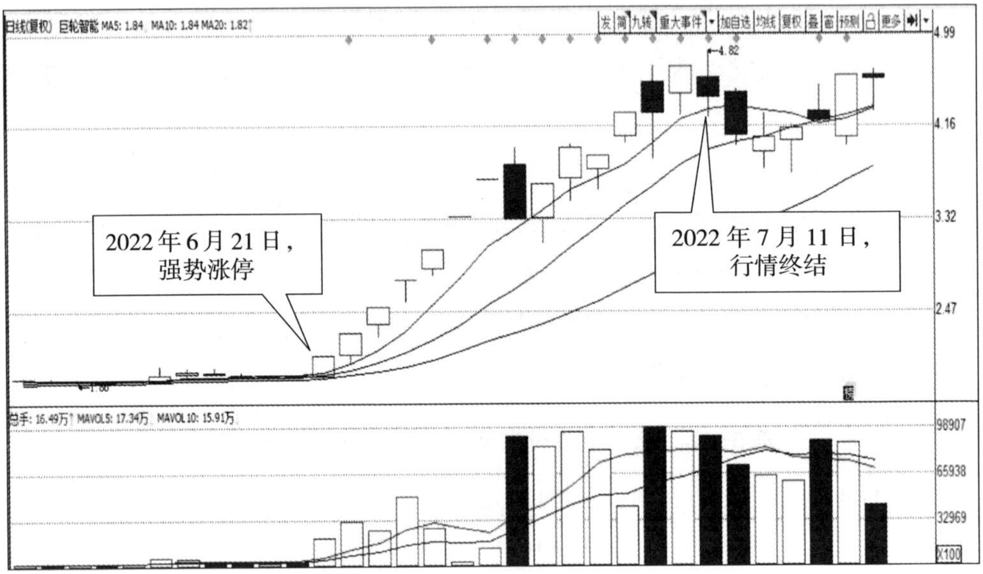

图 3-27　巨轮智能（002031）日 K 线走势图

从图 3-27 中可以看出，在 2022 年 6 月中旬以前，巨轮智能受到的关注较少，股价一直呈低位横向振荡态势。

2022 年 6 月 21 日，机器人概念成为市场新的热点。巨轮智能作为“机器人”概念的龙头股率先启动，被封上涨停板。此后，该股股价连续拉出多个涨停板，一时风光无二，成为机器人概念的绝对龙头。

下面来看一下知名游资陈小群常用的中国银河证券大连金马路营业部的交易记录，如表 3-14 所示。

表 3-14　陈小群交易巨轮智能的龙虎榜数据

日期	买入金额（万元）	卖出金额（万元）
2022.7.1	7026.27	0.4
2022.7.4	3178.59	7187.65
2022.7.5	4943.82	1456.67
2022.7.6	2332.36	1.17
2022.7.7	3677.36	9166.69
2022.7.8	——	3491.01

根据大连金马路的交易记录可以发现以下几点。

第一，入场时间较晚，股价第二波启动后才入场。这说明该股积累了足够的市场情绪和热度，才让游资愿意入场继续炒作该股。

第二，投入的金额较大，一方面说明该游资实力较为强悍，另一方面也说明陈小群看好该股的后市。

第三，从整个交易过程来看，陈小群以超短线滚动交易为主，也是游资主要的交易策略。

第四，从交易结果来看，尽管整个交易投入金额较高，但收益并不算高，只是略有盈利的水平，这也是游资多数交易的平均水平。毕竟，几十个点的暴利，对于游资来说也不是常见的。

四、新能源汽车：浙江世宝

2022 年遭遇年初的一波下跌之后，进入 4 月份，新能源汽车以及汽车零部件概念又掀起了一波炒作浪潮。比如，新能源汽车概念股浙江世宝的股价翻了数倍，如图 3-28 所示。

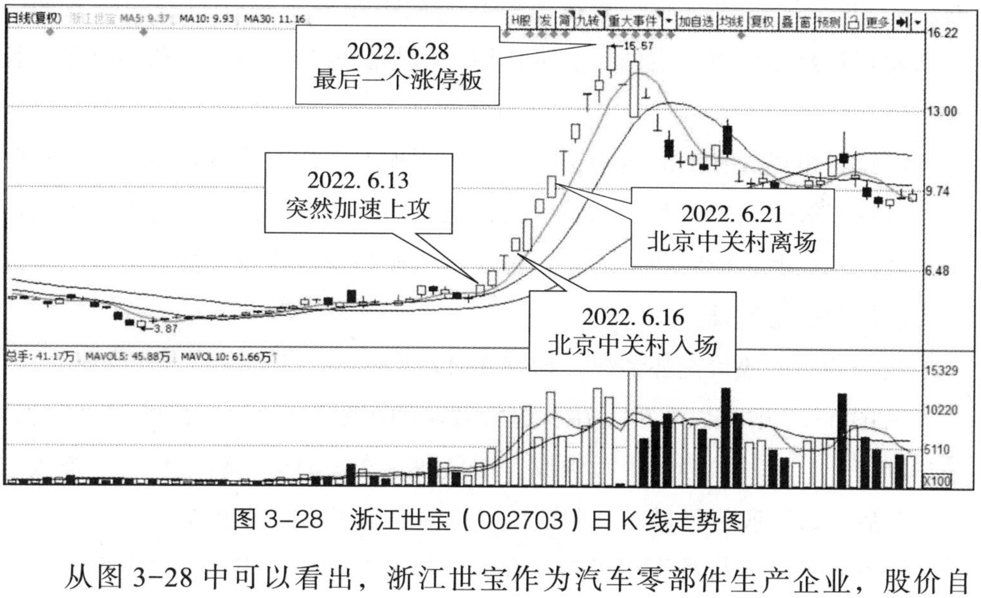

图 3-28 浙江世宝（002703）日 K 线走势图

从图 3-28 中可以看出，浙江世宝作为汽车零部件生产企业，股价自 2022 年 6 月 13 日收出第一个涨停板后，一口气连下 12 个涨停板，一时风光无二。相对其他时段来说，在大盘呈强势上攻周期时，强势股的涨停会更加容易，毕竟场外资金踊跃入场，谁都想抢到强势股，这就成就了很多倍翻龙头股。

很多知名游资在浙江世宝上攻过程中选择了积极参与，并努力分一杯羹。以知名游资北京中关村（中国银河证券北京中关村）为例。

6 月 16 日，北京中关村入场买入了 800 多万元的股票。

6 月 17 日，北京中关村卖出了全部股票，共获得 908 万元，又买入了 839 万元股票。

6 月 20 日，北京中关村买入了 2100 万元的股票。

6 月 21 日，北京中关村清空仓位，共获得 3650 万元的现金。

从北京中关村的交易过程可以发现，该游资选择了风险最小的股价上攻中段进行交易，没有贪恋 21 日以后的涨幅，这是普通投资者可以借鉴的经验。

五、新冠防治：精华制药

进入 2022 年，新冠的阴霾仍然没有完全消散，股市上出现了一波又一波的新冠防治概念炒作热潮。2022 年，市场更多的是围绕新冠特效药展开的。在 2022 年年初时段，利托那韦片一度被当成了治疗新冠的特效药，后来发现该药尽管有一定的抗病毒作用，但距离成为新冠特效药还有相当长的距离。

不过，市场却在此时启动了一波炒作利托那韦片的热潮。精华制药控股子公司森萱医药是国内利托那韦中间体主要的生产供应商，利托那韦中间体用于合成利托那韦原料药。因此，精华制药成为新冠特效药概念股，一度成为市场热潮的龙头股。

精华制药的股价走势情况，如图 3-29 所示。

从图 3-29 中可以看出，在新冠特效药的刺激下，2021 年 12 月 24 日，精华制药开启了一波强势上攻浪潮，该股股价在短时间内就走出了 8 连板形态。此后，该股股价经过一波调整后，重新启动了第二波上攻。

观察该股的龙虎榜可以发现，在第一波上攻期间，很多知名游资并未参与其中。第二波上攻浪潮开启后，很多知名游资携带大量资金杀入了该股，方新侠常用的兴业证券陕西分公司就是其中之一。

从表 3-15 中可以看出，方新侠入场的时间较晚。

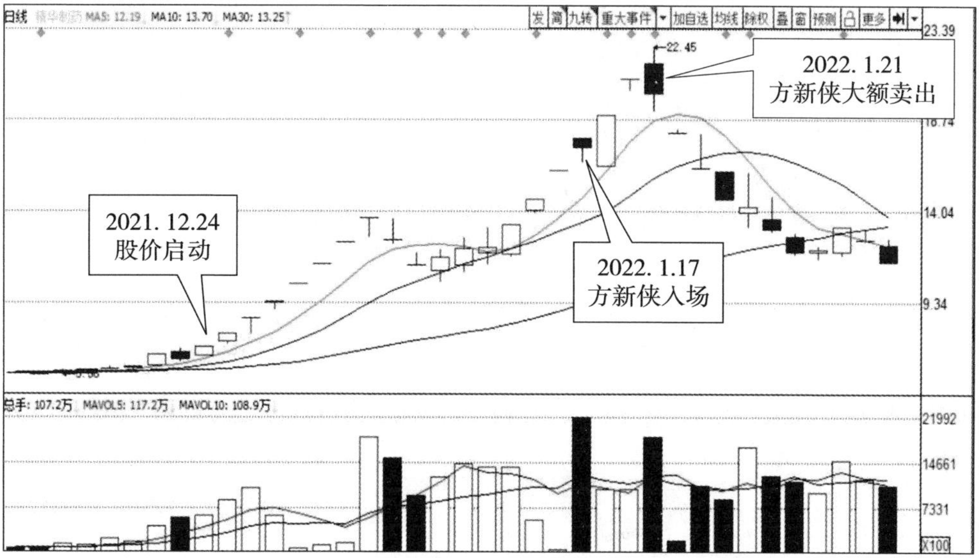

图 3-29　精华制药（002349）日 K 线走势图

表 3-15　方新侠交易精华制药的龙虎榜数据

日期	买入金额（万元）	卖出金额（万元）
2022.1.18	10061.61	41.76
2022.1.19	5316.39	5.9
2022.1.20	15.4	6066.1
2022.1.21	819.66	10094.4

1 月 18 日，第二波启动并完成对第一波高点的突破后，方新侠才入场。当日，方新侠直接买入了超过 1 亿元的股票，由此可见其对该股后市走势的看好。

1 月 19 日，该股强势封住涨停板，方新侠又买入了 5000 多万元。不同于其他游资的滚动交易，方新侠在前两个交易日单纯地选择了买入，而没有任何卖出操作。

1 月 20 日，方新侠单纯地执行了卖出操作，卖出了 6000 多万元。

1 月 21 日，方新侠卖出 1 亿多元的股票。同日，又买回了 800 多万元的股票。

方新侠整个交易盈利金额相对较高，所动用的资金量很大，风险也不是普通投资者所能想象的。

第四章
2023 年游资炒作路线

从严格意义上来说，2023 年是疫情结束的第一个年份。尽管新冠疫情时有传播，但整个社会层面已经从“谈疫色变”的局面中走出来了，整个国民经济生活重新走上正轨。从经济层面来看，显然疫情的影响并未完全消失，很多行业受疫情的影响也没有马上复苏， A 股市场的走势充分地印证了这个情况。尽管开年后整个 A 股市场出现了一波反攻，但很快这种乐观情绪就消失殆尽，市场开始出现振荡下行态势。

从游资的角度来看，2023 年仍是一个热点题材频频出现，赚钱效应较佳的年份，很多题材股的股价都出现了大幅走高。特别是 ChatGPT 的爆红，引发了人工智能概念的炒作浪潮，使人工智能概念成为当年最热门的一个炒作主线。

第一节　大盘走势与热点综述

2023 年，A 股市场延续了前一年度的振荡下行态势。几大股指除北证 50 指数外，再度下行，其中沪指跌 3.7%，深成指跌 13.54%，创业板指跌 19.41%，北证 50 指数涨近 15%。全年仍有超过半数的股票实现上涨，剔除新股后，仍有 160 只个股涨幅超 100%（含新股，有 177 只股票涨幅超过 100%）。

2023 年，尽管大盘表现不佳，但个股表现却是精彩纷呈，A 股在 2023 年取得上涨的股票共有 2870 只。从具体的股票涨幅来看，呈现出明显的不均衡状态，其具体分布如图 4-1 所示。

一、飙涨的个股与游资

2023 年大盘走势较弱，但在个股层面上，仍有部分股票在利好消息、概念炒作的影响下，实现了股价的暴涨。

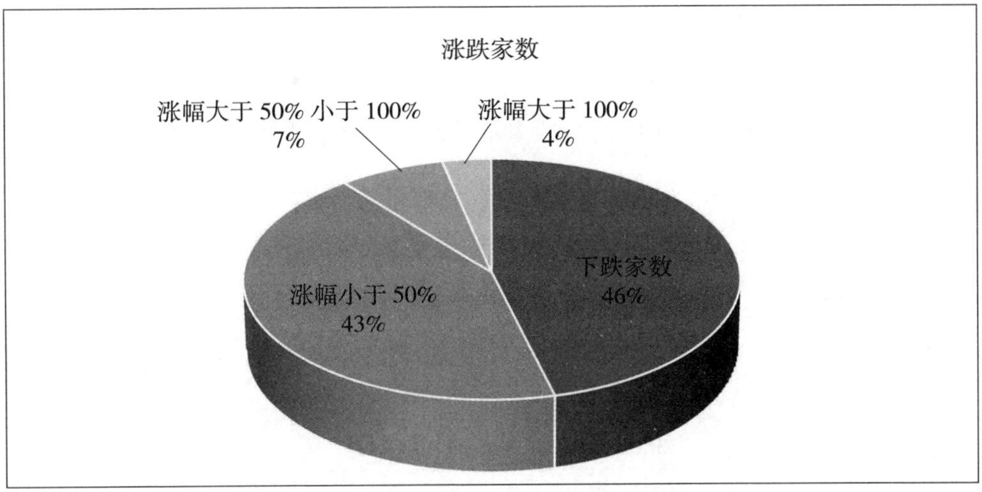

图 4-1　2023 年 A 股市场涨跌股票数量分布

1. 翻倍股分布

从具体的概念板块方面来看，多个板块走出了翻倍个股，其中排名前五位的板块，如图 4-2 所示。

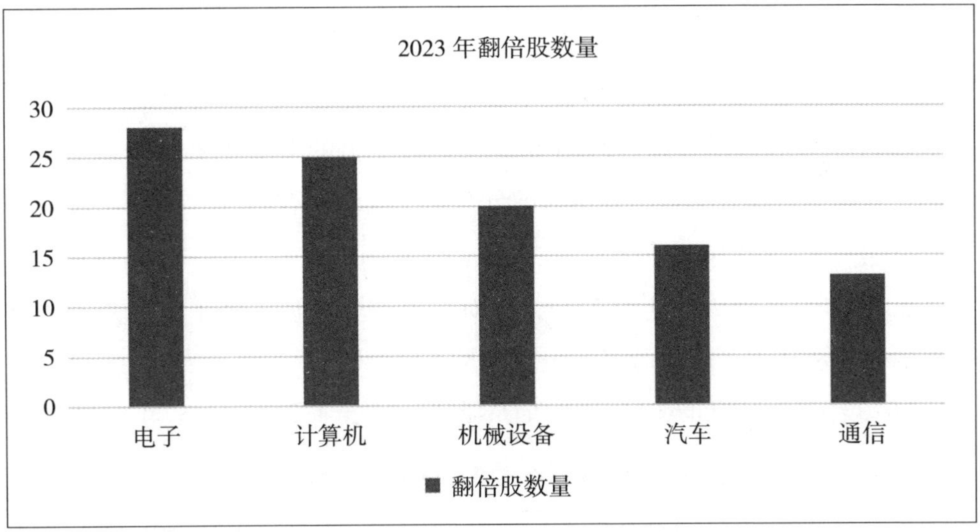

图 4-2　2023 年翻倍股分布情况

从图 4-2 中可以看出，各个板块或概念的翻倍股数量要远远多于 2022 年，电子板块已经成为翻倍股的主要来源板块，计算机和机械设备是翻倍股的中坚力量，汽车板块仍然强势，反映出新能源汽车概念炒作的可持续性还是非常强的。

2. 涨幅超 3 倍的个股

2023 年，涨幅超过 3 倍的个股共有 12 只，全年涨幅超 3 倍的股票名单，如表 4-1 所示。

表 4-1　2023 年涨幅超 3 倍个股

股票名称	涨幅（%）	市值（亿元）	所属行业
凯华材料	572.97%	22.73	电子
联特科技	400.24%	136.18	通信
圣龙股份	386.87%	109.39	汽车
捷荣技术	377.28%	92.52	电子
高新发展	345.96%	174.87	建筑装饰
华密新材	341.44%	33.38	汽车
中航电测	327.66%	258.56	国防军工
新诺威	321.89%	514.5	医药生物
中际旭创	320.83%	1265.7	通信
鸿博股份	318.05%	138.44	轻工制造
佰维存储	307.68%	269.44	电子

从表 4-1 中可以看出，2023 年涨幅超过 3 倍的个股主要分布在电子、汽车、通信等领域，与整个翻倍股的分布情况大致相近。

3. 最活跃的游资营业部

2023 年，尽管大盘走势不佳，但对各路游资来说，由于市场并不缺乏炒作的题材和亮点，所以游资的表现也是十分抢眼的。

2023 年最为活跃的 10 家营业部及游资，如表 4-2 所示。

表 4-2　2023 年交易最活跃的 10 大营业部

序号	营业部名称	常用该营业部游资
1	中国国际金融股份有限公司上海分公司	无
2	西藏东方财富证券股份有限公司拉萨东环路第二证券营业部	被认为属于散户大本营。东方财富网开户常用的营业部，是雪球大 V 常常推荐的营业部。也有一些游资混迹其中
3	西藏东方财富证券股份有限公司拉萨团结路第二证券营业部	

（续表）

<table>
<tr><th>序号</th><th>营业部名称</th><th>常用该营业部游资</th></tr>
<tr><td>4</td><td>华泰证券营业总部</td><td>量化基金</td></tr>
<tr><td>5</td><td>西藏东方财富证券股份有限公司拉萨团结路第一证券营业部</td><td rowspan="3">同拉萨东环路第二营业部</td></tr>
<tr><td>6</td><td>西藏东方财富证券股份有限公司拉萨东环路第一证券营业部</td></tr>
<tr><td>7</td><td>西藏东方财富证券股份有限公司拉萨金融城南环路证券营业部</td></tr>
<tr><td>8</td><td>中国银河证券北京中关村大街证券营业部</td><td>北京中关村</td></tr>
<tr><td>9</td><td>国泰君安总部</td><td>QFII 资金</td></tr>
<tr><td>10</td><td>华鑫证券有限责任公司上海分公司</td><td>量化打板资金</td></tr>
</table>

表 4-2 中列出的是 2023 年最活跃的 10 大营业部。量化基金和散户大本营占据了活跃度排名榜的多数席位，只有北京中关村属于典型的知名游资。葛卫东、溧阳路、赵老哥和桑田路等知名游资的排名都在 10 名开外。

二、影响股票市场的热点事件

2023 年是后疫情时代的第一个年头，市场期盼的经济大幅 V 形反弹并没有如预期般强劲。在美债收益率上升与人民币汇率下行的压力下，A 股承受了更多的压力，但整个 2023 年的股市也不乏可圈可点的亮点。

1. 注册制正式启航

从 2020 年创业板试行注册制开始，全面注册制一直是市场期待已久的一项政策。2023 年 2 月 1 日，证监会宣布启动股票发行注册制的全面实施，以更市场化、便利的方式改进主板交易制度。这一改革如同股市的序曲，以科创板、创业板经验为借鉴，注入更灵活的元素，拉开了一场全新的投资序幕。

2. 全球银行业出现危机

银行业一旦出现危机，市场自然会联想到雷曼兄弟的破产。因此，市场总是对银行业的情况特别敏感。2023 年开年不久，全球金融市场经历了一场严重的银行危机，最具代表性的事件就是美国硅谷银行遭挤兑，仅在两天之内就宣布破产，这是美国历史上第二大规模的银行破产事件，仅次于 2008

年金融危机倒闭的华盛顿互惠银行。其后，全球系统重要性银行瑞士信贷银行自称发现财务报告程序存在“重大缺陷”，大股东宣布不再提供更多资金援助，最终被瑞银集团收购。市场参与者开始怀疑是否会出现类似2008年雷曼兄弟破产事件引发的金融危机。

3. 美债收益率上升，人民币汇率承压

由于美国国内通货膨胀持续走高，美联储连续祭出“加息”大招，致使美债收益率持续走高。另一方面，由于担心美国政府的债务水平和可能的债务违约，以及通胀和利率政策的不确定性，投资者要求更高的收益率来补偿这些风险。受美债收益率走高的影响，人民币汇率受到了较大压力，并不断出现下行。

4. ChatGPT 爆红引爆人工智能板块

人工智能板块是2023年最火爆的一个板块。OpenAI 推出的 ChatGPT 在全球社交媒体上蹿红后，A 股投资者立刻闻风而动，与人工智能相关的概念都遭到资金的爆炒，比如，虚拟人、生成式人工智能（AIGC）等人工智能相关概念板块。

5. 华为“问界”带火智能化产业链

2023年10月6日，华为智能汽车解决方案董事长余承东在微信朋友圈发布消息称，自9月12日—10月6日，问界新M7上市仅25天，累计大定已超过5万辆。此后，整个华为产业链闻风而起。

6. 面值退市个股数量创新高

相关数据显示，截至2023年12月26日，A股已有46家企业退市。其中，因股价低于面值而退市的企业数量达13家，创历史新高。在退市队伍中，出现了首例非亏损主动退市的企业——经纬纺机。

与此同时，还有95家A股上市公司拉响退市警报，较2022年增加7家。

7. A 股走势呈“哑铃式”两极分化

在2023年的A股市场上，一边是以小盘股、尾盘股为代表的，有题材或故事催化的主题性机会轮番异动；另一边则是资金避险情绪高涨，以“红利低波”为代表的高股息资产全年表现强势。

三、2023 年主要概念炒作时间线

2023 年大盘没有如预期般出现大幅反弹，反而走出了先扬后抑的振荡下跌态势，但并不妨碍个股的精彩表现。对于游资而言，尽管 2023 年 A 股整体出现了下跌，但期间也有几个表现非常抢眼的题材。放眼 2023 年，最耀眼的题材当属人工智能，其次是华为产业链、数字经济、传媒、通信等概念，都有不错的表现。另外，地产基建概念与新能源汽车概念也有较为持续的表现。总体上来看，大科技是整个 2023 年的投资主线。

2023 年全年主要概念炒作时间分布图，如图 4-3 所示。

从图 4-3 中可以看出，2023 年主要炒作的概念包括这样几类。

1. 数字经济概念

2023 年，数字经济延续了前一年度的热度，数据中心、东数西算工程、信创等概念等不时有所表现。

2. 人工智能概念

人工智能概念是 2023 年最火爆的概念，很多大龙头股都来自该概念。人工智能的爆发与 ChatGPT 爆红有直接相关，虚拟人、生成式人工智能（AIGC）等细分概念，也有非常不错的表现。

3. 机器人概念

有了人工智能的加持，机器人概念卷土重来，在 2023 年再度大放异彩。机器人概念也是 2023 年一个非常重要的炒作题材。

4. 华为产业链

华为概念一直是最近几年市场炒作的热门概念领域，从华为鸿蒙到华为海思再到华为汽车，都是市场关注的焦点。2023 年，随着华为“问界”开始交付，市场再度掀起一波炒作华为产业链的热潮。

5. 传媒

随着抖音等自媒体的兴起，文化传媒行业呈现了新的特点。文化传媒行业迎来了久违的炒作浪潮，很多文化传媒概念股票、抖音头条概念股都因资金的爆炒，股价大幅上涨。

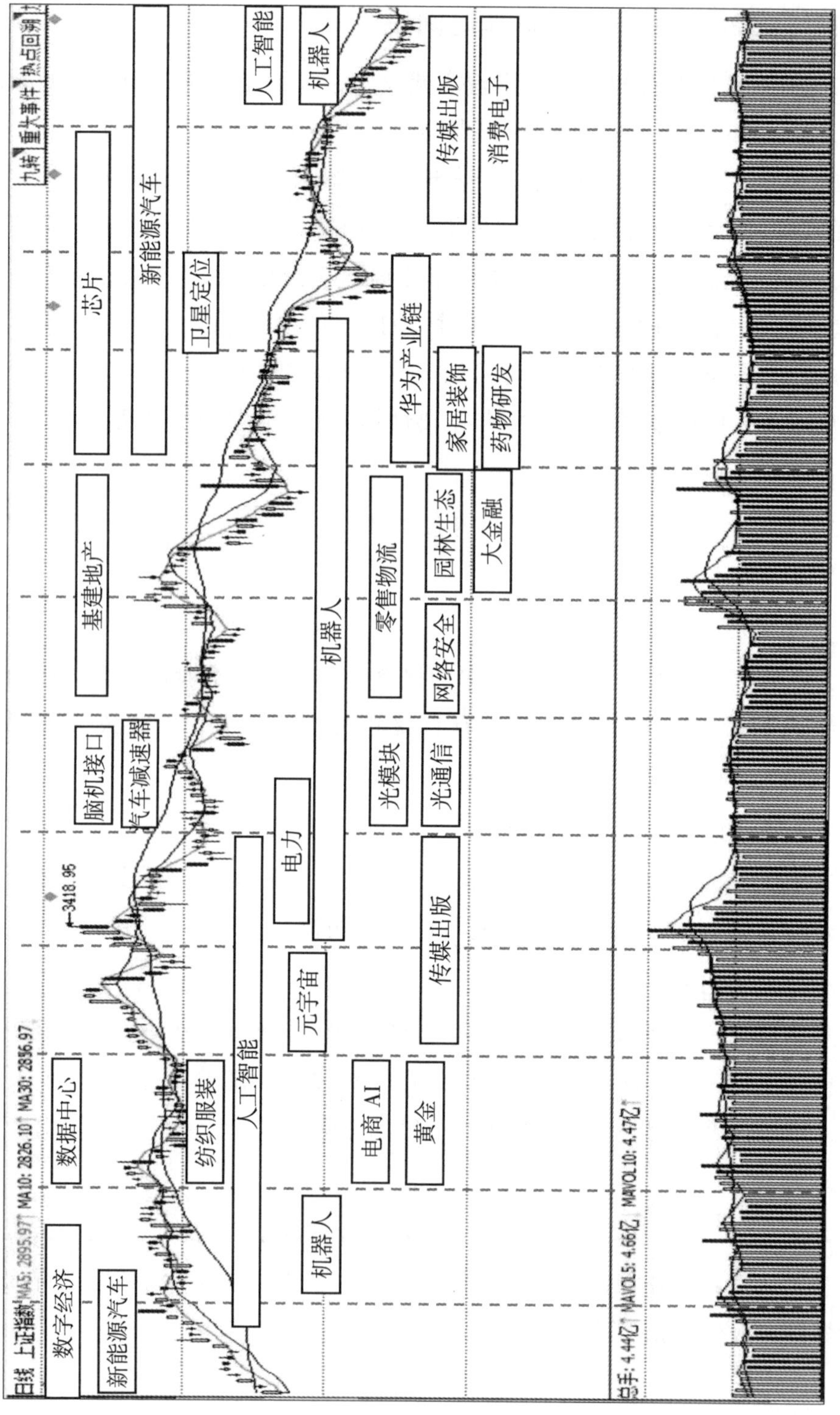

图 4-3 2023 年全年主要概念炒作时间分布图

6. 其他概念

2023 年还有一些传统的概念和新兴概念被游资大幅炒作。比如，最近几年常常炒作的新能源汽车概念、电力概念、基建地产、物流零售概念等。另外，一些新兴的光通信、脑机接口、卫星定位等概念也出现了大幅炒作行情。

第二节　机器人概念

机器人概念是 2023 年最强的投资炒作主线之一，也是为数不多的能够贯穿全年大多数时间的炒作主线。

机器人行业最近几年进入了快速发展时期。特别是疫情结束后，世界各国经济发展模式开始转折，机器人产业迎来加速发展的时机。机器人产业链大致由如下几部分构成，如图 4-4 所示。

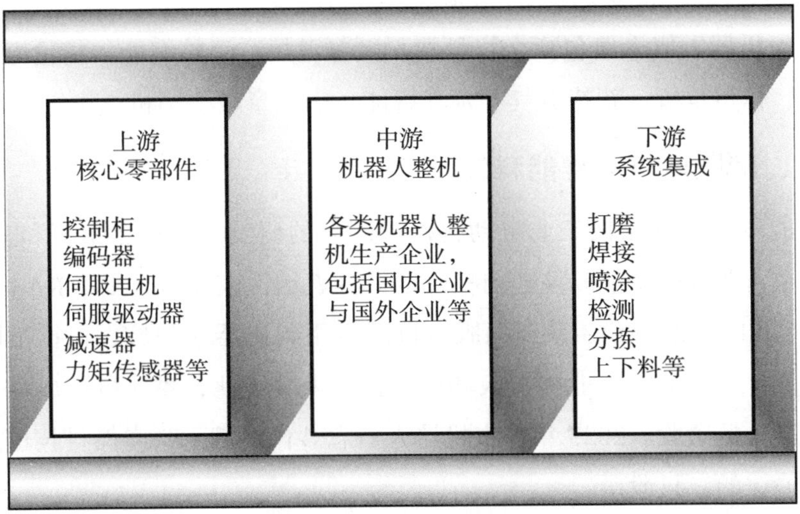

图 4-4　机器人产业链

上游：核心零部件

该领域涉及的企业较多。

（1）伺服系统，如汇川技术、华中数控、新时达、睿能科技、广州数控等。

（2）减速器，如绿的谐波、双环传动、中大力德、秦川机床等。

（3）控制器，如汇川技术、机器人、埃斯顿等。

（4）传感器，如微纳科技、飞思卡尔、奥普光电等。

中游：机器人整机

国内机器人生产商主要包括埃斯顿、汇川技术、广州数控、图灵机器人、新松机器人等。

下游：系统集成

很多机器人厂商都各有侧重。

（1）汽车领域，如机器人、埃斯顿、三丰智能、哈工智能、华昌达、拓斯达等。

（2）电子，如汇川技术、博众精工、利群自动化等。

（3）化工，如博实股份等。

（4）特种行业，如景业智能等。

（5）电力，如申昊科技、亿嘉和等。

其他机器人概念股包括金智科技、宝馨科技、巨轮智能、精伦电子、长青科技、林州重机、新特电气、延华智能、山东章鼓、国机汽车等。

一、伺服电机：睿能科技

睿能科技是一家以工业自动化控制产品的研发、生产、销售和 IC 产品分销为主营业务的企业。该公司在互动平台表示：该公司 RA1、RA3 系列伺服驱动器和 MC2、MA3 系列伺服电机已应用到机器人领域，包括不同载荷的四关节、六关节等工业机器人和协作机器人。因此，睿能科技成为一只典型的机器人概念股。2023 年，在机器人概念炒作浪潮下，睿能科技也成为游资重点关注的一只股票。

该股的股价走势情况，如图 4-5 所示。

从图 4-5 中可以看出，在机器人概念大幅走高的刺激下，睿能科技的股价自 2023 年 5 月 19 日发动快速上攻行情。自 5 月 19 日第一个涨停板开始，连续拉出 7 个涨停板。期间，多路游资参与了对该股的炒作。尽管该股股价上攻势头非常猛，还出现了多个一字板，但游资仍以快进快出的超短线交易为主。

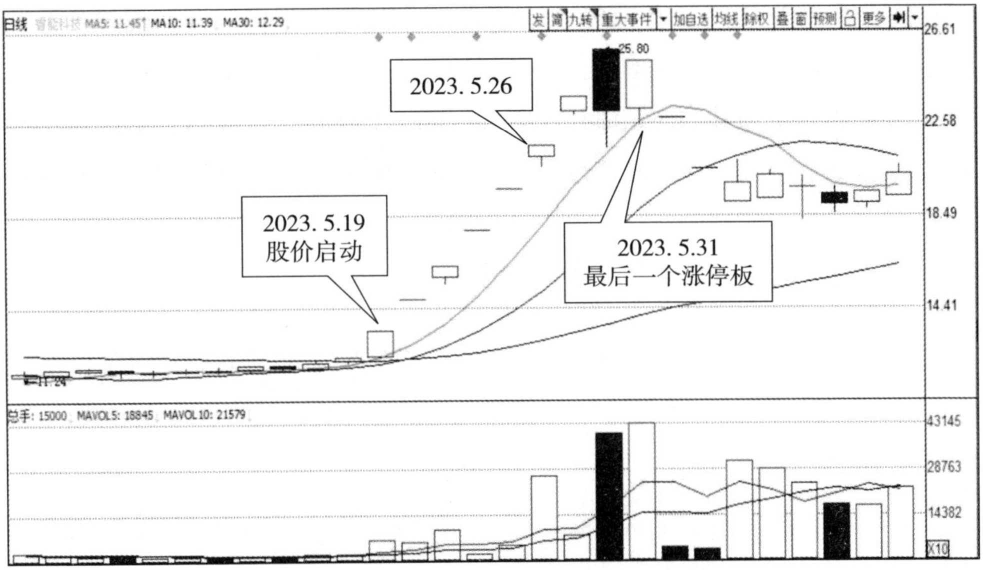

图 4-5　睿能科技（603933）日 K 线走势图

表 4-3 列出了几家游资的交易记录。

表 4-3　游资交易睿能科技的记录

营业部	日期	买入金额（万元）	卖出金额（万元）
申港证券深东南	2023.5.23	566.07	——
	2023.5.26	——	998.82
财通证券绍兴上虞江扬路	2023.5.25	1935.76	——
	2023.5.26	——	2130.79
申港证券大连分公司	2023.5.25	1019.63	——
	2023.5.26	——	1093.72

从各路游资的交易记录来看，除了申港证券深东南因为入场时机较佳，赶上了两个一字板，因而持仓时间稍长外，财通绍兴上虞江扬路和申港大连分公司都是“今日买，明日卖”的超短线交易模式。

二、伺服驱动系统：精伦电子

精伦电子是一家以智能制造类产品、商用智能终端类产品和软件与信息服务类产品的开发、销售、运营为主营业务的公司。智能控制产品是精伦电子全资子公司上海鲍麦克斯电子科技有限公司的主营产品。鲍麦克斯公司专业从事通用及专用伺服驱动系统、数控系统、缝制机器人的系列化产品研发及销售。因此，精伦电子也被市场认为是一只典型的机器人概念股。

精伦电子的日 K 线走势情况，如图 4-6 所示。

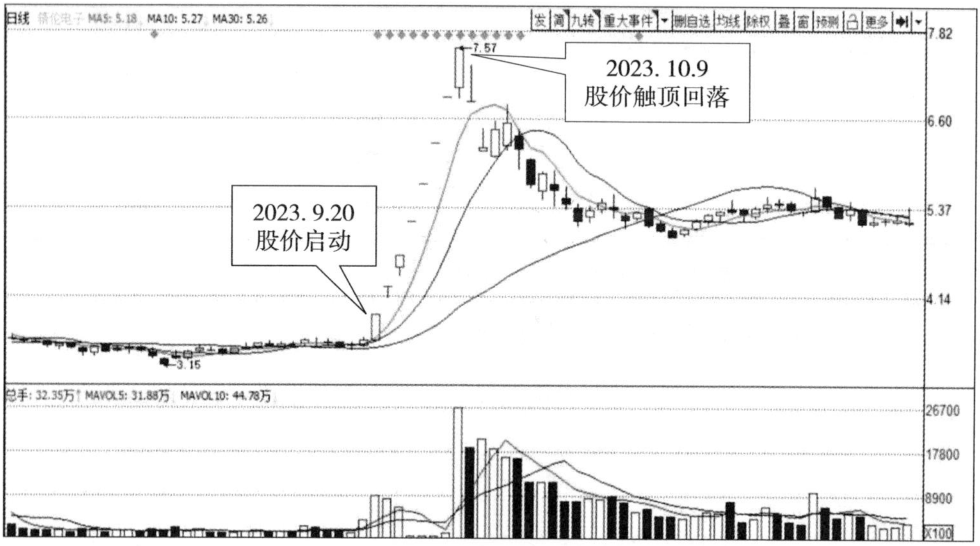

图 4-6　精伦电子（600355）日 K 线走势图

2023 年 9 月下旬，机器人概念的炒作仍在持续，市场积极寻找现实中或潜在的机器人概念龙头股，精伦电子就是其中一只。

自 2023 年 9 月 20 日拉出第一个涨停板后，该股股价甚至走出 8 连板，风光无二。在此期间，众多游资纷纷入场抢筹。在多数游资都使用超短线交易时，华鑫证券上海莲花路却实现了“从头吃到尾”。该营业部的交易记录，如表 4-4 所示。

表 4-4 华鑫证券上海莲花路交易精伦电子的记录

营业部	日期	买入金额（万元）	卖出金额（万元）
华鑫证券上海莲花路	2023.9.20	2398.89	——
	2023.10.9	——	3254.42

通过精伦电子的日 K 线走势图可以发现，华鑫证券上海莲花路的交易行为堪称完美。9 月 20 日，精伦电子启动第一个涨停板时，华鑫证券上海莲花路买入了 2398.89 万元。到第八个涨停板，也是该股最后一个涨停板时，该营业部卖出了 3254.42 万元，盈利能力非常强大。

三、语音服务机器人：长青科技

长青科技本身是一家以轨道交通业务、建筑装饰业务、邮轮内饰业务为主营业务的企业，与机器人概念并不搭边。2023 年 8 月，该公司在互动平台表示：公司英国子公司目前研发的站台机器人属于语音服务机器人大类；开发的站台服务机器人，除了目前的站台信息、列车信息等查询服务功能，未来会依据客户需求，逐步增加购票等服务功能。正因如此，长青科技也被看成是一只机器人概念股。

该股的股价走势情况，如图 4-7 所示。

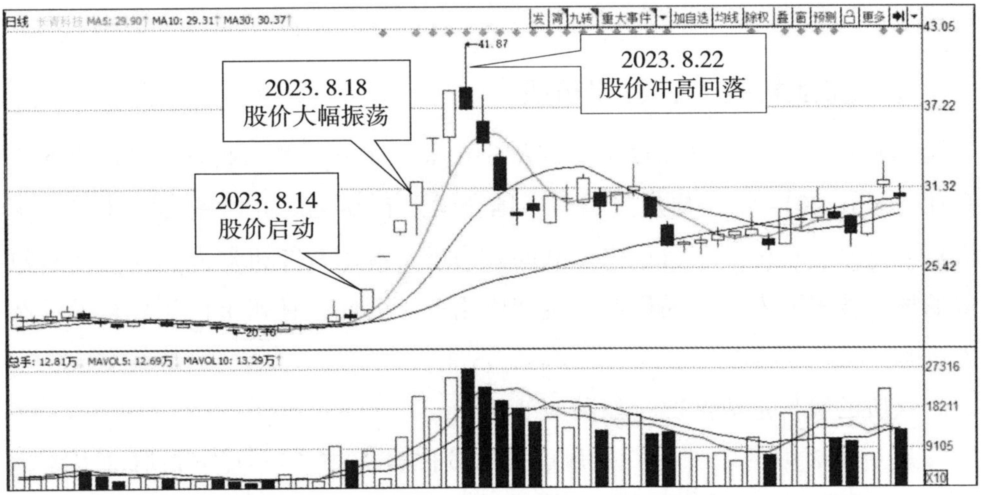

图 4-7 长青科技（001324）日 K 线走势图

在机器人概念炒作过程中，长青科技因旗下公司涉足语音服务机器人业务而被市场挖掘出来，并被资金追捧。从图 4-7 中可以看出，该股股价自 2023 年 8 月 14 日启动上攻以来，连续拉出 6 个涨停板，在 8 月 22 日冲击涨停未果后，出现回调走势。

知名游资赵老哥和陈小群都在该股的龙虎榜上现身。两路游资的交易记录，如表 4-5 所示。

表 4-5　游资交易长青科技的记录

营业部	日期	买入金额（万元）	卖出金额（万元）
中国银河证券绍兴证券营业部（赵老哥）	2023.8.14	845	——
	2023.8.18	557.25	1497.34
	2023.8.21	——	537.05
中国银河证券大连金马路（陈小群）	2023.8.16	2008.68	——
	2023.8.17	——	736.07
	2023.8.18	——	1607.65

从表 4-5 中可以看出，赵老哥入场时间相对较早，所以收益较为丰厚。即使入场时间相对较晚的陈小群，盈利幅度也在 15% 以上。8 月 18 日，赵老哥做了一个“T”，原因是 18 日当天股价波动较为剧烈，多数游资都会从风险控制角度考虑，先离场观望，当股价重新企稳，并向上冲击涨停板时再重新入场。

四、工业机器人：林州重机

林州重机本是一家以煤矿机械及综合服务业务、军工业务为主营业务的企业。早在 2014 年，林州重机与中国科学院自动化研究所签订共建“工业机器人技术工程中心”协议书，共同致力于工业用智能机器人和高新技术领域的核心技术研发、产品研制、生产应用等。因此，林州重机就具有了机器人概念。

该股的股价走势情况，如图 4-8 所示。

从图 4-8 中可以看出，林州重机的股价自 2023 年 6 月下旬启动上攻。与其他游资拉升股价的上攻模式不同，林州重机在上攻过程中出现了多次修正。特别是在 7 月 6 日触顶后，股价还出现了一波回调走势，直到 7 月 12

日才重新开始上攻。这种走势不仅对普通投资者来说是一个考验，即使对游资来说，有时也难以把握方向，容易造成交易亏损。

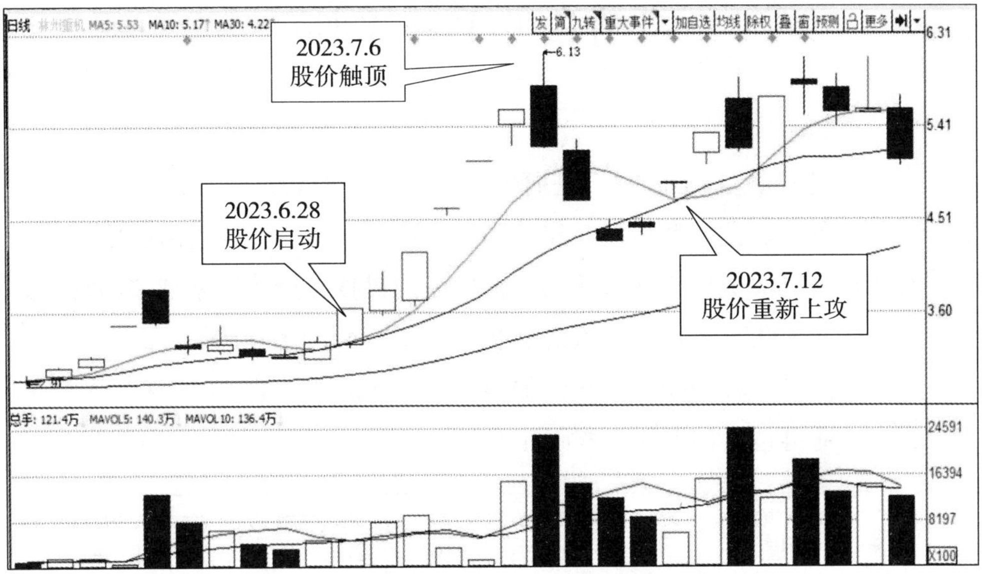

图 4-8　林州重机（002535）日 K 线走势图

游资的交易记录，如表 4-6 所示。

表 4-6　游资交易林州重机的记录

营业部	日期	买入金额（万元）	卖出金额（万元）
中国银河证券北京中关村大街营业部（北京中关村）	2023.6.30	1052.57	——
	2023.7.5	23.21	1457.85
兴业证券厦门湖里大道营业部（牛文辉）	2023.7.5	1957.67	——
	2023.7.6	——	2038.57
东方证券厦门仙岳路（山东帮）	2023.7.6	1369.65	9.98
	2023.7.7	57.01	1196.63

从表 4-6 中可以看出，北京中关村、牛散牛文辉和山东帮的交易具有一定的连续性，颇有击鼓传花的色彩。前两家游资收益较为丰厚，北京中关村的收益尤其丰厚。最后入场的山东帮因为赶上股价回调，造成了一定的亏损，然而山东帮没有恋战，即使亏损也在第一时间完成了出货。

第三节　人工智能概念

人工智能，英文简称 AI，是研究、开发用于模拟、延伸和扩展人的智能的理论、方法、技术及应用系统的一门新的技术科学。随着科技的发展，人工智能产业已经成为当前最热门、最前沿的科技领域。越来越多的行业开始与人工智能关联，越来越多的企业参与到人工智能浪潮中来。

进入 2023 年，ChatGPT 的爆红加速了人工智能产业的发展。从整体来看，人工智能产业链包括如下几个核心环节，如图 4-9 所示。

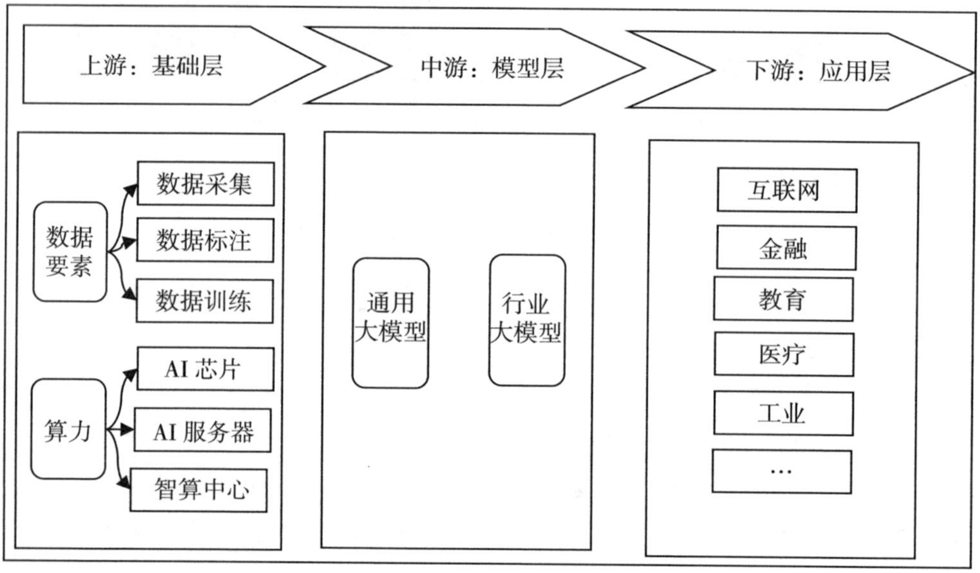

图 4-9　人工智能产业链构成图

上游：基础层

在基础层中，数据要素和算力是两个核心的维度，参与的企业比较多。

（1）在数据要素领域，包括海康威视、科大讯飞、东方国信为代表的数据采集企业；以海天瑞声、云测数据、数据堂为代表的数据标注企业；以百度、腾讯和阿里巴巴为代表的数据训练企业。

（2）在算力领域，包括以寒武纪、海光信息、华为为代表的 AI 芯片企业；以浪潮信息、新华三、宁畅为代表的 AI 服务器；以商汤科技、中科曙光、光环新网为代表的智算中心企业。

中游：模型层

（1）在通用大模型领域，以百度、腾讯、科大讯飞、华为、阿里巴巴、智谱华章等企业为代表。

（2）在行业大模型领域，以朗玛信息、好未来、金山办公、理想汽车、滴滴出行、美图等公司为代表。

应用层涉及的企业非常多，未来还会更多。

在市场上，具备人工智能概念的企业也非常多，比如同为股份、汉王科技、智能自控、鸿博股份、奥飞娱乐、焦点科技、金桥信息、苏州科达等。

一、图灵机器人：桑田路折戟奥飞娱乐

奥飞娱乐是一家以动漫 IP 及其内容的创作、传播和运营，以及玩具衍生品、婴童产品的研发、生产和销售为主营业务的企业。该公司为云端机器人大脑“图灵机器人”的研发企业，且拥有北京光年无限科技有限公司（主要从事机器人人工智能及机器人操作系统的研发及商业化应用）5% 股份，因此，奥飞娱乐就带有典型的人工智能标签。

奥飞娱乐的股价走势情况，如图 4-10 所示。

从图 4-10 中可以看出，2023 年 4 月初，奥飞娱乐的股价出现大幅振荡，于 4 月 7 日出现涨停态势。此后，该股连续涨停。4 月 14 日，该股的涨停势头戛然而止，随后股价进入振荡下行区间。

在股价上攻期间，多路游资入场交易，成功者有之，失败者也有。在交易失利的游资中，桑田路是比较典型的。桑田路的交易记录，如表 4-7 所示。

从表 4-7 中可以看出，4 月 14 日之后，股价开始振荡回调，桑田路当日买入的股票大概率会出现较大的亏损。4 月 14 日，桑田路卖出的股票，因为当日股价的跌停而出现一定的亏损。考虑到桑田路入场时间较早，会有一定的盈利，最终的亏损幅度也许并不太大。

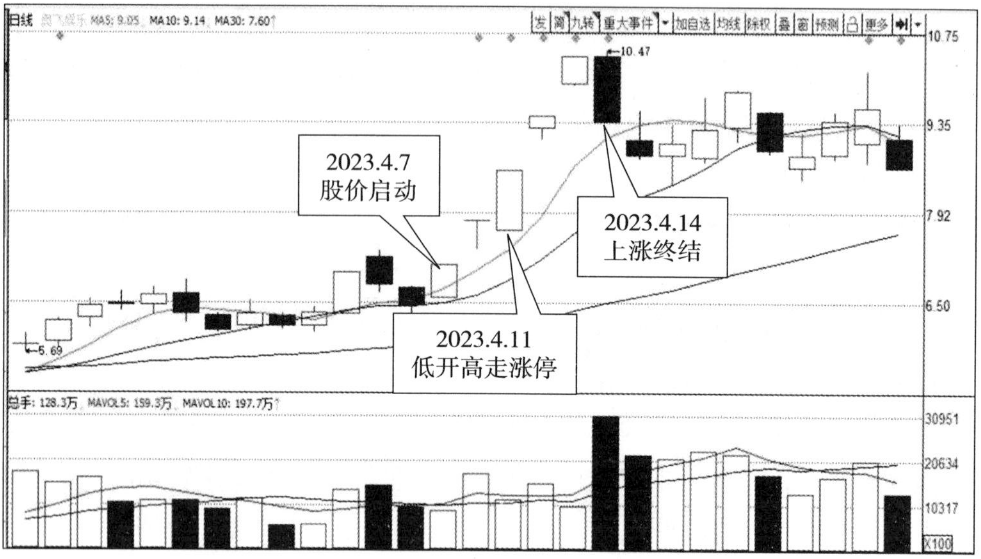

图 4-10　奥飞娱乐（002292）日 K 线走势图

表 4-7　桑田路交易奥飞娱乐的数据

<table>
<tr><th>日期</th><th>买入金额（万元）</th><th>卖出金额（万元）</th></tr>
<tr><td>2023.4.11</td><td rowspan="2">2982.99</td><td></td></tr>
<tr><td>2023.4.12</td><td>293.32</td></tr>
<tr><td>2023.4.13</td><td>2682.44</td><td>137.60</td></tr>
<tr><td>2023.4.14</td><td>1979.66</td><td>4068.99</td></tr>
</table>

通过桑田路的交易过程可以看出，在实战交易过程中，谁也无法准确地判断出股价的顶点。控制风险的方法无外乎两条：第一，合理控制仓位；第二，在行情不利时，先离场观望。

二、数据图形处理：焦点科技

焦点科技是一家以全链路外贸服务综合平台、跨境 B2B 电子商务平台、互联网保险代理电子商务平台以及与各平台业务相关联的综合服务为主营业务的企业。该公司在互动平台回复：公司在计算机视觉、自然语言处理等相关人工智能应用方向持续不断探索。目前的实际应用主要集中在与电商平台日常业务结合紧密的信息审核、文本生成、图片处理等方面。因此，焦点科技就具有了典型的人工智能概念。

焦点科技的股价走势情况，如图 4-11 所示。

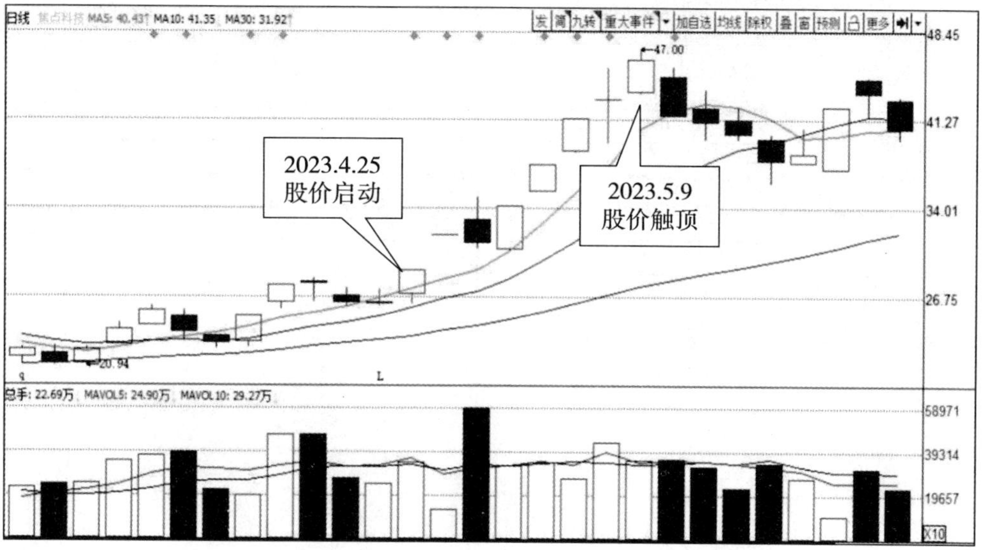

图 4-11　焦点科技（002315）日 K 线走势图

从图 4-11 中可以看出，焦点科技的股价在 2023 年 4 月中旬出现启动迹象。在股价启动初期，经历了几波规模较大的调整。4 月 25 日开始，焦点科技的股价进入到快速上攻模式。直至 5 月 9 日，该股股价触及阶段顶点后开始调整。

在股价上攻期间，众多游资参与了该股的炒作。其中，最著名的要数炒股养家的华鑫证券上海宛平南路营业部了。炒股养家在 2023 年 4 月 26 日买入了 5786.57 万元，4 月 27 日卖出了 5659.78 万元。也就是说，炒股养家动用了 5000 多万元的资金，最后以小亏出局。

通过焦点科技的股价走势可以看出，4 月 26 日是该股一字封板的日子，可以分析出，炒股养家是在涨停板上抢入的筹码。通常来说，这类股票次日走高的概率还是比较大的。焦点科技 4 月 27 日股价分时走势情况，如图 4-12 所示。

从图 4-12 中可以看出，4 月 27 日，焦点科技的股价在高开之后，经过一波振荡冲击后涨停未果，进入到振荡下行通道。特别是到了下午时段，股价大部分时间运行在前日收盘价下方，炒股养家可能是在这段时间卖出的股票。

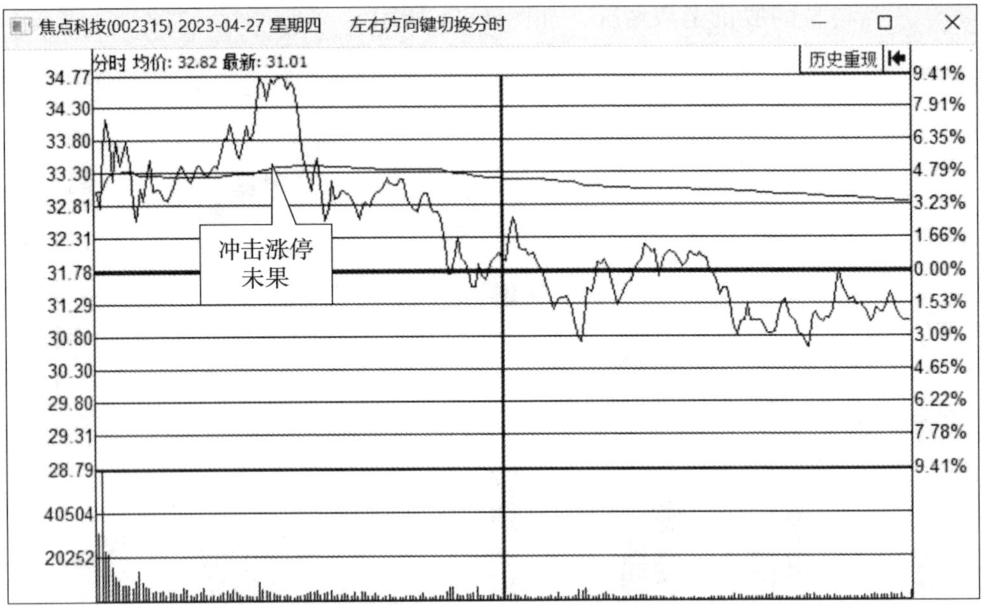

图 4-12 焦点科技（002315）分时走势图（2023.4.27）

三、视频监控 +AI：同为股份

同为股份是一家以安防视频监控产品、硬盘录像机、摄像机及视频监控管理平台的研发、生产与销售为主营业务的企业。该公司在互动平台表示：视频监控加 AI 智能是公司的核心战略与优势。公司持续加强 AI 智能产品和技术的研发投入，经过多年技术积累，目前在人脸检测、人脸识别、人脸活体识别、口罩检测、车牌识别、安全帽检测、电动车检测、烟火检测、红外多模图像目标检测、高空抛物等 AI 智能技术和应用方面取得较好的成果，获得客户一致好评。

同为股份在 2023 年的股价走势情况，如图 4-13 所示。

从图 4-13 中可以看出，在人工智能炒作风潮的引领下，同为股份于 2023 年 1 月 20 日启动了大幅上攻走势，此后，该股连续拉出了 4 个一字板和一个 T 字板，风光无二。不过，这种走势的股票，由于股价上升区间缺乏充分的换手率，在股价上升过程中缺少支撑，风险也是非常大的。股价一旦上升受阻，很可能会快速转入下跌趋势。

很多游资参与了该股的炒作，如表 4-8 所示。

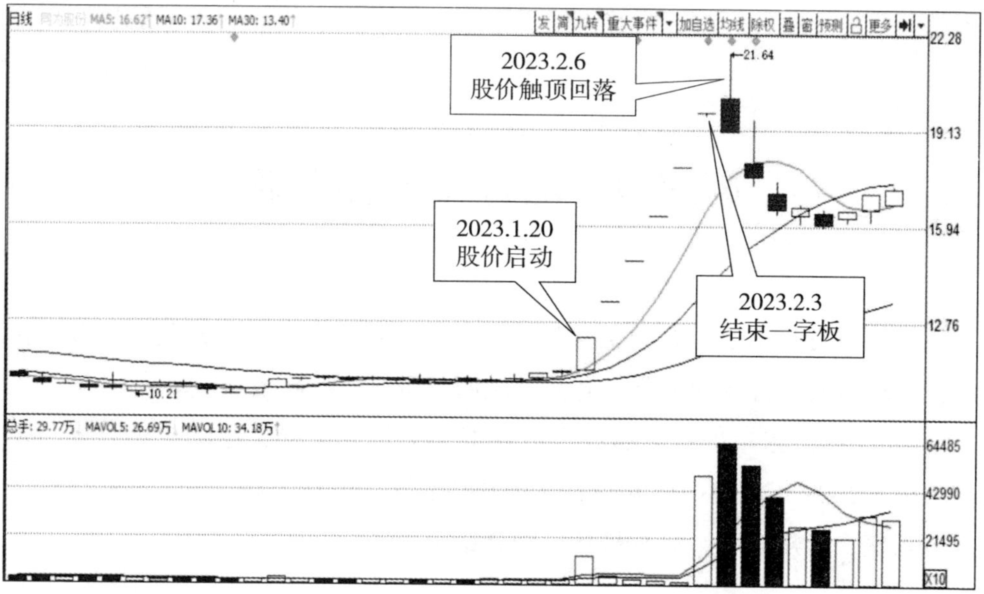

图 4-13　同为股份（002835）日 K 线走势图

表 4-8　游资交易同为股份的记录

营业部	日期	买入金额（万元）	卖出金额（万元）
国盛证券宁波桑田路营业部（宁波桑田路）	2023.2.3	2446.94	6.88
	2023.2.6	304.76	2583.58
中国银河证券绍兴营业部（赵老哥）	2023.2.3	1893.63	83.99
	2023.2.6	1737.9	363.63
	2023.2.7	951.05	2878.91
国泰君安南京太平南路（作手新一）	2023.2.3	2283.29	——
	2023.2.6	2025.1	2375.12
	2023.2.7	20.8	1342.42

从表 4-8 中可以看出，在同为股份交易过程中，该股前期的 5 个涨停板中有 4 个是一字板，无论是游资还是普通散户，都没有多少入场的机会。2 月 3 日，该股的一字板打开，很多知名游资才得以入场。因为这类股票缺少支撑，投资风险非常大。表 4-8 中所列的三家游资都是 2 月 3 日入场的，2 月 6 日又没有及时撤退，造成了后面的亏损，即使是游资大佬赵老哥也没有避开。

总之，见到这种一字板上攻的股票，投资者都要特别小心。通常来说，连续一字板终结后的次日，若再度成功涨停，后面才可能会继续上攻。

第四节　芯片半导体概念

芯片半导体概念是最近几年被资金频繁热炒的概念。特别是随着美国在科技领域对我国打压的强化，芯片领域的竞争变得日趋激烈。

2023 年，芯片半导体的炒作主要围绕英伟达概念、存储芯片以及芯片产业链。2023 年的热门股票包括文一科技、鸿博股份、好上好、皇庭国际、东方嘉盛、亚翔集成、冠石科技、联合精密等。

一、存储芯片：文一科技

文一科技是一家以设计、制造、销售半导体集成电路封测设备、模具、塑封压机、芯片封装机器人集成系统、自动封装系统及精密备件为主营业务的企业。该企业属于典型的芯片半导体企业，也是具有先进封装概念的企业。

该股的股价走势情况，如图 4-14 所示。

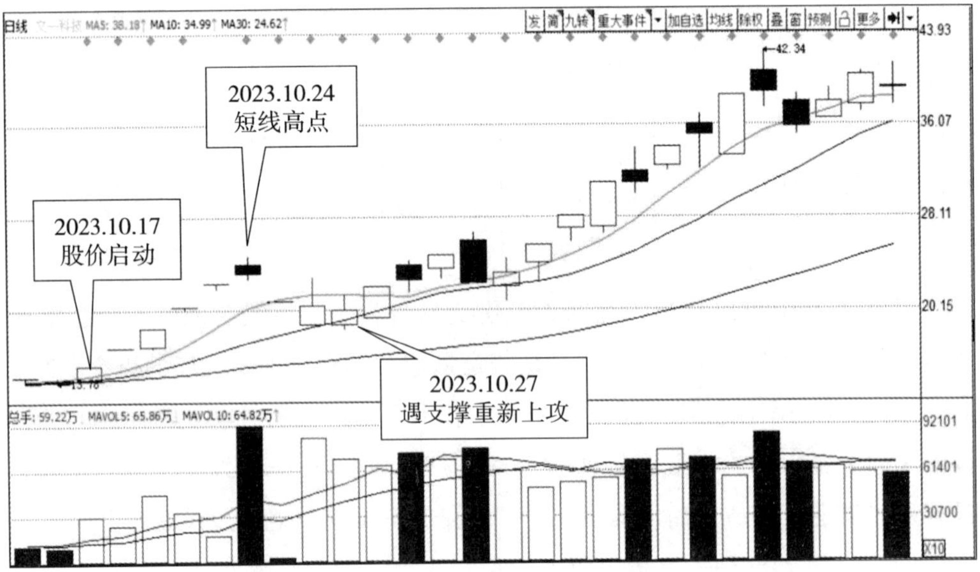

图 4-14　文一科技（600520）日 K 线走势图

从图 4-14 中可以看出，文一科技的股价于 2023 年 10 月 17 日开启涨停上攻模式，此波上攻过程一直到 10 月 24 日冲击涨停失败才告终。10 月 27 日，该股股价回调至 10 日均线附近时，因受均线支撑而重新启动上攻行情。

在股价连续以涨停方式上攻过程中，多路游资入场参与了该股的交易。其中宁波桑田路和知名游资小鳄鱼最具代表性，如表 4-9 所示。

表 4-9 游资交易文一科技的记录

营业部	日期	买入金额（万元）	卖出金额（万元）
国盛证券宁波桑田路营业部（宁波桑田路）	2023.10.18	1910.62	——
	2023.10.19	4227.86	1885.25
	2023.10.20	——	4642.4
华鑫证券上海莲花路	2023.10.19	3613.12	——
	2023.10.20	——	3974.03
长江证券上海分公司（小鳄鱼）	2023.10.17	1501.79	——
	2023.10.18	——	560.28
	2023.10.19	——	1189.99

从表 4-9 中可以看出，这几家都是股价启动初期入场交易的游资，且整个交易过程都比较简洁，即以快进快出的方式超短线交易。小鳄鱼采用买入后分批卖出的操作策略；宁波桑田路使用的是典型的滚动交易；华鑫证券上海莲花路采用的是最简单的“今日买，明日卖”的超短线交易模式。

二、SoC 芯片：好上好

好上好是一家以分销业务、物联网产品设计及制造、芯片定制为主营业务的企业。该公司代理的产品主要包括 SoC 芯片、无线芯片及模块、电源及功率器件、模拟 / 数字器件、存储器等主动元器件，存储器业务是公司的主要业务方向之一。

好上好的股价走势情况，如图 4-15 所示。

从图 4-15 中可以看出，在芯片概念热炒的背景下，好上好的股价自 2023 年 9 月 26 日开启连续涨停模式。此后，该股股价一口气连续拉出 5 个涨停板。10 月 11 日，该股冲击涨停未果，出现了小幅振荡后，重新上扬。

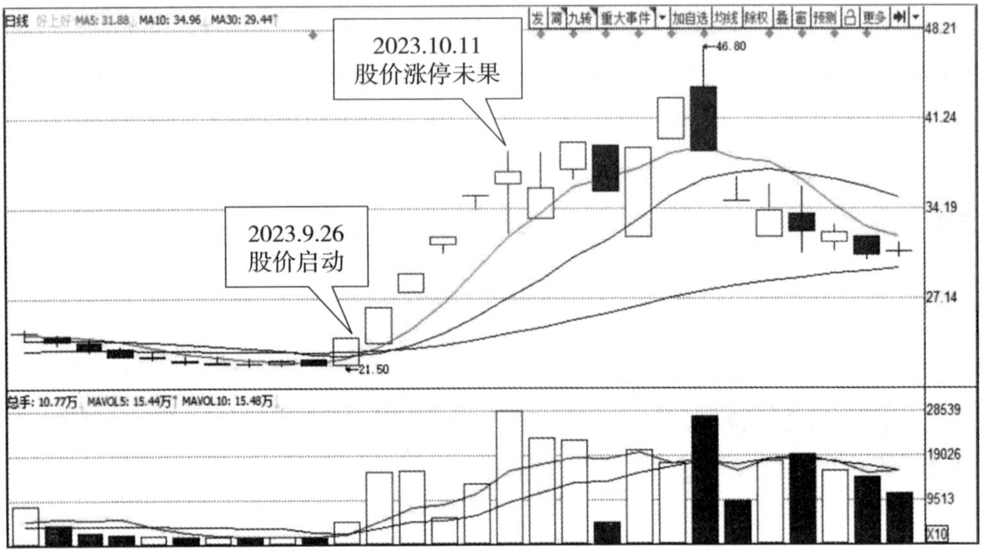

图 4-15　好上好（001298）日 K 线走势图

在该股连续上攻期间，多家游资参与该股的炒作。知名游资宁波桑田路和方新侠的交易记录，如表 4-10 所示。

表 4-10　游资交易好上好的记录

营业部	日期	买入金额（万元）	卖出金额（万元）
国盛证券宁波桑田路营业部（宁波桑田路）	2023.9.26	259.55	——
	2023.9.27	528.39	331.99
	2023.9.28	60.03	563.19
安信证券西安曲江池南路（方新侠）	2023.9.28	1150.52	——
	2023.10.11	303.31	1221.96

从交易记录来看，宁波桑田路和方新侠的交易比较成功，都取得了一定的收益，只是方新侠在 10 月 11 日买入了 300 多万元的股票，肯定会面临一定的亏损。从交易金额上来看，各路游资买卖的金额都不大，与其他股票交易是没法相比较的，这与该股的盘子较小有直接关系。好上好的总市值为 40 多亿元，流通市值仅为总市值的一半，扣除受限流通股票，实际上市交易的股票更少。这就意味着，游资若从便于离场的角度考虑，不能投入太多的金额，以免难以离场。

第五节　其他概念

2023 年是一个新题材、新热点频出的年份。伴随着新经济模式的兴起，一些新兴行业得以迅速发展，促使 A 股市场产生一些新题材、新概念，最典型的就是数字经济的兴起。新题材、新概念的兴起对原有的文化传媒行业产生了较大的冲击，新能源汽车行业依旧强势上行。下面列举了其中比较有代表性的几种新题材，供读者参考。

一、光刻胶：资金接力西陇科学

光刻胶又称光致抗蚀剂，是指通过紫外光、电子束、离子束、X 射线等的照射或辐射，其溶解度发生变化的耐蚀剂刻薄膜材料。在光刻工艺过程中，光刻胶用作抗腐蚀涂层材料，是光刻工艺中不可或缺的材料。

光刻胶是微电子技术中微细图形加工的关键材料之一，特别是近年来大规模和超大规模集成电路的发展，大大促进了光刻胶的研究开发和应用。目前，市场上带有光刻胶概念的股票包括西陇科学、百川股份、亚威股份、光华科技、晶方科技、盛剑环境等。

在最近几年的市场炒作中，西陇科学经常成为光刻胶概念的龙头股票。

西陇科学是一家以化学试剂的研发、生产、销售，部分化工原料贸易、原料药及食品添加剂生产及销售等为主营业务的企业。该公司在互动平台表示：公司目前生产的产品包含光刻胶配套的试剂，如剥离液、显影液、蚀刻液、清洗液等。因此，西陇科学属于典型的光刻胶概念股。

该股的股价走势情况，如图 4–16 所示。

从图 4–16 中可以看出，西陇科学的股价自 2023 年 11 月 8 日启动上攻，于 11 月 21 日见顶回落。在 9 个交易日里收出了 8 个涨停板，风光无二。西陇科学成为光刻胶概念当仁不让的龙头股票。

在西陇科学上攻过程中，多路游资入场交易，形成了资金接力拉升的态

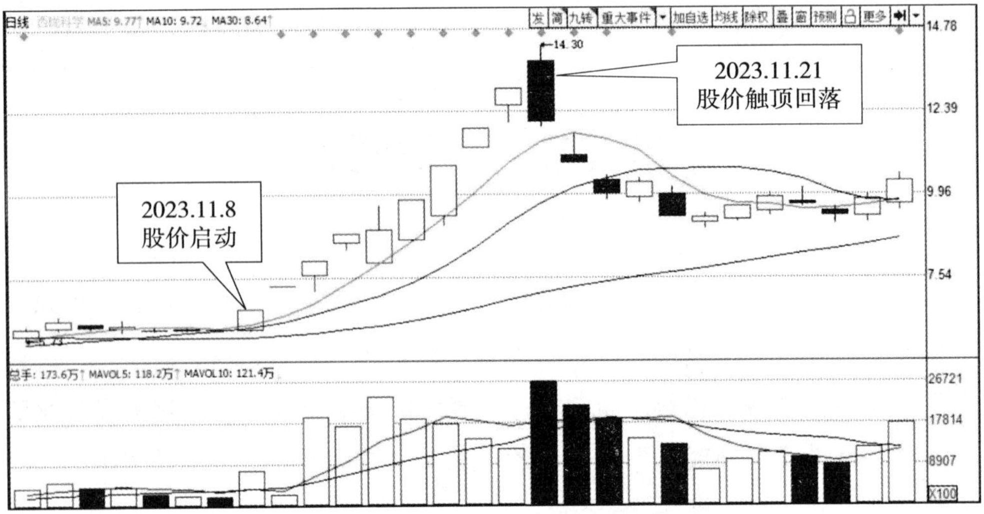

图 4-16　西陇科学（002584）日 K 线走势图

势。几路知名游资的交易记录，如表 4-11 所示。

表 4-11　西陇科学游资交易记录

营业部	日期	买入金额（万元）	卖出金额（万元）
中信证券上海溧阳路营业部（上海溧阳路）	2023.11.8	1237.43	2.91
	2023.11.10	1272.86	1318.35
	2023.11.13	1.3	1356.23
长江证券上海分公司（小鳄鱼）	2023.11.8	1226.02	2.89
	2023.11.10	2.76	1442.33
中国银河证券北京中关村大街营业部（北京中关村）	2023.11.10	4168.08	24.78
	2023.11.13	254.64	208.53
	2023.11.14	171.91	5044.48
中信证券西安朱雀大街营业部（方新侠）	2023.11.14	2306.5	0.17
	2023.11.15	2744.43	95.65
	2023.11.16	3.53	3555.65

从表 4-11 中可以看出，各路游资几乎是以接力方式拉升西陇科学的股价。与其他几路游资相比，最后离场的方新侠也是在 11 月 16 日离场的。这些知名游资都没有等到最后的拉升，但收益都是相当不错的。

二、文化传媒：龙版传媒

文化传媒是传媒业中的一个延伸领域。文化传媒是用现代的传播手段，通过传媒来进行文化传播和不同文化之间的交流。随着自媒体的发展，文化传媒行业迎来了新的发展机遇。很多文化传媒股票因受到资金的追捧而出现大幅上攻走势。

2023 年年底，文化传媒板块迎来一波炒作浪潮，具有文化传媒概念的天威视讯、龙韵传媒、引力传媒、龙版传媒、文投控股等都出现大幅上攻态势。

下面来看一下龙版传媒的股票走势情况。

龙版传媒是一家以图书、期刊及电子出版物的出版、发行及印刷服务等为主营业务的企业。其具备出版物的编辑和出版、印刷、批发及零售、物资贸易等传统业务，同时融合数字出版等新兴业态于一体。该企业具有典型的文化传媒概念标签。

该股的股价走势情况，如图 4-17 所示。

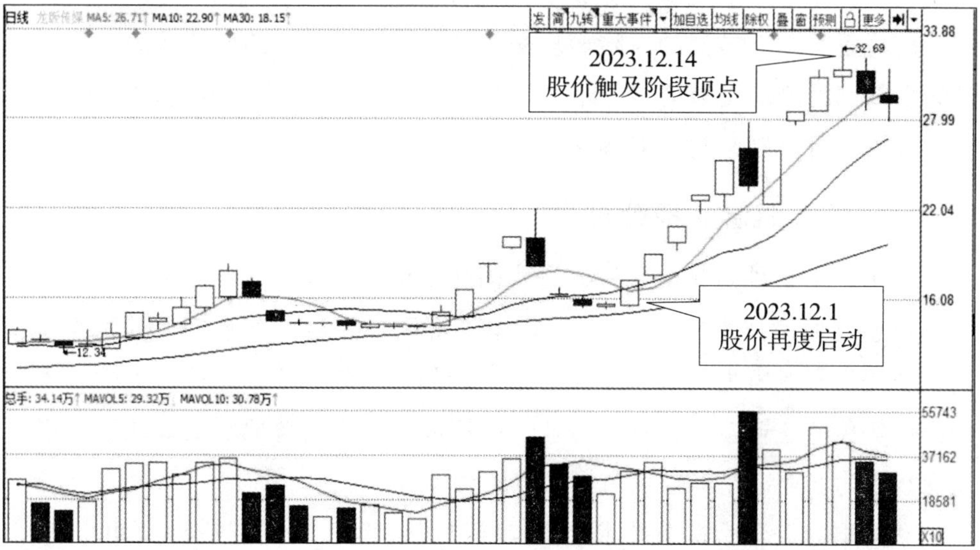

图 4-17　龙版传媒（605577）日 K 线走势图

从图 4-17 中可以看出，在 2023 年 12 月之前，龙版传媒在文化传媒概念热炒的背景下，出现了几波小幅的上攻。12 月 1 日，龙版传媒接过文化传媒概念的龙头旗帜，成为整个概念板块的风向标。此后，该股股价一路上攻至 12 月 14 日，期间共拉出 8 个涨停板。

在此期间，多路游资参与了对该股的炒作，其中知名游资古北路常用的中信证券上海分公司最具代表性。古北路的打法一向非常激进、凶猛。中信证券上海分公司的龙虎榜数据，如表 4-12 所示。

表 4-12　中信证券上海分公司交易龙版传媒的数据

日期	买入金额（万元）	卖出金额（万元）
2023.12.3	1767.77	——
2023.12.4	——	1336.63
2023.12.8	2383.94	——
2023.12.11	2560.51	1062.47
2023.12.12	5401.75	3384.97
2023.12.13		

从表 4-12 中的交易记录来看，直至 12 月 13 日收盘，中信证券上海分公司仍有几千万元的龙版传媒股票。中信证券上海分公司在 12 月 14 日若不能及时脱手，则有被套的风险。从交易过程来看，古北路所使用的也是大多数游资都用的滚动交易策略，即“一边买入，一边卖出”，逐渐将利润滚大，普通投资者可以借鉴此种策略。

三、华为概念：捷荣技术

华为，从某种意义上来说，是我国高新科技行业的代表。华为是全球领先的信息与通信技术（ICT）解决方案供应商，为运营商客户、企业客户和消费者提供有竞争力的 ICT 解决方案、产品和服务。华为产业链上的客户、供应商等关联企业众多，这些企业一起构成了华为概念股。最近几年，华为概念、华为产业链是经常被市场炒作的对象。

华为概念股包括捷荣技术、华映科技、欧菲光、天迈科技、广汇汽车、神宇股份、英飞拓、亚联发展、金桥信息等。其中，捷荣技术在 2023 年的表现尤为耀眼。

捷荣技术是一家以精密模具、精密结构件、高外观需求的硬件组件生产制造为主营业务的企业。捷荣技术在精密模具和精密结构件领域具有丰富的行业经验。该公司在互动平台表示：目前已成为全球多家知名品牌厂商的主要供应商，并已成为三星、华为、TCL 等公司的核心供应商。

捷荣技术的股价走势情况，如图 4-18 所示。

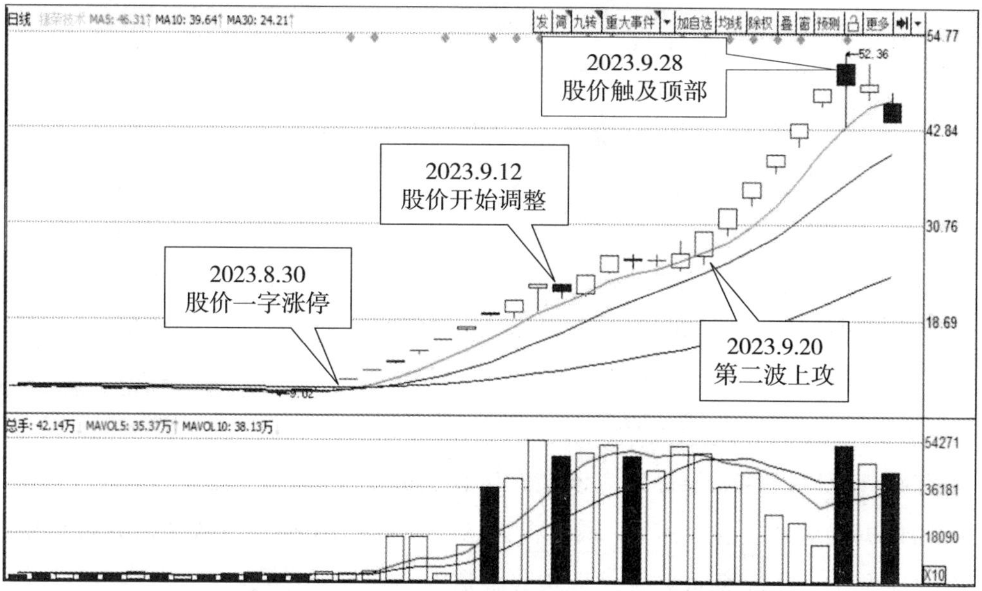

图 4-18　捷荣技术（002855）日 K 线走势图

从图 4-18 中可以看出，捷荣技术的股价于 2023 年 8 月 30 日进入到上攻区间。9 月中旬，捷荣技术的股价在极速上攻期间出现整理走势。9 月 20 日之后，该股股价再度启动连续涨停模式。9 月 28 日，股价触及短线顶点后，出现回调整理走势。

该股股价在一个月的时间里收出了 16 个涨停板，成为华为概念当仁不让的大龙头。在股价上攻过程中，多路游资入场抢筹，其中作手新一和宁波桑田路最为典型。

作手新一和宁波桑田路的龙虎榜记录，如表 4-13 所示。

尽管龙虎榜数据有些不完整，但仍可以看出两家游资大致的交易路径。两家游资都不是第一时间入场的，其交易时间都集中在股价第一波上攻末期和横向盘整阶段，在一定程度上限制了交易利润。不过，从龙虎榜的交易记录来看，在此波行情中，作手新一很可能在 9 月 15 日股价出现盘整时离场了，其收益应该还是不错的。宁波桑田路在 11 月 20 日股价第二波启动时，手中

表 4-13　捷荣技术龙虎榜数据

<table>
<tr><th>营业部</th><th>日期</th><th>买入金额（万元）</th><th>卖出金额（万元）</th></tr>
<tr><td rowspan="5">国泰君安南京太平南路营业部（作手新一）</td><td>2023.9.6</td><td rowspan="2">1972.54</td><td>——</td></tr>
<tr><td>2023.9.7</td><td>1188.78</td></tr>
<tr><td>2023.9.8</td><td>2109.13</td><td>0.39</td></tr>
<tr><td>2023.9.13</td><td>1731.57</td><td>16.77</td></tr>
<tr><td>2023.9.14</td><td>424.6</td><td>1999.38</td></tr>
<tr><td rowspan="6">国盛证券宁波桑田路（宁波桑田路）</td><td>2023.9.6</td><td rowspan="2">1901.27</td><td></td></tr>
<tr><td>2023.9.7</td><td>958.04</td></tr>
<tr><td>2023.9.8</td><td>780.37</td><td>693.37</td></tr>
<tr><td>2023.9.11</td><td>260.25</td><td>1677.14</td></tr>
<tr><td>2023.9.14</td><td>1435.25</td><td>290.36</td></tr>
<tr><td>2023.9.20</td><td>461.62</td><td>1886.36</td></tr>
</table>

还有部分筹码，这部分筹码应该会产生较高的利润。

根据局势的变化，需要不断地调整买入与卖出策略。在持续交易过程中，连续地做 T，进行滚动交易，是这些游资的主要交易手段。

四、数字经济：久其软件跨年交易

数字经济属于相对较为宽泛的概念。通常来说，数字经济发挥了直接或间接利用数据来引导资源的作用，是推动生产力发展的经济形态。很多领域都有数字经济的身影，比如大数据、云计算、物联网、区块链、人工智能、5G 通信等新兴技术，还有“新零售”“新制造”等应用层面。

数字经济在 2022 年年底到 2023 年年初时段掀起了一波规模较大的上攻行情，比较有代表性的概念股票包括久其软件、恒久科技、安妮股份等。

久其软件是一家以电子政务、集团管控、数字传播领域的研发和管理咨询服务为主营业务的企业。该公司以女娲平台为核心，持续升级完善基础报表、财务管理、资产管理、企业绩效等主要产品，不断为政企客户数字化转型赋能。公司致力于以行业解决方案和全产业链的服务为客户数字化转型、智能化升级赋能。因此，该公司被看成典型的数字经济概念股。

该股的股价走势情况，如图 4-19 所示。

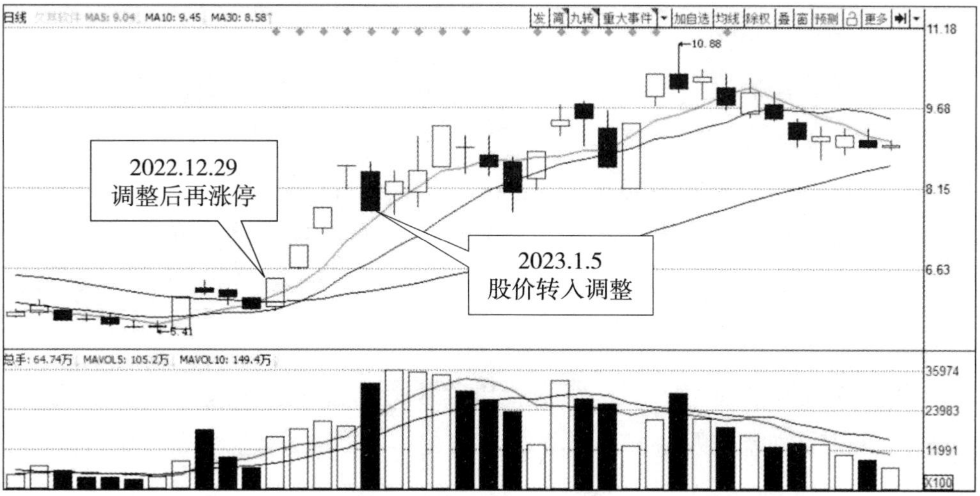

图 4-19　久其软件（002279）日 K 线走势图

从图 4-19 中可以看出，久其软件的股价在 2022 年年底出现了异动。2022 年 12 月 23 日，该股股价强势涨停，此后股价连续调整了 3 个交易日。2022 年 12 月 29 日，该股股价再度强势涨停，一度连续拉出 4 个涨停板。此后，久其软件从直线上攻切换为振荡上行态势。

在此期间，很多游资参与了该股的炒作，知名游资低位挖掘常用的东莞证券厦门分公司就是其中一家。

表 4-14　东莞证券厦门分公司交易久其软件的记录

日期	买入金额（万元）	卖出金额（万元）
2022.12.29	1926.89	8.7
2022.12.30	2010.68	2072.89
2023.1.3	242.74	2234.46

从表 4-14 中可以看出，2022 年 12 月 29 日，东莞证券厦门分公司在该股调整后的第一个涨停板，买入了将近 2000 万元。次日，该营业部做了一个 T，卖出 2072 万元，又买入了 2010 万元。

2023 年 1 月 3 日，东莞证券厦门分公司卖出了 2234 万元。至此，整个交易产生了 200 多万元的利润，恰好是 1 月 3 日东莞证券厦门分公司重新买入的金额。也就是说，此后，该营业部已经是使用利润在投资了。

五、卫星导航：龙洲股份

卫星导航是指采用导航卫星对地面、海洋、空中和空间用户进行导航定位的技术。常见的 GPS 导航、北斗卫星导航等均为卫星导航。卫星导航概念股包括星网宇达、 神宇股份、 天迈科技、龙洲股份等。

龙洲股份是一家物流行业企业，其业务范围以现代物流（含沥青供应链）为主体，汽车制造及销售与服务、汽车客运及站务服务、成品油及天然气销售等业务为主营业务。

该公司在互动平台表示：作为公司全资子公司的龙岩天元信息科技有限公司，卫星定位监控及服务为其主营业务之一。因此，该公司成为卫星导航概念股。

龙洲股份的股价走势情况，如图 4-20 所示。

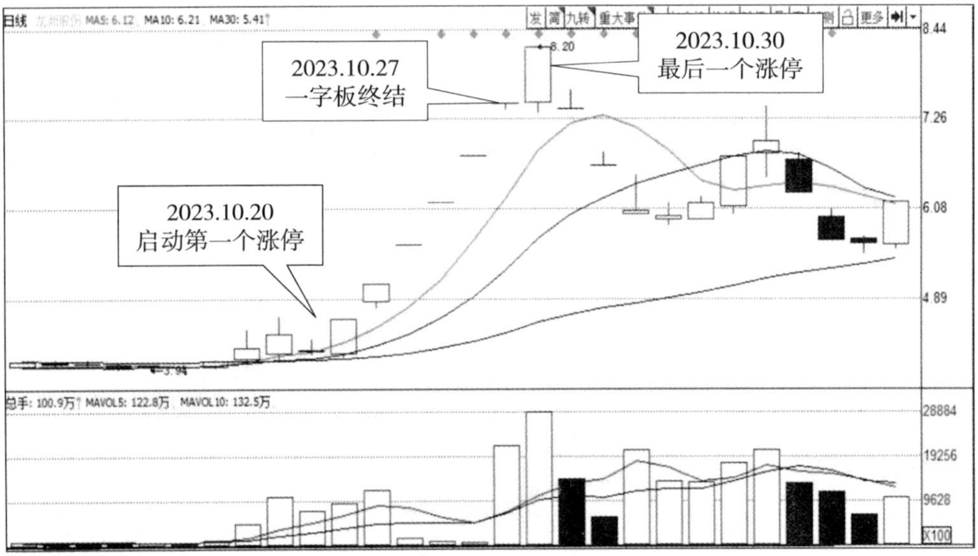

图 4-20　龙洲股份（002682）日 K 线走势图

从图 4-20 中可以看出，龙洲股份的股价于 2023 年 10 月 20 日开启第一个涨停后，连续拉出 7 个涨停板，其中包括 3 个一字板和一个 T 字板。通常来说，在一字板终结后，若股价无法持续涨停，很可能会掉头转入下跌趋势。

在股价上攻过程中，很多游资参与了该股的炒作，如表 4-15 所示。

表 4-15　龙洲股份龙虎榜数据

营业部	日期	买入金额（万元）	卖出金额（万元）
东莞证券北京分公司（著名刺客）	2023.10.27	2316.83	119.71
	2023.10.30	1045.93	2446.46
东亚前海证券上海分公司（葛卫东）	2023.10.27	1799.92	31.07
	2023.10.30	127.5	2091.08

从表 4-15 中可以看出，东莞证券北京分公司和东亚前海证券上海分公司选择在 10 月 27 日一字板终结日入场。该交易日有几个特点：第一，当日属于 3 个一字板结束后的第一个交易日，股价仍能强势封板，说明市场情绪之强；第二，由于之前的交易日以连续一字板报收，筹码分布存在断档的情况，未来股价一旦无力封板，很可能会直线下跌，风险非常大。

面对当日的情况，两家游资都选择了“当日买入，次日卖出”的操作，即 30 日卖出前日买入的股票。两家游资的区别在于东莞证券北京分公司当日又买入了 1000 多万元的股票。东莞证券北京分公司后买入的股票后续亏损的可能性极大，毕竟该股股价在 10 月 31 日是以跌停报收的。

第五章

2024 年上半年游资炒作路线

由于写作本书时，2024 年刚走完一半的时间。因此，对 2024 年股市的总结势必会有一定的片面性和局限性。

2024 年上半年的市场，投资者的信心明显不足，整个大盘走势不佳，尤其是创业板。科创板、北交所股票等都出现了较大幅度的下跌，但无法掩盖市场上不断闪现的投资亮点。这些热点题材，为整个市场带来了生机与活力，这些热点背后的推手就是游资。

第一节　大盘走势与热点综述

2024 年上半年，A 股市场延续了前一年度振荡下行的态势。2024 年上半年，几大股指再度下行，其中沪指跌的最少，跌幅仅为 0.25%，深成指跌 7.10%，创业板指跌 10.99%，北证 50 指数跌幅到达了 34.52%。在 5163 只个股中（剔除 2024 年上市新股、ST 股、退市股、停牌股），共有 792 只个股在上半年的涨幅为正。

从具体的股票涨幅来看，呈现出明显的不均衡状态，其具体分布如图 5-1 所示。

一、飙涨的个股与游资

2024 年上半年，大盘走势整体较弱，在个股层面上，仍有部分股票在利好消息、概念炒作的影响下实现了股价的暴涨。

1. 前 10 名股票分布

2024 年上半年，涨幅前 10 名的股票名单，如表 5-1 所示。

从表 5-1 中可以看出，2024 年上半年股票整体涨幅不是很大，涨幅超过 3 倍的股票仅有一只。涨幅前 10 名的股票除了飞行汽车概念股外，其他领域都比较分散。

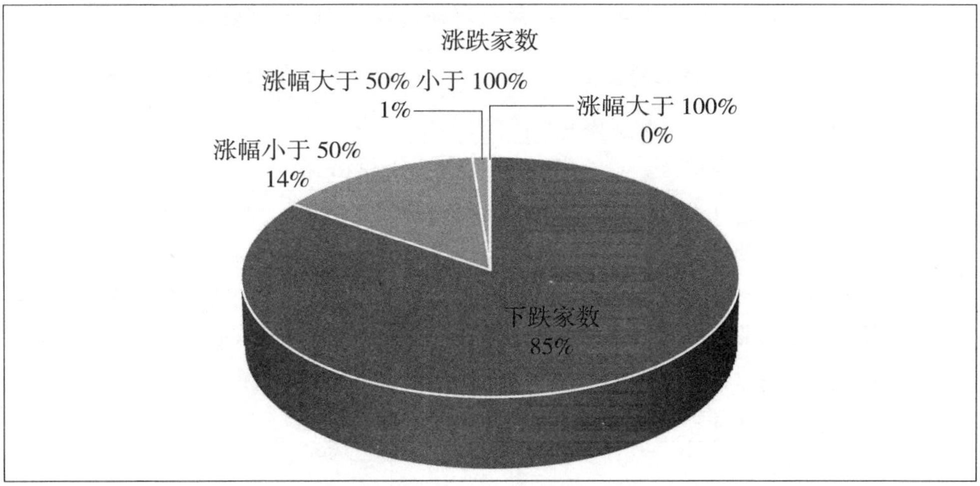

图 5-1　2024 年上半年 A 股市场涨跌股票数量分布

表 5-1　2024 年上半年涨幅前 10 名个股

股票名称	涨幅（%）	市值（亿元）	所属行业
正丹股份	371.77%	195	化学制品
万丰奥威	170.73%	383.8	汽车（飞行汽车）
新易盛	114%	803	通信
嘉益股份	105.5%	89.34	家居用品
宇通客车	105.49%	524.92	汽车
金盾股份	95.57%	48.09	专用设备（飞行汽车）
山推股份	90.77%	120.03	工程机械
沃尔核材	89.37%	195.28	电子（核电）
新集能源	87.77%	234.44	煤炭
中信海直	85.25%	123.04	航空机场（飞行汽车）

2. 最活跃的游资营业部

2024 年上半年，尽管大盘走势不佳，但对于各路游资来说，由于市场并不缺乏炒作的题材和亮点，因而游资的表现也是十分抢眼的。

2024 年上半年，最为活跃的 10 家营业部及游资如表 5-2 所示。

表 5-2　2024 年上半年交易最活跃的 10 大营业部

<table>
<tr><th>序号</th><th>营业部名称</th><th>常用该营业部游资</th></tr>
<tr><td>1</td><td>中国国际金融股份有限公司上海分公司</td><td>无</td></tr>
<tr><td>2</td><td>华泰证券营业总部</td><td>量化基金</td></tr>
<tr><td>3</td><td>西藏东方财富证券股份有限公司拉萨东环路第二证券营业部</td><td rowspan="3">被认为属于散户大本营。东方财富网开户常用的营业部，是雪球大 V 常常推荐的营业部，也有一些游资混迹其中</td></tr>
<tr><td>4</td><td>西藏东方财富证券股份有限公司拉萨团结路第二证券营业部</td></tr>
<tr><td>5</td><td>西藏东方财富证券股份有限公司拉萨团结路第一证券营业部</td></tr>
<tr><td>6</td><td>招商证券交易单元</td><td></td></tr>
<tr><td>7</td><td>西藏东方财富证券股份有限公司拉萨东环路第一证券营业部</td><td>同拉萨东环路第二营业部</td></tr>
<tr><td>8</td><td>国泰君安证券有限公司上海江苏路营业部</td><td>章盟主</td></tr>
<tr><td>9</td><td>中信证券有限公司总部（非交易单元）</td><td></td></tr>
<tr><td>10</td><td>中国银河证券北京中关村大街证券营业部</td><td>北京中关村</td></tr>
</table>

表 5-2 中列出的是 2024 年上半年最活跃的 10 大营业部。量化基金和散户大本营占据了活跃度排名榜的多数席位。只有章盟主常用的国泰君安上海江苏路和北京中关村属于典型的知名游资。

二、影响股票市场的热点事件

从整体上来看，2024 年上半年的市场相对比较平稳，未出现“爆炸性”的事件，但仍有一些事件对股市波动产生了较大的影响。

1. 新“国九条”发布

国务院出台资本市场第三个“国九条”，为资本市场高质量发展擘画蓝图。新“国九条”标志着中国资本市场进入了强金融监管，更强调投资者保护的高质量发展阶段。这一政策文件的出台，旨在应对当前中国经济面临的复杂严峻的内外部环境，以及加快建设金融强国的要求。

2. 全球政治形势不容乐观

全球政治形势在一定程度上影响了投资者的情绪。地区热点频发，欧洲战事未熄，中东冲突外溢，南海纷争等，都对投资者的情绪有一定的影响。

3. 房地产市场延续调整

2024 年以来，全国的房地产市场一直在调整。政府和监管部门频频推出利好政策，并迅速落实了一系列具体措施，显著提升了市场信心。多地快速降低首付比例、取消商贷利率下限、降低公积金贷款利率，显著激发了购房需求。不过，房地产市场下行趋势没有从根本上得以扭转。

4. 飞行汽车概念爆火

2024 年，各省市低空经济支持措施不断出台，中央经济工作会议也提出，"打造生物制造、商业航天、低空经济等若干战略性新兴产业"，以 eVTOL（飞行汽车）为牵引的低空经济新赛道成为 2024 年上半年的热议话题。

三、2024 年上半年主要概念炒作时间线

2024 年上半年，对于股市来说相对比较平淡，没有持续时间较长的投资炒作主线。只是以飞行汽车为代表的低空经济概念、新质生产力概念等对市场产生一定的冲击。

2024 年上半年的主要概念炒作时间分布图，如图 5-2 所示。

从图 5-2 中可以看出，2024 年上半年主要炒作的概念包括这样几类。

1. 低空经济概念

以飞行汽车为代表的低空经济概念，是 2024 年上半年最火爆的概念。在 2024 年上半年涨幅前 10 名股票中，有多只股票来自该概念。

2. 文生视频概念

2024 年 2 月 15 日，OpenAI 发布文生视频模型 Sora。此后，文生视频概念成为市场热炒的一个重要核心概念。

3. 新质生产力概念

新质生产力是以创新为主导作用，摆脱传统经济增长方式、生产力的发展路径，具有高科技、高效能、高质量等特征，符合新发展理念的先进生产力质态。2024 年 1 月 31 日，习近平在中共中央政治局第十一次集体学习时强调，加快发展新质生产力，扎实推进高质量发展。

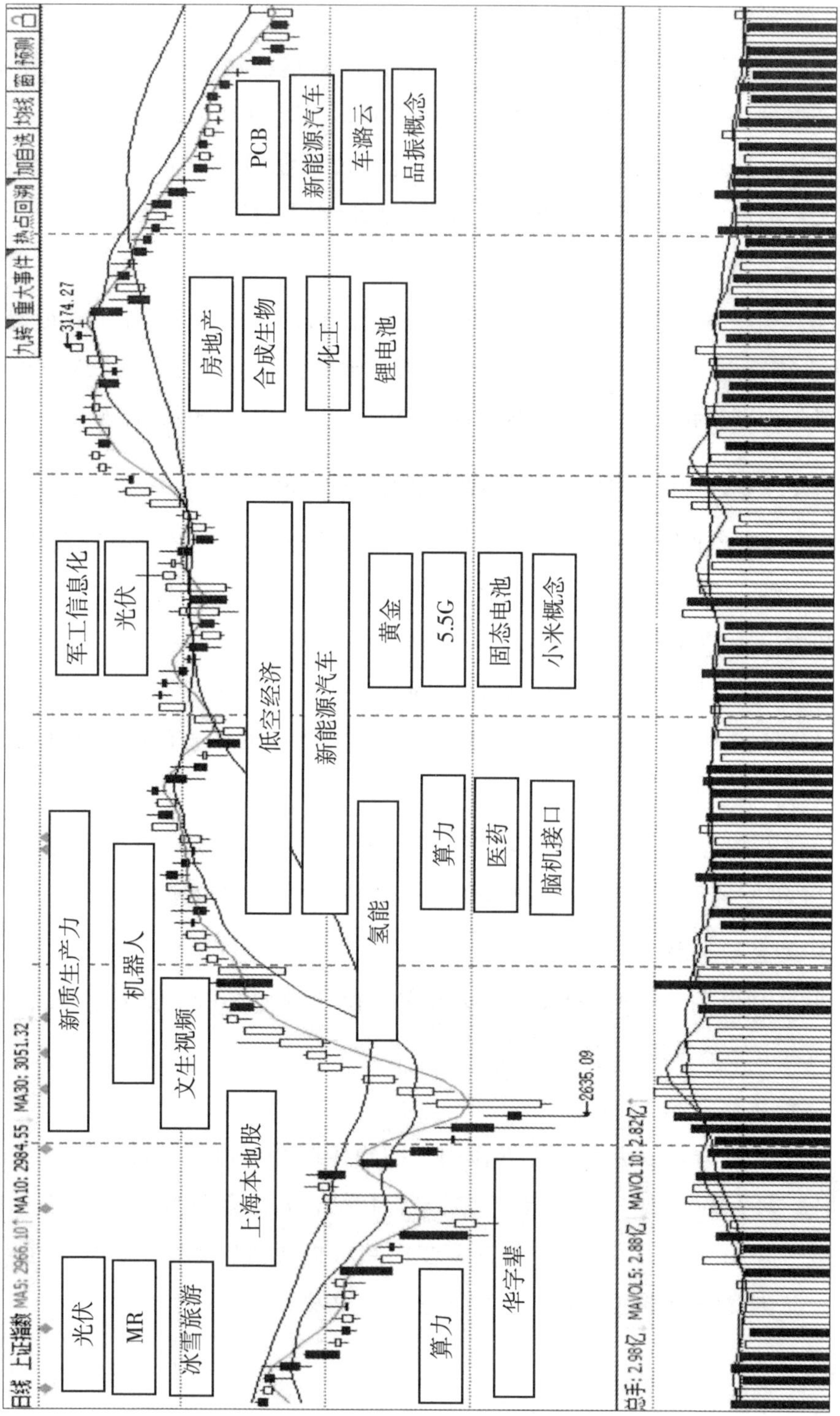

图 5-2　2024 年上半年的主要概念炒作时间分布图

4. 冰雪旅游

2024 年开年后，以哈尔滨冰雪大世界和长白山为代表的东北冰雪旅游成为当时的热门话题，冰雪旅游概念股出现了一波炒作浪潮。

5. 合成生物概念

合成生物学是指通过人工设计和构建自然界不存在的生物系统来解决能源、材料、健康和环境等问题。合成生物概念也是 2024 年上半年热炒的重点概念之一。

6. 其他概念

2024 年上半年，还有一些传统概念和新兴概念被游资大幅炒作，比如，最近几年常常炒作的新能源汽车概念、黄金、中药、PCB 概念等。另外，一些新兴的军工信息化概念、车路云等概念也出现了大幅炒作行情。

第二节　2024 年上半年重点炒作概念

从整体上来看，2024 年上半年游资炒作的概念相对较散。尽管出现了很多热点概念，但概念炒作的持续性并不算高，只有以飞行汽车为代表的低空经济概念持续时间稍长。

下面列举了几个比较有代表性的概念，供读者参考。

一、低空经济概念：从立航科技到中信海直

低空经济指以民用有人驾驶和无人驾驶航空器为主，以载人、载货及其他作业等多场景低空飞行活动为牵引，辐射带动相关领域融合发展的综合性经济形态。低空经济是继数字经济后的又一新兴经济形态。

在 2024 年 CES 展会上，小鹏汇天联合创始人、副总裁王谭表示，分体式飞行汽车“陆地航母”将于四季度开启预订，并计划于 2025 年四季度开始量产交付。自此，以飞行汽车为代表的低空经济概念开始成为 2024 年上半年最火爆的风口，多只飞行汽车、低空经济概念股出现大幅上攻态势。

在 2024 年上半年涨幅前 10 名的股票中，有多只飞行汽车、低空经济概念股，如万丰奥威、金盾股份、中信海直、立航科技、光洋科技等。

先来看一下立航科技的案例。

立航科技是一家以飞机地面保障设备开发制造、航空器试验和检测设备开发制造、飞机工艺装备开发制造、飞机零件加工和飞机部件装配等为主营业务的企业，具有显著的军民融合背景。该公司曾在互动平台表示：公司涉足了低空经济的无人机业务。该股成为典型的低空经济概念股。

立航科技在 2024 年上半年的股价走势情况，如图 5-3 所示。

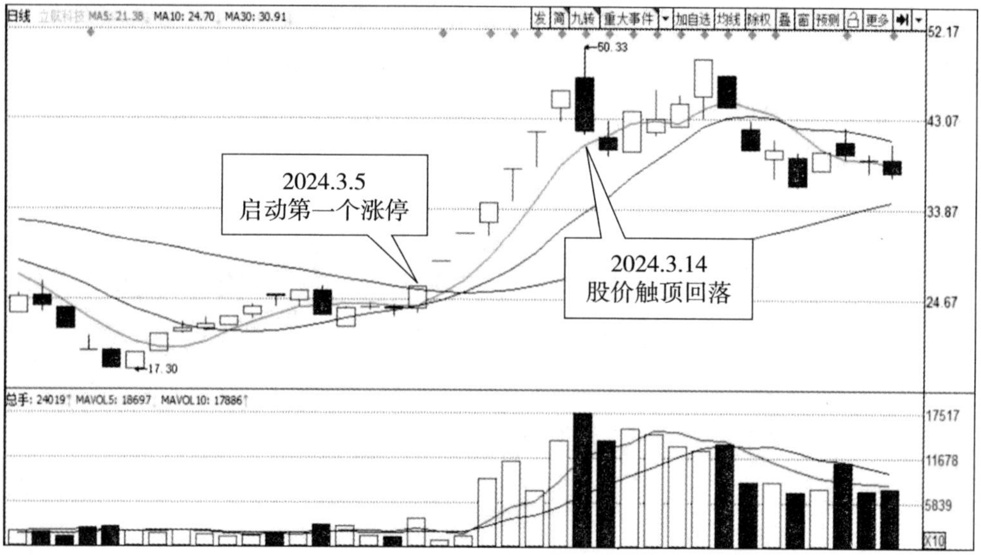

图 5-3　立航科技（603261）日 K 线走势图

从图 5-3 中可以看出，立航科技的股价在低空经济利好的刺激下，自 2024 年 3 月 5 日收出第一个涨停板开始，连续拉出 7 个涨停板。直至 3 月 14 日，冲击涨停未果后，开始进入振荡调整模式。

在股价上攻期间，多路游资入场炒作该股。几路知名游资的交易记录，如表 5-3 所示。

从表 5-3 中可以看出，相比其他几路游资的超短线打法，作手新一的打法更为激进一些。3 月 8 日，作手新一入场后，一路持股至 3 月 14 日股价触顶回落。在整个操盘过程中，需要承受股价的大幅波动，对投资者的心理会造成较大的压力。若能成功，收益也将是最大的。

表 5-3　立航科技游资交易记录

营业部	日期	买入金额（万元）	卖出金额（万元）
甬兴证券宁波和源路营业部（宁波和源路）	2024.3.7	1799.39	——
	2024.3.8	549.66	1291.2
	2024.3.11	——	1266.31
国泰君安南京太平南路营业部（作手新一）	2024.3.8	816.92	——
	2024.3.14	——	1056.94
财信证券杭州西湖国贸中心营业部（西湖国贸）	2024.3.8	752.77	24.78
	2024.3.11	254.64	862.87
中国银河证券绍兴营业部（赵老哥）	2024.3.8	558.06	0.17
	2024.3.11	——	626.12

再来看一下中信海直的案例。

中信海直是一家以海上石油、应急救援、陆上通航、通航维修、引航风电为主营业务的企业。该公司在互动平台表示：其与国内外多家 eVTOL（飞行汽车）公司建立了合作关系。因此，该股具有飞行汽车概念、低空经济概念。

中信海直的股价走势情况，如图 5-4 所示。

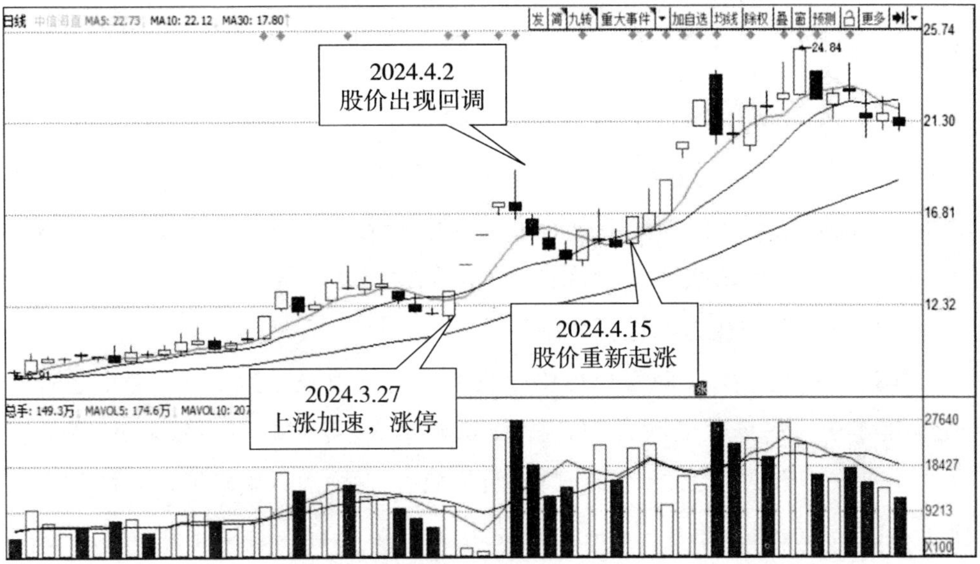

图 5-4　中信海直（000099）日 K 线走势图

从图 5-4 中可以看出，2024 年 3 月，在低空经济、飞行汽车概念持续走高的带动下，中信海直的股价一直呈现出振荡上行态势。特别是到了3月底到4月期间，出现了规模较大的上涨，尤其是3月27日和4月15日的上攻，最为明显。

尽管该股的涨停板并不算多，但整体上保持了振荡上扬的态势，使得其在一段时间内取得了相当可观的涨幅。由于该股每波上攻持续的时间相对较短，游资从投资安全角度出发，多以超短线形式进行交易。表5-4中列出了参与该股的两家游资的交易数据。

表5-4　游资操作中信海直的交易记录

营业部	日期	买入金额（万元）	卖出金额（万元）
国泰君安宜昌珍珠路营业部（低位挖掘）	2024.4.15	10936.9	5.96
	2024.4.16	8.23	11320.1
中信建投北京广渠门内大街	2024.4.15	2872.02	11.88
	2024.4.16	13.91	2957.56

从表5-4中可以看出，两路游资的交易都遵循了“今日进，明日出”的策略，进行的都是超短线交易，且都获得了较好的收益。

在趋势不明朗时，坚持超短线交易，有利则止，不贪、不执，才能在市场上生存。

二、文生视频概念：华扬联众

2024年2月，人工智能公司OpenAI发布了旗下首个文生视频大模型Sora。自此开始，文生视频概念一度成为市场上最热门的概念之一。具有代表性的股票包括华扬联众、国脉文化、信雅达、会畅通讯、中广天择等。

下面以华扬联众为例进行介绍。

华扬联众是一家以向客户提供互联网综合营销服务为主营业务的企业。2024年年初，华扬联众联合创意技术实验室——亚实验室与新兴AI内容社区有丿有捺，集结了2023年度最前沿的AI生成技术，用新鲜幽默的创意完成了AI全流程创意短片——《龙境之年》，标志着该公司正式涉足了文生视频领域。该公司因此成为文生视频概念股。

华扬联众的股价走势情况，如图5-5所示。

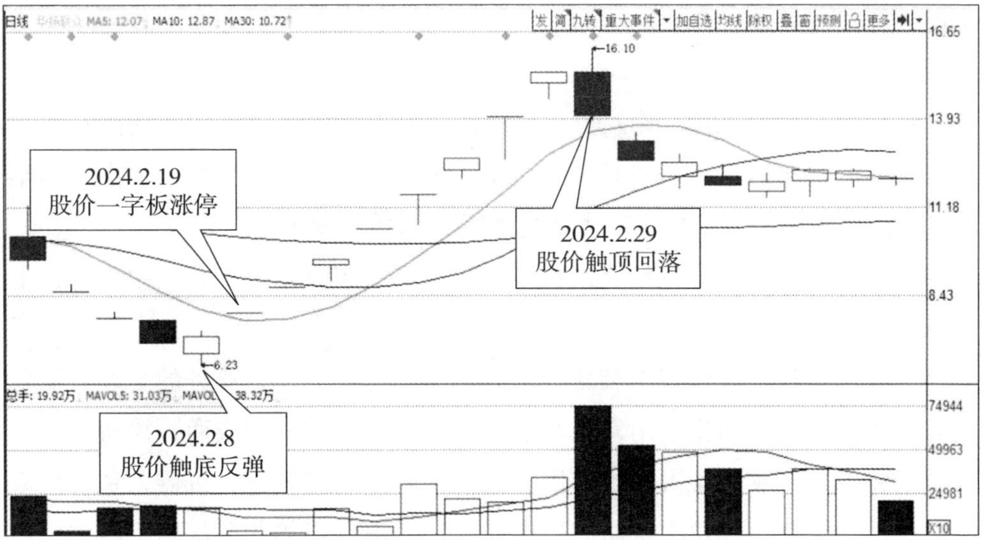

图 5-5 华扬联众（603825）日 K 线走势图

从图 5-5 中可以看出，华扬联众的股价在 2024 年 2 月 8 日开始触底反弹。经过一个春节后，2 月 19 日股价直接以一字板拉升涨停。此后，该股连续拉出了 8 个涨停板，风光无限。

2 月 29 日，该股股价一波冲高后出现回落走势。这一波走势股价翻了两倍有余。

在股价上攻期间，多路游资参与了对该股的炒作。

表 5-5 华扬联众龙虎榜数据

营业部	日期	买入金额（万元）	卖出金额（万元）
中信证券杭州凤起路营业部（N 周二）	2024.2.21	1052.05	——
	2024.2.23	——	1147.97
光大证券昆明人民中路	2024.2.26	1257.97	——
	2024.2.28	——	1522.07

从表 5-5 中可以看出，N 周二和昆明人民中路的操作都是经典的超短线交易。从一个涨停板买入到另一个涨停板卖出。

三、新质生产力概念：克来机电

新质生产力是以创新为主导作用，摆脱传统经济增长方式、生产力发展路径，具有高科技、高效能、高质量等特征，符合新发展理念的先进生产力质态。

新质生产力是 2023 年 9 月习近平总书记在黑龙江考察调研期间首次提到的新词汇。2024 年 1 月 31 日，习近平在中共中央政治局第十一次集体学习时强调，加快发展新质生产力，扎实推进高质量发展。

新质生产力概念股包括克来机电、克劳斯、东方精工等，其中克来机电为当仁不让的大龙头。

克来机电是一家以智能装备业务和汽车零部件为主营业务的企业。该公司的主业为工业自动化应用，是智能制造系统解决方案供应商，深耕于柔性自动化装备与工业机器人系统应用，致力于智能制造装备、机器人系统集成核心技术的研究和开发，产品的生产和销售。该公司的业务都属于新质生产力的内容。

自 2024 年 2 月 1 日开始，新质生产力概念一飞冲天。新质生产力概念的大龙头克来机电开启了强势上攻之路，如图 5-6 所示。

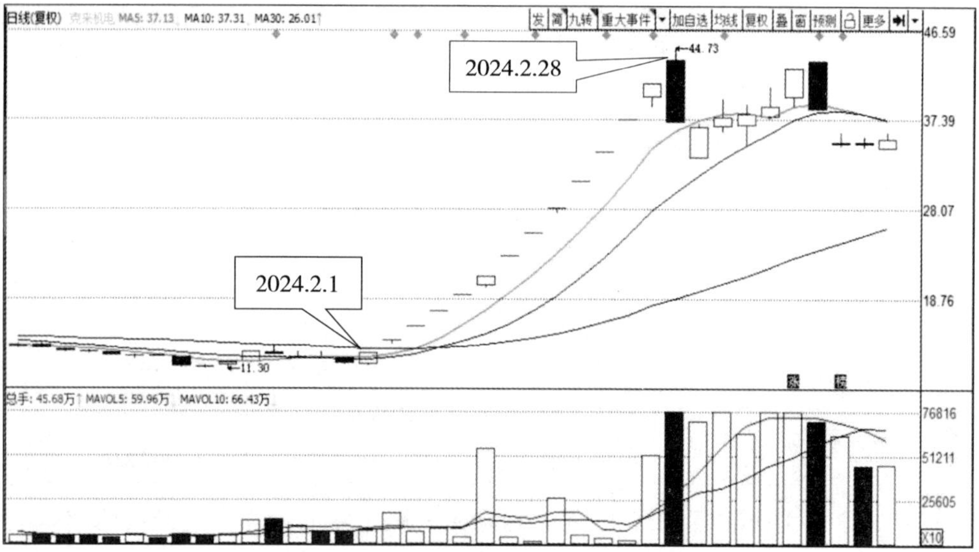

图 5-6　克来机电（603960）日 K 线走势图

从图 5-6 中可以看出，克来机电的股价自 2024 年 2 月 1 日开启涨停之路后，连续拉出 13 个涨停板，直至 2 月 28 日才终结涨停行情。相当于该股股价在整个 2 月都处于涨停中。能够及时入场买入克来机电股票的投资者都会获利颇丰。

机会只会留给有准备的、有胆量的人。克来机电涨停开启后，留给投资者做决策的时间并不多，而且投资者能够入场的时刻，股价已经涨到了较高的位置。

正如游资大佬赵老哥所说，新题材就是印钞机。这是建立在提早判断、迅速决策的基础之上的。机会稍纵即逝，投资者务必留心。在克来机电的炒作过程中，多路游资都曾入场参与，如杭州上塘路、解放南路、益田路、宁波和源路、昆明人民中路等。

四、合成生物概念：蔚蓝生物

合成生物学是一门基于工程化的设计理念，结合生物学、化学、医学、农学、工程学、计算机与数据科学等交叉学科技术，旨在改造或创造人造生命体系的新兴学科。在科技和产业创新两个层面，均具备全面颠覆现有格局的潜力。

合成生物概念在 2024 年上半年出现了一波炒作行情，其核心概念股，如蔚蓝生物、德展健康、圣达生物、播恩集团、鲁抗医药等都出现了大幅走高态势。其中，蔚蓝生物是这波合成生物概念炒作的大龙头。

蔚蓝生物是一家以酶制剂、微生态以及动物保健品的研发、生产和销售为主营业务的企业。该公司曾表示，非常重视合成生物学的研发工作，已于 2019 年成立了合成生物学实验室，并在合成生物学领域开展了多项工作。

蔚蓝生物的股价走势情况，如图 5-7 所示。

从图 5-7 中可以看出，2024 年 4 月下旬，市场上掀起了一波炒作合成生物的热潮。4 月 26 日，蔚蓝生物的股价拔地而起，直接封住了涨停板。此后的 5 个交易日，该股股价连续走出一字板，直至 5 月 9 日才终结了一字板。不过，该股股价在 5 月 10 日出现了触顶回落态势，往往意味着股价将会进入反转下行通道。

事实上，该股股价以一字板上攻期间，无论是普通投资者还是游资，都是很难入场的，除非能抢在第一时间入场。

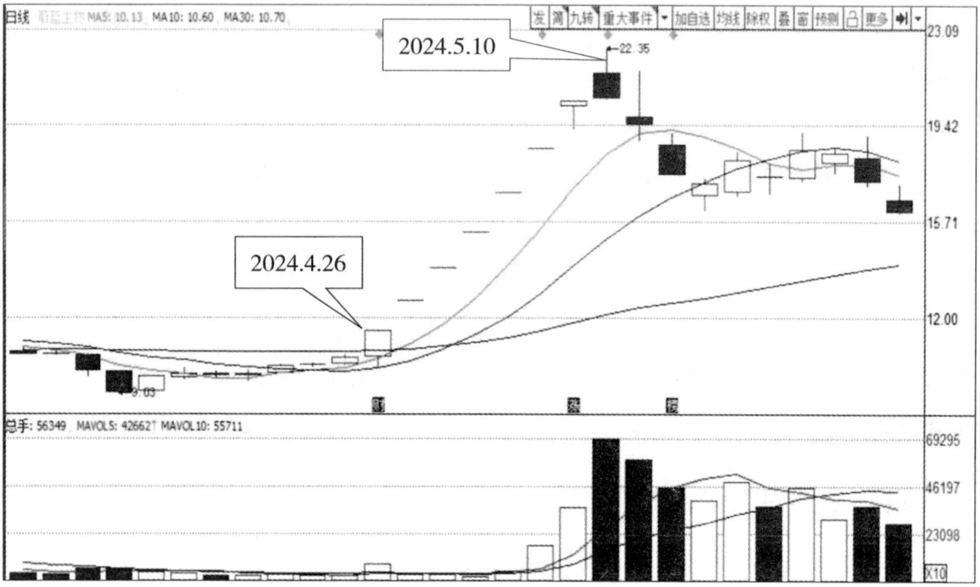

图 5-7　蔚蓝生物（603739）日 K 线走势图

在蔚蓝生物这波上攻行情中，4 月 26 日，该股股价启动伊始就能入场的联储证券股份有限公司浙江分公司，无疑获利最为丰厚。该营业部 4 月 26 日买入了 2291.94 万元，持股至 5 月 10 日才卖出，卖出金额为 2896.98 万元，收益可谓是相当丰厚。

五、冰雪旅游概念：长白山

2024 年年初，随着哈尔滨冰雪旅游的爆火，带动了整个东北冰雪旅游的热潮。一时间，市场上诸多冰雪旅游概念股都遭到资金的爆炒，比如长白山、大连圣亚、欧亚集团等。

长白山是这波冰雪旅游概念中的龙头股票。长白山是一家以旅游客运业务、温泉开发业务、酒店管理业务、旅行社业务、景区管理为主营业务的企业，拥有得天独厚的冰雪资源，属于典型的东北冰雪旅游概念股。

长白山的股价走势，如图 5-8 所示。

从图 5-8 中可以看出，在 2023 年年底到 2024 年年初这段时间，受东北冰雪旅游热的影响，冰雪旅游概念龙头股长白山自 2024 年 1 月 2 日启动了连续涨停走势。直到 1 月 10 日，该股股价连续走出 8 个涨停板，龙头风采尽显。

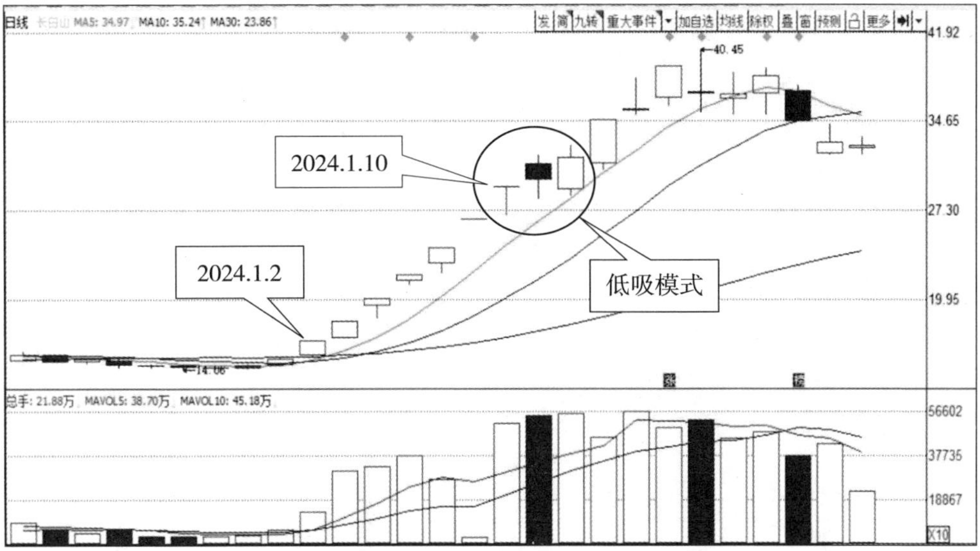

图 5-8　长白山（603099）日 K 线走势图

在股价上攻过程中，多路知名游资入场。在 1 月 5 日的龙虎榜上，就出现了多家知名游资，如图 5-9 所示。

长白山龙虎榜数据

2024-01-05

日期：2024-01-05 总成交金额：198560.55万元，总成交量：10078.72万股

排序	营业部名称	买入金额/万	占总成交比例	卖出金额/万	占总成交比例	净额/万
	买入金额最大的前5名　买入总计 **8858.51** 万元，占总成交比例 **4.46%**					
1	中国银河证券股份有限公司大连黄河路证券营业部	2333.50	1.18%	0.00	0.00%	2333.50
2	东亚前海证券有限责任公司深圳分公司	2006.99	1.01%	0.00	0.00%	2006.99
3	国泰君安证券股份有限公司成都北一环路证券营业部	801.04	0.91%	0.00	0.00%	1801.04
4	东方财富证券股份有限公司拉萨金融城南环路证券营业部	366.25	0.69%	0.00	0.00%	1366.25
5	中泰证券股份有限公司深圳腾龙北路证券营业部	1350.74	0.68%	0.00	0.00%	1350.74
	卖出金额最大的前5名　卖出总计 31183.01 万元，占总成交比例 **15.70%**					
1	机构专用	0.00	0.00%	20738.60	10.44%	-20738.60
2	机构专用	0.00	0.00%	4853.36	2.44%	-4853.36
3	兴业证券股份有限公司南京庐山路证券营业部	0.00	0.00%	2112.05	1.06%	-2112.05
4	东方证券股份有限公司沈阳南八中路证券营业部	0.00	0.00%	2007.44	1.01%	-2007.44
5	华泰证券股份有限公司总部	0.00	0.00%	1471.53	0.74%	-1471.53

买卖净差：-22324.50万元

陈小群

粉葛

职业炒手

图 5-9　长白山龙虎榜数据（2024.1.5）

从图 5-9 中可以看出，在 1 月 5 日当天的龙虎榜上，陈小群、粉葛、职业炒手等诸多知名游资现身。由此可见，各路游资对股价走势的看好。